DROEMER

Hamed Abdel-Samad

Mohamed

Eine Abrechnung

Anmerkung des Autors: Ich benutze beim Zitieren von Suren und Versen aus dem Koran ausschließlich die Übersetzung von Muhammad Rassoul, weil sie sehr nah am arabischen Original ist. Nur einmal greife ich auf eine Übersetzung von Friedrich Rückert zurück, um die poetische Dimension des Koran aufzuzeigen. An einer anderen Stelle verwende ich die Übersetzung von Rudi Paret.

Besuchen Sie uns im Internet:
www.droemer.de

FSC
www.fsc.org
MIX
Papier aus ver-
antwortungsvollen
Quellen
FSC® C083411

Originalausgabe Oktober 2015
© 2015 Droemer Verlag
Ein Imprint der Verlagsgruppe Droemer Knaur
GmbH & Co. KG, München
Alle Rechte vorbehalten. Das Werk darf – auch teilweise –
nur mit Genehmigung des Verlags wiedergegeben werden.
Redaktion: Heike Gronemeyer
Covergestaltung: ZERO Werbeagentur, München
Satz: Sandra Hacke
Druck und Bindung: CPI books GmbH, Leck
ISBN 978-3-426-27640-2

10   9   8   7   6

Gewidmet
Stéphane Charbonnier, Jean Cabut, Georges Wolinski,
Bernard Verlhac, Philippe Honoré, Mustapha Ourrad, Elsa
Cayat, Bernard Maris, Michel Renaud,
Frédéric Boisseau, Franck Brinsolaro, Ahmed Merabet

Inhalt

Einführung
Die Radikalisierung eines Visionärs 9

Kapitel 1
Mohameds Wiedergeburt
Warum die Biographie des Propheten geschrieben wurde 19
Die Umayyaden erfinden Mohamed neu 27
Hat Mohamed je existiert? 35

Kapitel 2
Mohamed und Ismael
Die Geschichte einer Identitätskrise 49
War Mohamed ein uneheliches Kind? 49
Ismael: Der Gründungsmythos des Islam 62

Kapitel 3
Mohameds Verdienste
Arabischer Bismarck oder Pate
der arabischen Cosa Nostra? 69
Das alte Projekt der arabischen Einigung 73
Flucht in den Krieg: Mohamed und die 40 000 Räuber 77
Al-Saa'alik 85
Die Eroberung Mekkas: Ein Kreis schließt sich 93
Sind der Islam und die Mafia miteinander vergleichbar? 96

Kapitel 4
Jenseits des Schleiers
Mohameds Problem mit den Frauen 107
Āmina: Die abwesende Mutter 107
Khadidscha: Die Ersatzmutter 112

Zainab bint Mohamed: Die Frau,
  die den Propheten besiegte 115
Aischa: Das Kind, das Mohamed nie hatte sein können 119
Safiyya: Die kriegsgefangene Jüdin 123
Zeinab bint Dschahsch: Von der Schwiegertochter
  zur Ehefrau des Propheten 126
Prophetendämmerung: Mohameds Eifersucht 131
Mohamed: Der ungerechte Richter 134
Sex, Ehe und die Stellung der Frau:
  Was hat Mohamed wirklich verändert? 136
Die Gewalt beginnt mit dem Wort 145

Kapitel 5
Das Wort Gottes oder
»wirres Bündel von Träumen«?

Mohamed und der Koran 151
Das Rätsel der Offenbarung 159
Mögliche Quellen des Koran 162
Die satanischen Verse 169
Der Koran nach dem Tod Khadidschas 173
Der Koran in Medina 177

Kapitel 6
Mohamed und die Juden

Die Geschichte einer Verschwörungstheorie 185

Kapitel 7
Genie und Wahn

Die Krankheit des Propheten 197
Hypergraphie 201
Narzissmus und Größenwahn 206
Zwangsstörung 208

Paranoia 211
Kritikunfähigkeit 214

Kapitel 8
Der nackte Prophet
Charlie Hebdos Geschenk für die Muslime 221

Wichtige Daten 227

Anhang
Bibliographie 231
Danksagung 236
Anmerkungen 237

Einführung

Die Radikalisierung eines Visionärs

Viele Muslime sind noch heute Gefangene der mysteriösen Figur Mohamed, die im 7. Jahrhundert gelebt hat. Aber auch der historische Mohamed ist ein Gefangener – der übertriebenen Verehrung und des Anspruchs der Muslime an seine Unantastbarkeit. Die Omnipräsenz des Propheten in Bildung und Politik, die Überbetonung der religiösen Komponente in vielen islamischen Gesellschaften verhindert die Entstehung alternativer Identitätsquellen. Alles geht auf ihn zurück, er schwebt über allem und bestimmt den Alltag von muslimischen Bürgern, Politikern und Theologen. Gleichzeitig verhindert die emotionale Bindung der Muslime an Mohamed und die unreflektierte Überhöhung des Propheten in allen Belangen eine historisch-kritische Auseinandersetzung mit dem Begründer des Islam.

Als ich noch ein strenggläubiger Muslim war, dachte ich, ich wüsste alles über Mohamed, nur weil ich seine Biographie, den Koran und seine zahlreichen Hadithe – seine außerkoranischen Aussagen – gelesen hatte. Als Forscher allerdings musste ich eine kritische Distanz zum Islam, zum Koran und zu Mohamed selbst gewinnen. Je mehr ich mich mit ihm und der Entstehungsgeschichte seiner Biographie und seiner Texte beschäftigte, umso mehr kam ich mir vor, als hielte ich einen Satz Tarot-Karten in der Hand. Manche dieser Karten gaben Trost und Hoffnung, andere waren furchterregend. Hier der ethisch-humanistisch argumentierende Prediger aus Mekka, dort der intolerante Kriegsfürst in Medina. Hier der Mensch, der für Mitgefühl und Vergebung plädiert, dort der Massen-

mörder und psychisch kranke Tyrann. Das Tückische daran
ist, dass jede Karte subjektiv gedeutet werden kann. Je nachdem, wer sie in der Hand hält. Mohamed als historische Person, seine Taten und Worte sind eine Projektionsfläche, die
nach Belieben gefüllt werden kann. Jeder kann daraus machen, was er will, um darin eine Bestätigung und Legitimation dessen zu finden, wonach er trachtet und wer er ist.

Viele friedliche Muslime berufen sich auf Mohamed und
sehen in ihm nur den gerechten, weisen und barmherzigen
Propheten, der sogar in seiner Härte gerecht und barmherzig
war. Sie orientieren sich an Episoden aus dem Leben Mohameds und an Koranpassagen aus der mekkanischen Phase, die
das friedliche Zusammenleben mit Andersgläubigen betonen.

Auch radikale Kräfte und Terroristen berufen sich auf Mohamed – sie zitieren spätere Passagen des Koran, die die Ungläubigen verteufeln und den Krieg verherrlichen. Sie sehen
in Mohamed einen kompromisslosen Kämpfer für die Sache
Gottes, der mit aller Brutalität gegen Ungläubige vorgegan-
gen war. Islamkritikern wiederum fällt es schwer, die weise
und barmherzige Seite von Mohamed zu erkennen und seine
Verdienste um die Einheit Arabiens und das Ende des Polytheismus in der Region.

Es kommt also ganz darauf an, wonach man sucht, wenn man
in Mohameds Biographie und im Koran oder den Hadithen
stöbert. Um im Bild zu bleiben: Man kann die Karte des
gütigen Mohamed ziehen und ausspielen, aber auch die des
Monsters.

Eine so ambivalente Persönlichkeit, wie es Mohamed offenbar nun einmal war, kann man schlecht mit Kategorien wie
gut und böse, schwarz oder weiß erfassen. Das liegt auch
daran, dass wir keine eindeutigen historischen Belege haben
für das, was er tatsächlich getan oder gesagt hat. Dokumente,

auf die wir uns stützen können, entstanden teils erst lange nach seinem Tod. Hinzu kommt, dass man einen Menschen, der im 7. Jahrhundert gelebt und gewirkt hat, nur schlecht mit dem Wissen und den Maßstäben des 21. Jahrhunderts beurteilen kann. Wäre er eine historische Figur wie viele andere, würde man sein Tun anhand eben dieser historischen Zusammenhänge bemessen. Doch Mohamed ist nicht im 7. Jahrhundert geblieben, er hat die Zeiten überdauert und wird von vielen Muslimen als ein moralisches, religiöses und selbst politisches Vorbild für unsere Zeit gesehen. Die Maßstäbe, die er gesetzt hat, haben bis heute Einfluss auf die politische Situation in mehreren islamischen Staaten und auf deren Gesetzgebung. Sie bestimmen bis heute die Beziehung zwischen muslimischen Männern und Frauen und zwischen Muslimen und Nicht-Muslimen. Selbst in westlichen Gesellschaften lebende Muslime hat der Prophet fest im Griff.

Zwar sind viele Erzählungen in den unterschiedlichen Mohamed-Biographien nur Legenden, die möglicherweise zu politischen oder theologischen Zwecken erfunden wurden, aber sie gelten für viele Anhänger Mohameds heute als Fakt und beeinflussen ihr Welt- und Gesellschaftsbild. Nicht alles ist Fiktion, andere Episoden aus dem Leben des Propheten halte ich definitiv für authentisch. Diese bilden den historischen Kern des Islam. Anhand dieser Erzählungen werde ich im Folgenden versuchen, ein Psychogramm Mohameds zu erstellen. Berichte über seine Abstammung, seine Kindheit, seine Kriege und seine vielen Ehen werden dabei eine entscheidende Rolle spielen. Auch die Aussagen über und das Verhältnis zu den Juden und Christen seiner Zeit liefern uns interessante Einblicke in seine Gedankenwelt.

Dieses Buch ist keine neue Biographie Mohameds, sondern meine ganz persönliche Annäherung an das Leben des Pro-

pheten. Im Gegensatz zu den meisten Biographen Mohameds
werde ich versuchen, den Propheten nicht aus der Perspektive
der offiziellen muslimischen Erzählungen zu analysieren,
sondern einen Gegenpol dazu einzunehmen. Nicht umsonst
trägt dieses Buch den Untertitel »Eine Abrechnung«. Dieser
Abrechnung werden nicht nur heutige Maßstäbe zugrunde
liegen – ich habe ja bereits darauf hingewiesen, dass dies zu
kurz greifen würde –, sondern auch die moralischen und ge-
sellschaftlichen Kriterien seiner Zeit. Denn auch aus Sicht
seiner Zeitgenossen hat Mohamed viel Verwerfliches getan.
Darüber hinaus werde ich versuchen, die politischen und psychischen Motive hinter Mohameds Handeln zu verstehen und
in einem weiteren Schritt die Konsequenzen dieses Handelns
für die Muslime heute zu erklären.

Mohamed war ein Waisenkind, das nicht bei seiner Familie,
sondern bei fremden Beduinen aufwuchs. Als er nach Mekka
zurückkam, hütete er wie ein Sklave Schafe für seinen Stamm,
bei dem er offenbar wenig angesehen war. Ihm fehlten nicht
nur die Liebe und Fürsorge der Eltern, sondern auch Vorbilder
und Leitfiguren, die ihm Orientierung für sein Handeln hätten
geben können. Die Rolle des Einzelkämpfers und Eremiten
wurde ihm in gewisser Weise bereits in die Wiege gelegt. Später heiratete er eine reiche Witwe und wurde in ihrem Unter-
nehmen ein erfolgreicher Karawanenführer. Als Händler lernte er die Rolle des Vermittlers kennen. Vor seiner »Sendung«
war er also gut situiert und glücklich verheiratet. Im Alter von
vierzig Jahren geriet er plötzlich in eine Sinnkrise. Er zog sich
immer mehr zurück, wanderte allein in der Wüste umher, meditierte in einer Höhle, hatte Visionen und behauptete, Steine
würden zu ihm sprechen. Er litt unter Angstzuständen und
trug sich mit Suizidgedanken.

Die Gründe für diese abrupte Wandlung liegen im Dunkeln. Dieses Buch versucht, die möglichen psychischen und persönlichen Gründe hinter diesem Wendepunkt im Leben des Propheten zu rekonstruieren. Er selbst behauptete, seit jener Vision in der Höhle in regelmäßigen Abständen göttliche Botschaften zu empfangen. Mohamed scheint wirklich an eine Offenbarung geglaubt zu haben, die ihm vom Himmel gesandt wurde. Anders sind seine Leidenschaft und Beharrlichkeit, mit denen er diese himmlischen Botschaften verbreitete, kaum zu erklären. Das Phänomen der Offenbarung, das Erleben von Visionen spielt in vielen Religionen eine Rolle. Man kann daran glauben, rational begreifen lässt sich das nicht. Es sei denn, man vermutet Wahnvorstellungen dahinter, geschuldet einer Krankheit. Im entsprechenden Kapitel werden Experten zu Wort kommen, die sich mit solchen Phänomenen auskennen.

Zunächst waren diese Offenbarungen apolitisch, vom Geist des Friedens und der Toleranz geprägt. In den späteren Botschaften ist eine klare Radikalisierung festzustellen. Wie kam es dazu? Und was hat es mit der Entstehung des Koran auf sich? Einige Forscher gehen davon aus, dass Mohamed den Koran aus einem alten christlichen Text übernommen hat. Doch der Koran ist sprachlich und thematisch zu vielfältig und vielschichtig, um nur eine einzige Quelle zu haben. Auch lassen sich die Suren unterschiedlichen Lebensphasen des Propheten zuordnen. Denn ein zweiter Wendepunkt im Leben Mohameds war seine Auswanderung von Mekka nach Medina. Hier wurde nicht nur der erste muslimische Staat gegründet, hier kam auch der gewalttätige Mohamed zum Vorschein, der für seine politischen Ziele über Leichen ging. Nicht nur der Inhalt, auch die Sprache des Koran verändert sich in Medina deutlich; sie ist nicht mehr poetisch und meditativ

wie in Mekka, sondern trocken und belehrend. Ein Kapitel
dieses Buches wird sich dem Koran als Mohameds »psychi-
scher Biographie« widmen. Als Spiegel seiner Ängste, Wünsche, Erfolge und Enttäuschungen.

Die ambivalente Persönlichkeit Mohameds und sein Dilem-
ma kann man aber nicht nachvollziehen, ohne seine Beziehung zu Frauen zu verstehen. Anders als man annehmen
könnte, ging Mohamed mit Frauen nicht wie ein Tyrann um,
sondern eher wie ein verstörtes Kind, das unter Verlustängsten leidet und das Fehlen des sogenannten Urvertrauens durch
die frühe Trennung von der Mutter zu kompensieren sucht. In
einem eigenen Kapitel werde ich mich nicht allen, aber doch
den wichtigsten Frauen im Leben des Propheten widmen: seiner Mutter Āmina, seiner ersten Frau Khadidscha, einer seiner Töchter, die an seine Botschaft nicht glaubte, und einigen
anderen seiner vielen Ehefrauen und Sklavinnen. Mohameds
Umgang mit Frauen und seine Aussagen über sie spielen bis
heute eine entscheidende Rolle für die Situation der Frauen in
vielen islamischen Staaten. Die Verschleierung, die Mehrehe,
die Unterdrückung und der Mangel an Gleichberechtigung
zwischen Mann und Frau sind zum Teil Mohameds Ängsten
in Bezug auf Frauen geschuldet. Gleichwohl hat Mohamed
sich durchaus positiv über Frauen geäußert, manche Muslime
gehen sogar so weit zu sagen, er erst habe die Frauen befreit
und ihnen nie da gewesene Rechte zugestanden.

Mohamed war süchtig nach Macht und Anerkennung. Diese
suchte er nicht nur bei Frauen, sondern auch im Krieg. Allein
in den letzten acht Jahren seines Lebens führte er über achtzig
Kriege. Je mächtiger er wurde, desto getriebener war er von
seiner Macht. Je mehr Feinde er ausschaltete, desto para-
noider wurde er. Seine Anhänger in Medina kontrollierte der

Prophet auf Schritt und Tritt. Er veränderte die gewohnten Alltagsstrukturen, griff in jedes Detail ein, versuchte alles zu beherrschen und zu regeln, selbst ihren Schlafrhythmus. Fünfmal am Tag versammelte er seine Anhänger zum Beten, um sich ihrer Treue zu versichern. Man könnte sogar sagen, er ließ sie antreten wie zu einer Militärparade. Er warnte sie vor dem Teufel, vor den Qualen der Hölle und entwarf Endzeitszenarien. Sünder wurden ausgepeitscht, Lästerer und Apostaten getötet. Was eine Sünde war, bestimmte er.

Die letzten Suren des Koran legten mit ihrer Kriegsverherrlichung und Verdammung der Ungläubigen die Saat der Intoleranz, die bis heute fatale Auswirkungen hat. Da der Koran als das ewige Wort Gottes gilt, das für alle Zeiten Gültigkeit hat, sehen vor allem Islamisten diese Kriegspassagen als Legitimation für ihren weltweiten Dschihad. Der Unterschied zwischen Mohamed in Mekka und Mohamed in Medina ähnelt dem zwischen dem jungen marxistischen Theoretiker Lenin und dem sowjetischen Staatsoberhaupt Lenin. Nach der Machtergreifung gerieten vormals hochgehaltene Prinzipien immer mehr in den Hintergrund, die Logik der Macht und die Angst vor dem Verrat bestimmten fast alles. Kriege verlangten nach neuen Kriegen, der Teufelskreis aus Terror, Unterdrückung und Gewalt war nicht mehr zu stoppen. Bei Mohamed war es eine Allianz mit seinen früheren Feinden des Stammes der Quraisch aus Mekka, die diesen nächsten Wendepunkt in seinem Leben einläutete und den Auftakt für eine beispiellose Eroberungswelle bildete, die die Welt bis heute prägt. Erst im Schatten des Schwertes erlebte Mohamed den Durchbruch und erfuhr die Anerkennung, die er immer gesucht hatte. Doch die gesamte islamische Geschichte wurde zur Geisel dieses Erfolges.

Hatte er am Anfang noch postuliert, »legitime« Kriege seien

nur solche, die der Verteidigung dienten, wurden Expansions-
feldzüge später zur Haupteinnahmequelle für Mohamed und
seine Gemeinde, die immer größer und anspruchsvoller wurde. Mohamed versprach seinen Kämpfern nicht nur das ewige
Paradies im Jenseits, sondern bereits im Diesseits satte Gewinne und schöne Frauen als Sklavinnen. Das war die Geburtsstunde der »islamischen Ökonomie«. Kriegsbeute, Skla-
venhandel und die Einführung einer Kopfsteuer für Ungläubige blieben noch Jahrhunderte nach Mohameds Tod
die Haupteinnahmequellen der islamischen Herrscher. Ob
Umayyaden, Abbasiden, Fatimiden, Mameluken oder Osma-
nen – alle muslimischen Eroberer beriefen sich auf Mohamed. Und heute rechtfertigt die Terrorbande des Islamischen
Staates (IS) ihre Feldzüge und ihre Vernichtungsphantasien
mit dem Werdegang des Propheten, der Kriegsgefangene enthaupten ließ und Ungläubige aus ihren Wohnstätten vertrieb.

Auch im Gewand des Kriegsfürsten blieb Mohamed in gewis-
ser Weise Kind. Er war ein empfindsamer, gekränkter Außen-
seiter, ein permanent Enttäuschter von der Welt. Wenn ihn die
Welt nicht wollte, musste er sich neue Welten schaffen. Ob als
Schafhirte, Händler, Prediger oder Feldherr, Mohamed war
ständig auf der Suche nach einer neuen Zuflucht. Mal hieß
diese Zuflucht Khadidscha, mal waren es die Buchstaben des
Koran, mal die gläubigen Männer, mal die liebenden Frauen.
Und am Ende war das Schlachtfeld seine endgültige Heimat.
Wenn sich die Welt nicht mit dem Wort überzeugen ließ, dann
eben mit dem Schwert.
Mohamed starb vor 1400 Jahren, doch endgültig begraben
wurde er nie. Er hinterließ Buchstaben, die mächtiger sind
als jedes Schwert – das größte Regelwerk der Geschichte
für Muslime, das bis heute jede Angelegenheit ihres Alltags

bestimmt. Seine ethischen und sozialen Ansätze aus Mekka inspirieren Millionen und spenden ihnen Trost und Heil. Aber auch seine unversöhnliche Haltung und seine Kriege aus medinischer Zeit sind Vorbild für viele. Im übertragenen Sinn hat er Züge seiner Persönlichkeit, die man durchaus krankhaft nennen könnte, an viele Muslime weitergegeben: Allmachtsphantasien und Größenwahn, Paranoia und Verfolgungswahn, Kritikunfähigkeit und Zwangsstörungen.

Die beste Würdigung, die Mohamed heute erhalten kann, ist es, ihn als den Menschen zu beleuchten, der er war. Und ihn mit seinem Wirken in jener Zeit zu belassen, ihn sozusagen zu begraben, in die er gehört. Das Beste, was Muslimen heute passieren könnte, ist es, die Allmacht Mohameds zu überwinden. Wer sich dagegen wehrt, spielt Islamisten und Terroristen, die im Namen Mohameds töten und zerstören, gewollt oder ungewollt in die Hände.

Kapitel 1

Mohameds Wiedergeburt

Warum die Biographie
des Propheten geschrieben wurde

Um die Motive hinter dem Niederschreiben der Mohamed-Biographie zu verstehen, sollte man die Geschichte vom Ende her aufrollen. Der überraschende Tod des Propheten wirft zahlreiche Fragen auf, die von vielen muslimischen Theologen lieber umgangen werden. Und über die Art seines Ablebens allein gibt es schon unterschiedliche Versionen, die den jeweiligen Machtanspruch von Sunniten und Schiiten untermauern sollen.

In der anerkannten Hadith-Sammlung von al-Bukhari ist zu lesen, dass Mohamed mit hohem Fieber im Bett lag und behauptete, eine Jüdin habe ihm vergiftetes Lammfleisch serviert. Mohameds Frau Aischa berichtet: »Allahs Prophet sagte mir an seinem Sterbebett: ›Aischa, seit ich das vergiftete Fleisch konsumiert habe, hatte ich Schmerzen. Nun ist es Zeit, dass meine Schlagader wegen dieses Gifts durchbrochen wird.‹«[1]

Einen solchen Anschlag hat es vermutlich gegeben – allerdings bereits vier Jahre vor Mohameds Tod. Zum Zeitpunkt seiner Erkrankung lebten längst keine Juden mehr in Medina. Mohamed hatte dafür gesorgt, dass alle Juden in der Stadt und der näheren Umgebung entweder getötet oder von der arabischen Halbinsel vertrieben worden waren. Halluzinierte der Prophet? Oder war ein neuerliches Attentat auf ihn verübt worden? Sein enger Gefährte Ibn Mas'ūd war jedenfalls überzeugt, dass Mohamed ermordet wurde.[2]

Aber wer hätte Mohameds Mörder gewesen sein können? Und wer hätte von seinem Tod profitiert?

Kurz vor seiner mysteriösen Erkrankung hatte Mohamed Pläne geschmiedet, seine Armee zum zweiten Mal Richtung Byzanz zu senden. Zur Überraschung seiner engsten Vertrauten hatte er den erst 18-jährigen Osama Ibn Zaid zum Armeeführer ernannt. Mohameds Freund und Schwiegervater Omar war strikt gegen diese Ernennung gewesen; er sah sie als Beleidigung für all jene Kämpfer an, die Mohamed in den letzten Jahren zu großen Siegen verholfen hatten. Der neue Armeeführer galt als enger Vertrauter von Mohameds Cousin Ali, der wiederum als Anwärter auf die Nachfolge des Propheten galt. Mohamed war bereits über sechzig, führte mehrere Kriege gleichzeitig, dennoch hatte er noch keinen Nachfolger ernannt, der die Muslime nach seinem Tod führen sollte. Doch Mohameds Schwiegerväter und Weggefährten Abū Bakr und Omar sahen sich als die geigneten Kandidaten, die die Geschicke der Muslime nach dem Ableben Mohameds lenken sollten. Sie befürchteten, dass der Prophet den jungen Osama für diesen Posten ausgesucht haben könnte, um die Muslime auf die Ernennung seines jungen Cousins Ali als seinen Nachfolger vorzubereiten.

Als der Prophet plötzlich erkrankte, unter hohem Fieber und starken Kopfschmerzen litt, waren seine Gefährten um ihn versammelt. Niemand wusste, was mit ihm los war. Nach einer Weile fragte er nach Feder und Papier und sagte: »Ich will euch ein Dokument schreiben, damit ihr nach mir jegliche Verwirrung vermeidet.« Omar wurde unruhig und lehnte Mohameds Bitte ab: »Der Prophet ist viel zu krank, und wir haben bereits den Koran.« Es kam zum Streit im Hause des Propheten. Mohameds Onkel al-Abbas nannte es eine »Katastrophe«, dass Omar den Propheten daran hindern wollte, sein

Testament zu schreiben. Verärgert schmiss Mohamed alle aus seinem Zimmer.[3]

Schiitische Gelehrte glauben, das Motiv hinter Omars Verhalten zu kennen: Der Prophet habe seinen Cousin Ali zu seinem Nachfolger ernennen wollen, was Mohameds Schwiegerväter Omar und Abū Bakr um jeden Preis verhindern wollten. Einige Schiiten gehen sogar noch einen Schritt weiter und behaupten, der Prophet sei von Abū Bakr und Omar vergiftet worden, damit sie die Macht unter sich aufteilen konnten. Sofern sie diesen Plan tatsächlich gehabt haben sollten – er ist aufgegangen: Abū Bakr setzte sich als erster Kalif nach Mohamed durch. Und nach ihm kam Omar an die Macht.

Mohamed hatte weder den Koran noch seine außerkoranischen Aussagen (Hadithe) in einem Buch gesammelt. Er sah sich nicht nur als den letzten Propheten, sondern ging offensichtlich davon aus, dass seine Sendung den Weltuntergang einleiten würde. »Er sagte einst: Meine Sendung und das Jüngste Gericht sind wie diese. Er streckte dabei seine Mittel- und Zeigefinger parallel zusammen.«[4] Vermutlich ist dies auch der Grund, warum er keinen Nachfolger ernannt hatte, der nach ihm die junge Gemeinde führen sollte. Zwar hatte Mohamed 6236 Verse des Koran und mehrere tausend unverschriftlichte Hadithe hinterlassen, aber die wichtigste Frage hatte er nicht beantwortet. Nämlich, nach welchen Kriterien ein künftiger Herrscher gewählt oder ernannt werden sollte. Ein Konflikt war damit vorprogrammiert.

Schon an jenem 8. Juni 632, dem Tag, an dem Mohamed laut muslimischen Historiographen überraschend starb, entbrannte ein Machtkampf zwischen verschiedenen muslimischen Fraktionen, die letztendlich zu einem Schisma führte. Jede Fraktion beanspruchte für sich nicht nur das Recht auf die Führung der Muslime, sondern auch die Deutungshoheit über

Mohameds Vermächtnis. Dieser Streit um die Nachfolge war
der Ausgangspunkt für die spätere Spaltung der Muslime in
Sunniten und Schiiten. Die Minderheit der Schiiten beharrt
bis heute darauf, dass der Herrscher in direkter Linie aus dem
Hause des Propheten stammen muss. Die Sunniten dagegen
erkennen drei Methoden für dessen Ernennung an: die Wahl
durch Konsens der Gläubigen, die Übernahme der Macht
durch Krieg oder die Erbfolgeregelung innerhalb einer Dynastie.

Im Machtvakuum nach dem Tod Mohameds rangen drei
Gruppen um die Vorherrschaft: Angehörige von Mohameds
Clan der Hashimiten, die in seinem Cousin Ali den legitimen
Nachfolger sahen. Die Stämme von Medina, die Mohamed
nach seinem Weggang aus Mekka beherbergt und die ihm zur
Gründung seines Staates verholfen hatten, sahen sich ebenfalls berechtigt, Mohamed zu beerben. Außerdem strebte eine
Koalition um Abū Bakr und Omar – beide frühe Gefährten
und Schwiegerväter Mohameds –, unterstützt von einigen
Stämmen aus Mekka, nach der Macht. Noch bevor Mohameds Leiche begraben wurde, traf sich ebendiese Koalition
mit den Stämmen von Medina. Nur Mohameds Cousin Ali
blieb dem Treffen fern. Omar drängte die Stämme, Abū Bakrs
Herrschaft zu akzeptieren. Doch die sperrten sich, erst nach
einem heftigen Streit lenkte die Medina-Koalition ein. Damit
war die erste wichtige Hürde genommen. Aber um Abū Bakr
als rechtmäßigen Kalifen vereidigen zu können, mussten auch
Ali und seine Anhänger ihn anerkennen. Bei dem schiitischen
Geschichtsschreiber al-Yaaʼqūbi heißt es, man habe ihn dazu
gezwungen: Omar sei zum Haus von Ali gegangen und habe
dessen Frau Fatima (eine Tochter Mohameds) gedroht, das
Haus in Brand zu setzen, wenn sie und ihr Mann die Herr-

schaft Abū Bakrs ablehnten. Es soll zudem zu einem Schwert-
duell zwischen Ali und Omar gekommen sein. Der Kampf sei
zu Ende gewesen, als Alis Schwert zerbrach und Omar den
Sieg für sich – und damit für den neuen Kalifen – reklamierte.[5] Alis Anhänger fühlen sich bis heute um das Erbe des Propheten betrogen. Während die Sunniten Abū Bakr und Omar
als rechtgeleitete Kalifen verehren, sehen die Schiiten nur Ali
als den einzigen rechtmäßigen Nachfolger Mohameds.

Der Prophet wurde erst drei Tage nach seinem Tod begraben –
obwohl dies nach islamischer, aber auch nach altarabischer
Tradition noch am Sterbetag erfolgen muss, nicht zuletzt wegen der klimatischen Bedingungen. Der Streit um die Nachfolge war jedoch offenbar so aufgeheizt, dass dies nicht möglich war. Einige seiner Anhänger hatten Mohamed gar nicht
begraben wollen, weil sie dachten, er würde wie Jesus nach
drei Tagen auferstehen und gen Himmel fahren.

Als sich die Nachricht vom Tod Mohameds in Arabien ver-
breitet hatte, versammelten sich zahlreiche Stammesführer
vor dem Haus des Propheten. Sie wollten nicht glauben, dass
dieser tot war. Abū Bakr sprach zu ihnen und beging einen
fatalen Fehler. Er sagte:»Wer von euch Mohamed verehrt hat,
Mohamed ist nun tot. Wer Allah verehrt, Allah stirbt nie.«[6]
Für gewaltsam unterjochte Stämme, die den Islam nur aus
Verehrung für Mohamed oder aus Angst vor ihm angenommen hatten, muss das wie ein Befreiungsschlag gewesen sein.
In der Folgezeit fielen viele vom Islam ab, andere blieben
ihrem Glauben treu, verweigerten Abū Bakr jedoch die Zahlung der Steuern, die sie Mohamed noch entrichtet hatten.
Abū Bakr musste gegen die Abtrünnigen und Steuer-Ver-
weigerer vorgehen und brauchte dafür ein klares Mandat. Im
Koran selbst fand er allerdings keine dezidierten Aussagen,
wie mit diesen Abweichlern zu verfahren war. Er selbst hatte

keine Legitimation, neue Gesetze, die unter Umständen über Leben und Tod entschieden, einzuführen. Ich gehe davon aus, dass dies die Geburtsstunde der Hadithe war, Mohameds außerkoranischer Aussagen. Sie regeln in sehr viel stärkerem Maße Fragen des islamischen Rechts als der Koran. Viele Hadithe aus Abū Bakrs Herrschaftszeit stammen von Aischa, Abū Bakrs Tochter und Mohameds Witwe. Sie steuerte über 2200 Hadithe über ihren Alltag mit Mohamed und über sein Leben bei. Viele Regeln der Scharia sind auf ihre Erzählungen zurückzuführen. Seine anderen Ehefrauen haben entweder gar keine Hadithe über Mohamed überliefert oder nur ganz wenige. Seine Frau Zeinab etwa erzählte elf Hadithe, Safiyya nur neun.

Darüber hinaus gab es zwei weitere Hauptquellen des Hadiths in Abū Bakrs Zeit. Abū Huraira war eine von ihnen: ein Bettler aus der Fremde, der erst sehr spät Muslim geworden war und nur eine kurze Zeit mit Mohamed in Medina verbracht hatte. Dennoch konnte er über 5300 Hadithe über ihn schildern. Einer jener Hadithe gab Abū Bakr die dringend benötigte Legitimation für seinen Umgang mit Abtrünnigen und Zahlungsunwilligen. Abū Huraira behauptete, er habe den Prophet sagen hören: »Mir wurde befohlen, die Menschen zu bekämpfen, bis sie bezeugen, dass es keinen Gott gibt außer Allah und dass Mohamed der Gesandte Gottes ist, dass sie das Gebet verrichten und die Steuer entrichten. Wenn sie dies nun tun, haben sie ihr Blut und ihren Besitz vor mir geschützt.«[7] Eine Aussage, die auch Omars Sohn Abdullah bestätigte. Er überlieferte 2630 Hadithe über den Propheten. Merkwürdig ist, dass so wichtige Äußerungen, in denen es um Leben und Tod geht, nicht im Koran stehen und nur von zwei Männern »gehört« worden waren. Abū Huraira genoss kaum Ansehen unter den Muslimen in Medina. Omar ernannte ihn im Jahr

641 zwar zum Statthalter von Bahrain, berief ihn jedoch wenig später zurück nach Medina und beschlagnahmte seinen Besitz; er habe sich angeblich mit Steuergeldern aus der Gemeinde bereichert. Da Abū Huraira die Maßnahme für rechtswidrig hielt, weigerte er sich, das Geld herauszugeben. Omar soll ihn daraufhin so lange beschimpft und ausgepeitscht haben, bis er das Geld im Schatzhaus einzahlte.[8] Omar verbot Abū Huraira sogar, Hadithe über den Propheten zu erzählen, sonst würde er ihn »ins Land der Affen«, nach Afrika, verbannen.[9] Ungeachtet dessen blieben die Überlieferungen von Abū Huraira neben Aischas Hadithen die Hauptquelle der außerkoranischen Erzählungen über Mohamed – bis heute.

Abū Bakr, der erste Nachfolger des Propheten, verbrachte seine zweijährige Herrschaftszeit mit dem Krieg gegen die Apostaten. Nach ihm regierte Omar zehn Jahre. Der Kalif mit dem Beinamen »der Scharfsinnige« kann als eigentlicher Begründer des islamischen Weltreichs gesehen werden. Er führte Eroberungskriege in Palästina, Syrien, dem Irak und Ägypten, richtete Militärbasen ein und konnte dank seiner Autorität die Clans zusammenhalten. Im Jahr 644 wurde er von einem persischen Rebellen in Medina ermordet. Das gleiche Schicksal ereilte im Jahr 656 seinen Nachfolger 'Uthmān. Der Schwiegersohn Mohameds galt als sehr fromm, politisch aber als wenig weitsichtig und zu schwach, um zu führen. Als er, bereits achtzigjährig, der Aufforderung zum Rücktritt nicht nachkam, wurde er vom wütenden Pöbel auf seinem Sitz in Medina gelyncht; das Volk warf ihm Günstlings- und Vetternwirtschaft sowie Korruption vor. Als größtes Verdienst des Kalifen 'Uthmān gilt es, dass er – laut islamischen Quellen – die Sammlung der Koransuren zum Abschluss gebracht und dem Koran somit seine heutige Form gegeben hat. Von seinen

ersten Koranschriften ist allerdings keine erhalten geblieben.
Alle Manuskripte, die uns heute zur Verfügung stehen, stammen aus späteren Zeiten.

Nach 'Uthmān kam endlich Mohameds Cousin Ali an die Macht. Durch seine Heirat mit Fatima, der Tochter des Propheten, war er auch dessen Schwiegersohn. Er war einer der Ersten, die der Lehre Mohameds gefolgt waren. Den Schiiten gilt er als »erster Muslim« nach Mohameds Frau Khadidscha. Seine Anhänger bezeichneten sich als »Schi'at Ali«, wovon sich die Bezeichnung »Schiiten« ableitet. Für sie ist er der erste der »Vier Rechtgeleiteten Kalifen«, den sie als legitimen Nachfolger des Propheten anerkennen.

Ali wurde 656 zum Kalifen gewählt, doch seine Herrschaft stand unter keinem guten Stern. Aischa und ihre Anhänger sowie die Familie 'Uthmāns verweigerten ihm die Gefolgschaft. Sie warfen ihm vor, den Mörder 'Uthmāns nicht verfolgt zu haben. Aischa mobilisierte sogar eine große Armee gegen ihn, die sie selbst führte. Ein Präzedenzfall in der islamischen Geschichte. Denn dies war ein Verstoß gegen eine Regel des Koran, nach der es den Frauen Mohameds verboten ist, ihre Häuser zu verlassen. Da auch andere Clans die Anerkennung des neuen Herrschers verweigerten, kam es zu einem langen Bürgerkrieg zwischen den unterschiedlichen muslimischen Gruppen, der mehrere zehntausend Menschen das Leben kostete. Der Statthalter von Syrien, ein Vetter des ermordeten 'Uthmān, ließ sogar einen Gegenkalifen aufstellen. Ali wurde im Januar 661 in Kufa auf dem Weg zur Moschee von einem Rebellen erstochen.

In dieser turbulenten Zeit entstanden mehrere zehntausend Hadithe, die Mohamed zugeschrieben werden. Viele von ihnen gelten zwar als authentisch, andere aber waren dezidiert politisch motiviert. Jede der in diesen Bürgerkrieg verstrickten Gruppen berief sich auf tatsächliche oder erfundene Aussagen Mohameds, mancher Hadith-Sammler hatte somit die Funktion eines Propagandaministers der jeweiligen Fraktion. Diese Hadithe werden später die Basis für die erste Biographie Mohameds bilden.

Die Umayyaden erfinden Mohamed neu

Nach der Herrschaft der ersten vier Kalifen Abū Bakr, Omar, 'Uthmān und Ali riss der mächtige Clan der Umayyaden aus Mekka die Macht an sich und änderte das Herrschaftssystem. Während ihrer Regentschaft von 661 bis 750 wurde das Kalifat innerhalb der Familie vererbt. Die Umayyaden, die später als neue Hauptstadt ihres Reiches Damaskus wählten, stellen damit die erste Dynastie in der islamischen Geschichte.

Die Umayyaden waren schon vor der Zeit des Propheten einer der einflussreichsten Clans in Mekka und hatten zunehmend auch Einfluss auf die Politik genommen. Sie standen im Dauerkonflikt mit den Hashimiten, die schrittweise die Macht in der Stadt abgeben mussten. Die Umayyaden pflegten beste Handelsbeziehungen zu Syrien und waren vom Byzantinischen Reich fasziniert. Die meisten ihrer Anführer standen Mohamed skeptisch bis feindselig gegenüber, als dieser zu Beginn des 7. Jahrhunderts seine Lehren zu verkünden begann. Das damalige Oberhaupt der Umayyaden, Abū Sufyan, konvertierte erst nach der Einnahme Mekkas durch Mohameds Truppen zum Islam. Eine Entscheidung in letzter Minute, die seinem Stamm am Ende zum Vorteil gereichte. Die Umayyaden beteiligten sich an Mohameds letzten Eroberungskriegen und stärkten somit nicht nur dessen Machtposition, sondern vor allem ihre eigene.

Unmittelbar nach seinem Tod hatten sie allerdings keine Chance gehabt, den Propheten zu beerben, denn ihnen fehlte die religiöse Legitimation, die Abū Bakr und Omar hatten, die sehr früh an Mohameds Botschaft geglaubt und mit ihm die ersten Schlachten geschlagen hatten. Auch nach ihrem Machtantritt sahen sich die Herrscher der Umayyaden weniger als Verkünder des Islam, sondern eher als arabische Könige, die imperialistische Ziele verfolgten. Während ihrer Dynastie konnten sie die Grenzen des Reiches bis zur Iberischen Halbinsel und bis zum Indus verschieben. Die arabischen Eroberungen, die als barbarische Raubzüge begonnen hatten, wurden durch die Umayyaden ein wenig »zivilisiert« und in eine Art Kulturprojekt eingebettet. Sie übernahmen die Militärstrukturen und die der staatlichen Administration von Byzanz. Die ersten Umayyaden-Kalifen behielten nicht nur die byzantinischen Münzen mit den christlichen Symbolen darauf bei, sondern ließen sich auf neuen Münzen auch mit christlichen Symbolen abbilden. Dies sollte sich ändern, als es in Mekka zu einer großen Revolte gegen die Umayyaden kam. Ein gewisser Abd Allah Ibn az-Zubair, ebenfalls ein Neffe Aischas und Enkel des ersten Kalifen Abū Bakr, erhob sich 683 zum Gegenkalifen und führte die erste islamische Münze ein – mit dem Namen des Propheten darauf.[10] Der fünfte Umayyaden-Kalif Abd al-Malik Ibn Marawān (* 646, † 705 in Damaskus) konnte die Revolte allerdings blutig niederschlagen. Die Stadt Mekka samt Kaaba wurde vollständig zerstört. Abd Allah Ibn az-Zubair wurde bei einem späteren Angriff der Truppen von Abd al-Malik besiegt und in Mekka öffentlich gekreuzigt.

Abd al-Malik Ibn Marawān prägte das Bild des Islam, das wir heute kennen. Nach der Revolte von Mekka erkannte er die Wichtigkeit der Wiederbelebung des Mohamed-Kults, baute den Felsendom in Jerusalem als Gegenpol zur Kaaba von Mekka und schrieb den Namen Mohamed darauf. Darüber hinaus führte er die erste arabische Goldmünze ein, auf die er den Namen Mohameds hatte eingravieren lassen. Er ließ auf den Felsendom einen Vers aus dem Koran schreiben, der den Beginn einer neuen Zeit einleitet: »Die Religion bei Allah heißt Islam.« Dies sind die ersten historischen Belege sowohl für den Namen Mohamed als auch für das Wort »Islam«. Sechzig Jahre nach seinem Tod wird Mohamed zum ersten Mal schriftlich erwähnt. Ein Rätsel, das die Historiker bis heute nicht lösen konnten.

Unter Kalif Abd al-Malik Ibn Marawān bekamen die Erzählungen über Mohamed einen neuen Stellenwert. In der Umayyaden-Zeit wurden viele neue Gebiete erobert, parallel dazu wurden die ersten Teile einer vorläufigen Biographie Mohameds verfasst. Alles begann mit Berichten über die Kriege des Propheten, die ein Neffe von Mohameds Frau Aischa unter dem Titel *maghazi* niederschrieb. Die Berichte über den Kampfgeist des Propheten und seiner Soldaten dienten in der Zeit der islamischen Eroberung als Propagandamittel.

Abd al-Malik, der mit mehreren Revolten im Irak und Mekka zu kämpfen hatte, suchte nach immer neuen Legitimationen. In seiner Zeit tauchten viele Hadithe auf, die eine Rebellion gegen den Herrscher untersagten, auch wenn dieser ungerecht und unmoralisch ist. Andere Hadithe lobten sogar offen die Umayyaden und ihre Unterstützung des Propheten. Mit dem Bau des Felsendoms wollte Abd al-Malik Jerusalem zu einer Pilgerstätte wie Mekka machen und sich eine größere religiöse Legitimation verschaffen.

Mitte des 8. Jahrhunderts brach in den eroberten persischen
Gebieten eine erneute Revolte der Perser gegen die Herrschaft
der Umayyaden aus. Als Träger einer ehemaligen Hochkul-
tur waren die Perser gekränkt, von den Umayyaden als Bür-
ger zweiter Klasse behandelt zu werden. Auch Schiiten des
Iraks schlossen sich der Revolte gegen die sunnitischen
Umayyaden an. Unterstützt wurde die Revolte sogar durch
die Familie der Abbasiden, die zwar sunnitisch war, jedoch
die Umayyaden stürzen wollte. Nach erbitterten Kämpfen
und mehreren Massakern gelang es den Abbasiden, die Dynastie der Umayyaden zum Sturz zu bringen und die Hauptstadt des neuen Kalifats nach Bagdad zu verlagern. Doch die
Perser und die Schiiten des Iraks wurden für ihren Einsatz
nicht belohnt. Wie die Umayyaden herrschten auch die Abbasiden alleine und regierten mit eiserner Hand. Um Rebellio-
nen künftig vorzubeugen, brauchten die neuen Machthaber
eine stärkere religiöse Legitimation als die Umayyaden. Also
behaupteten die Abbasiden, sie stammten direkt von al-Abbas,
dem Onkel des Propheten, ab.

Seitens der neuen politischen Elite in Bagdad war eine Biographie des Propheten deswegen nicht nur gewollt, sie wurde
sogar gefördert. Eine umfassende Biographie des Propheten
sollte die Rolle von al-Abbas und seinem Clan der Hashimiten als Unterstützer Mohameds betonen und somit den Abbasiden eine religiöse Legitimation für ihr neugegründetes
Kalifat geben. Kalif al-Mansūr persönlich beauftragte einen
Hadith-Gelehrten namens Ibn Ishāq (* um 704 in Medina,
† um 768 in Bagdad) mit dem Projekt. Al-Mansūr war der
zweite Kalif der Abbasiden, Gründer der Stadt Bagdad und
regierte von 754 bis 775.

Ibn Ishāq war ein muslimischer Geschichtsschreiber, der sich
im Jahr 737 nach Alexandria begab, um sich dem Studium des

Hadith zu widmen. Das Buch, das er über das Leben Mohameds verfasste, gilt als Grundlage für alle späteren Biographien des Propheten. Entstanden ist es rund 130 Jahre nach
dessen Tod. Alle Zeitgenossen, die Mohamed persönlich gekannt oder erlebt hatten, waren zu diesem Zeitpunkt längst ver-
storben – genau wie deren unmittelbare Nachkommen, die sich
an mündlich überlieferte Geschichten hätten erinnern können.
Doch nicht nur die politische Elite, sondern auch die wachsende Glaubensgemeinschaft der Muslime hatte das Bedürf-
nis, nicht nur einzelne Anekdoten, sondern *alles* über ihren
Propheten zu erfahren. Auch seitens der Geistlichkeit existierte der Wunsch nach einer zusammenhängenden Biographie
Mohameds, mit deren Hilfe »wahrhaftige« Erzählungen über
den Propheten von all den Legenden getrennt werden sollten,
die über ihn innerhalb der Bevölkerung kursierten. Und die
waren zahlreich. Denn zu diesem Zeitpunkt erstreckte sich
das Herrschaftsgebiet des Islam von den Grenzen Chinas bis
nach Nordafrika. Ein heterogenes Gebiet mit unzähligen
Stämmen und Völkern, die ihre eigenen Legenden und
Mythen pflegten. In vielen eroberten Gebieten, vor allem in
Alexandria, Damaskus und Bagdad, lebten gebildete Christen
und Juden. Diese Städte waren nicht nur Schmelztiegel verschiedener Nationalitäten, sondern auch Orte theologischer
Debatten zwischen den arabischen Eroberern und den christlichen und jüdischen Siedlern. Die Diskussionen kreisten
nicht zuletzt darum, welche der drei abrahamitischen Religionen die Deutungshoheit über den Monotheismus für sich
beanspruchen konnte und welche Bedeutung Jesus und Mohamed für die Weltgeschichte hatten.
Wer die Biographie von Ibn Isḥāq genauer liest, stellt fest,
dass sich der Vergleich zwischen Jesus und Mohamed wie ein
roter Faden durch das Werk zieht. Auch ist unübersehbar, dass

der Verfasser sich teils an der Struktur des Matthäusevange-
liums, teils am Alten Testament orientierte und das Leben
Mohameds mit einigen Jesus-ähnlichen Wunder-Geschichten
schmückte, die keine Erwähnung im Koran finden.

Als Ibn Ishāq das Werk vollendet hatte, befand der Herrscher
es als zu lang. Der Gelehrte musste sein Buch stark kürzen.[11]
Das »Große Buch«, wie es genannt wurde, bestand Überliefe-
rungen zufolge aus drei Teilen: dem »Buch des Anfangs«, das
den Beginn der Schöpfung bis zum Auftreten Mohameds be-
handelte; dem »Buch der Entsendung«, das die Lebens- und
Schaffensperiode in Mekka beleuchtete, und schließlich dem
»Buch der Feldzüge«, das sich mit der Zeit des Propheten in
Medina und der Ausdehnung des Herrschaftsgebiets durch
Kriege befasste. Einige Quellen erwähnen noch einen vierten
Teil, das »Buch der Kalifen«; da keines der Originale erhalten
ist, lässt sich seine Existenz nicht zweifelsfrei belegen.
Die Entstehung von Ibn Ishāqs Mohamed-Biographie war
zwar politsch motiviert, aber nicht alles darin diente politi-
schen Zielen. Schließlich ist das Werk nicht im luftleeren
Raum entstanden, sondern fügte sich ein in die lange Tradition der Überlieferungssammlungen. Der Verfasser konnte
sich früherer Erzählungen über den Propheten bedienen, die
den Gelehrten zu dieser Zeit bekannt waren. Deswegen musste er einen Spagat vollziehen zwischen den Bedürfnissen der
Volksseele, den Ansprüchen ebenjener Gelehrter und den
Interessen der Machthaber von Bagdad. Auch musste er
Antworten auf die Frage finden, in welchem Verhältnis die
christliche und jüdische Religion zum Islam stehen. Entstanden ist eine Mischung aus unterhaltsamen Erzählungen und
alten Mythen in neuen Gewändern, die einigermaßen chronologisch geordnet präsentiert wurden.

Einige Gelehrte seiner Zeit warfen Ibn Ishāq jedoch eine schlampige Methodik vor. Der Gründer einer der vier Rechtsschulen des Islam, Imam Mālik Ibn Anas (* um 715 in Medina, † 795 ebenda), bezeichnete den Autor gar als »Scharlatan«; wie andere Gelehrte kritisierte er vor allem den Umgang des Autors mit den mündlichen Überlieferungen mancher Episoden. Denn oft begann der Verfasser seine Schilderungen mit schwammigen Formulierungen wie: »Leute des Wissens erzählten uns, dass …« oder »Es wird behauptet, dass …«; weitere Präzisierungen fehlten. Dabei galt die strenge Regel, dass eine Erzählung über den Propheten erst anerkannt werden konnte, wenn alle Männer, die sie überliefert hatten, von mehreren Quellen als vertrauenswürdig akzeptiert worden waren. Eine solche Überprüfung – und somit Legitimierung als »wahr« – konnte nicht durchgeführt werden, wenn die Quellen nicht benannt wurden. Auch die Überlieferungskette musste zeitlich und räumlich stimmig sein. Ein Beispiel: Wenn es heißt, »Ahmed hörte Ali, und Ali hörte den Propheten, als er sagte …«, dann musste man untersuchen, ob Ahmed und Ali zur gleichen Zeit gelebt hatten und mindestens einmal zusammengekommen waren. Desgleichen musste überprüft werden, ob Ali als vertrauenswürdig galt und den Propheten »live« erlebt haben konnte. Erst dann galt die Überlieferungskette als gesichert. War dies lückenlos dokumentiert, wurde der Inhalt unter die Lupe genommen: Dieser durfte nicht im Widerspruch zum Koran oder zu anderen anerkannten Erzählungen über den Propheten stehen.

Trotz mancher Zweifel an Methodik und Quellentreue setzte sich Ibn Ishāqs Werk in seinen späteren Versionen – teils kommentierte Bearbeitungen seiner Schüler – als offizielle Biographie Mohameds durch und wird bis heute von den

meisten, auch westlichen, Gelehrten anerkannt. Wie bereits
erwähnt, ist sowohl die ursprünglich lange wie auch die
gekürzte Version dieser ersten Fassung verloren gegangen.
Ibn Ishāqs Schüler al-Bakaa'i überlieferte das Werk an Ibn
Hischām (Geburtsjahr unbekannt, † zwischen 829 und 834 in
Ägypten), der es bearbeitete, kürzte und kommentierte. Ibn
Hischāms Fassung wird heute von allen Mohamed-Biographen als Hauptquelle verwendet. Wir wissen nicht, was er
alles aus dem Original entfernt und umgeschrieben hat. Ibn
Hischām selbst erwähnt in seiner Einführung lediglich, er
habe all jene Erzählungen oder Gedichte weggelassen, in denen der Prophet nicht oder nur am Rande erwähnt worden sei;
dazu alles, was »schändlich« oder »beleidigend« sein könnte.[12] Das lässt Raum für Spekulationen. Deswegen verlasse
ich mich in diesem Buch nicht allein auf die Biographie von
Ibn Hischām, sondern stütze mich auch auf die unterschiedlichen Hadith-Sammlungen und weitere biographische Werke, die das Leben von Mohamed und seinen Gefährten näher
beschreiben. Zumal eine Erzählung über den Propheten oft
wie ein Puzzle aus unterschiedlichen Versatzstücken unterschiedlicher Quellen zusammengefügt werden muss, um sie
wirklich nachvollziehen und überprüfen zu können.

Es ist interessant zu erwähnen, dass die Biographie von Ibn
Ishāq fast zeitgleich mit der Geschichtensammlung »Tau-
sendundeine Nacht« entstanden ist. Beide Werke wurden in
Bagdad verfasst. Dies war kein Zufall, denn in keiner anderen
Stadt der Welt florierte die Kultur des Geschichtenerzählens
so wie im Bagdad des 8. und 9. Jahrhunderts. Der Vergleich
zwischen der Mohamed-Biographie und »Tausendundeiner
Nacht« bezieht sich natürlich nicht auf die Inhalte der beiden
Bücher, sondern auf ihre Entstehungsgeschichte. In beiden

Werken verschmelzen verschiedene Erzählkulturen. Beide
Werke hatten Vorläufer und wurden im Laufe der Zeit bearbeitet und verändert. Die Geschichtensammlung hat indische
und persische Ursprünge und wurde erst im 8. Jahrhundert ins
Arabische übersetzt. Einige Jahrzehnte zuvor hatten die Araber Persien erobert. Bei der Übertragung wurde das Werk
arabisiert, mit Zitaten und anderen Erzählungen erweitert,
gleichzeitig wurden frühe Geschichten, die nicht ins Konzept
passten, aus dem Zyklus getilgt. Bei der Biographie Mohameds war es umgekehrt: Es handelt sich um eine ursprünglich arabische Geschichte, die durch jüdische und christliche
Erzählungen sowie altpersische Mythen ausgeschmückt, erweitert bzw. umstrukturiert wurde. Das gilt übrigens auch
für den Koran, dem ich in diesem Buch ein eigenes Kapitel
widme.

Hat Mohamed je existiert?

Viele Mohamed-Forscher vom 19. Jahrhundert an bis heute
orientierten sich an den Grundlagen der Biographie von Ibn
Ishāq, wie sie Ibn Hischām überlieferte. Auch die Hadith-
Sammlungen spielten für die Historiker eine wichtige Rolle
bei der Rekonstruktion des Lebens des Propheten. Die meisten Hadithe hielten sie für authentisch, wenngleich manche
Gelehrte einige Erzählungen in das Reich der Mythen verwie-
sen. Wieder andere Forscher hielten überhaupt nichts von diesen Quellen. Einer der Väter der Islamforschung, der Ungar
Ignaz Goldziher, bezeichnete im späten 19. Jahrhundert die
Hadithe gar als pure Fälschungen, lange nach dem Propheten
verfasst. Der italienische Frühislam-Forscher Leone Caetani

(* 1869 in Rom, † 1935 in Vancouver) hielt die islamische Narrative über die Entstehung des Islam für nicht authentisch. Auch der Franzose Régis Blachère (* 1900 in Montrouge, † 1973 in Paris) fand in den islamischen Quellen über das Leben des Propheten kaum brauchbares Material.

Eine neue Tendenz in der Mohamed-Forschung geht seit einigen Jahrzehnten sogar noch einen Schritt weiter. Angeführt von Wissenschaftlern, die nicht nur Ibn Ishāqs Werk bzw. die Fassung seines Schülers Ibn Hischām im Bereich der Fiktion ansiedeln, sondern die Existenz Mohameds an sich in Frage stellen. Im Jahr 1977 veröffentlichten Michael Cook und Patricia Crone, zwei Historiker, ihr umstrittenes Buch »Hagarism. The Making of the Islamic World«. Darin vertreten die beiden Forscher die Auffassung, der Islam sei nicht auf der arabischen Halbinsel entstanden, sondern in Palästina. Der Titel bezieht sich auf die These, dass Mohamed der Verkünder einer Lehre war, die sich auf die Abstammung der Araber von Abraham und seiner ägyptischen Sklavin Hagar beruft. Bei Crone und Cook wirkte Mohamed nicht als Prophet Gottes und Verkünder des Koran, sondern als messianischer Prediger in Palästina.

In Deutschland geht die Forschungsgruppe des Inarah-Netzwerks (Karl-Heinz Ohlig, Christoph Luxenberg, Volker Popp und andere) davon aus, dass der Islam ursprünglich eine arabisch-christliche Sekte war, die sich erst nach den arabischen Eroberungen zu einer selbständigen Religion entwickelte. Die arabischen Christen sollen sich mit Byzanz gegen das persische Sassaniden-Reich verbündet haben und seien nach dem Sieg von Byzanz mit einer Autonomie in Syrien belohnt worden. Mohamed, der Koran und die Bezeichnung »Islam« seien rückwirkend erfunden worden, um dem neuen Reich eine Identität zu verleihen.

Auch der Islam-Theologe Sven Kalisch äußerte sich zumindest skeptisch zur Existenz Mohameds als historische Person, veröffentlichte aber selbst keine Studien dazu. Der britische Historiker Tom Holland (»Im Schatten des Schwertes«) und der US-amerikanische Schriftsteller und Religionswissenschaftler Robert Spencer (»Did Muhammad exist?«) kommen zu einem ähnlichen Ergebnis.

Alle diese Forscher eint eine Methode: Sie werfen alle islamischen historiographischen Quellen über Bord und verlassen sich nur auf Münzen und Inschriften aus den ersten beiden Jahrhunderten nach dem Tod Mohameds. Es liegen nur wenige Materialien vor, die oft zweideutige Interpretationen zulassen. Bei ihren Rekonstruktionsversuchen stellten sie fest, dass weder Mohamed noch der Koran, noch das Wort »Islam« in den ersten sechzig Jahren nach dem Tod Mohameds auf Münzen oder Inschriften jener Gebiete erwähnt wurden, die unter arabischer Herrschaft standen. Die älteste Inschrift, die Mohamed vermeintlich namentlich erwähnt, findet sich wie bereits konstatiert im Felsendom in Jerusalem, zwischen 691 und 693 erbaut vom Umayyaden-Kalif Abd al-Malik. Selbst da meinen die meisten dieser Forscher, dass mit dem Wort »Muhammad« hier nicht der Prophet des Islam, sondern ein Prädikat von Jesus gemeint war. In der Tat war die Bezeichnung Mohamed bei den arabischen Christen vor dem Islam bekannt. Dies war aber kein Name, sondern ein Titel und bedeutete »der Gepriesene«. Ohlig geht davon aus, dass der Umayyaden-Kalif Abd al-Malik zum Zeitpunkt der Erbauung des Felsendoms noch Christ war und mit »Mohamed« nicht den Propheten des Islam, sondern Jesus gemeint hat. In nichtislamischen Dokumenten taucht Mohamed namentlich erst viel später auf. Deshalb nehmen die Skeptiker an, dass der Islam, sein Prophet sowie der Koran, wie wir sie heute kennen, nicht im Mekka des 7. Jahrhunderts zu verorten sind, sondern im 8. und 9. Jahrhundert in Damaskus und Bagdad »entstanden«. Die islamische Mastererzählung behauptet, erst habe der Islam die Araber geeint, dann sei die Eroberung von Persien und Byzanz erfolgt. Die Gegentheorie geht davon aus, dass erst die Eroberungswelle einsetzte, wodurch die Gebiete Syrien, Irak, Iran und Ägypten unter arabische Herrschaft kamen. Danach hätten die arabischen Herrscher den Islam auf Traditionen des orientalischen Christentums aufgebaut, um all den Menschen, die nun unter ihrer Herrschaft standen, eine gemeinsame Identität zu geben und den neuen Eroberern eine Machtlegitimation zu verleihen. Der nächste Schritt sei dann die Rückkopplung des neuen Reiches an Arabien gewesen, jenes Teils der Welt, der damals von der Weltgeschichte abgeschnitten und somit bestens geeignet gewesen sei, um eine ganze Religion von null auf zu erfinden. Ihrer Auffassung nach habe erst die »Ehe« zwischen dem Imperium der Umayyaden und der neuen Religion den Islam zu dem gemacht, was er heute ist. Nach dieser Lesart hätte der Umayyaden-Kalif Abd al-Malik dabei die entscheidende Rolle gespielt.

So gesehen könnte man Abd al-Malik mit Kaiser Konstantin vergleichen, der im 4. Jahrhundert das Christentum zur Staatsreligion des Römischen Reiches machte und somit die Geschichte sowohl des Reiches und als auch dieser Religion für immer veränderte. Abd al-Malik war ein belesener Mann, diskutierte oft mit Gelehrten und kannte sich in der Geschichte des Römischen Reiches und in der griechischen Philosophie bestens aus. Er hat ohne Zweifel die islamische Geschichtsschreibung geprägt. Es ist nicht auszuschließen, dass er diese auch zu seinen Gunsten manipuliert hat.

Die Fragen, die durch solche durchaus strittigen Thesen auf-
geworfen werden, sind nicht nur berechtigt, sondern auch notwendig, um die Lücken und Widersprüche in der Meister-
narrative besser verstehen zu können. Gerade diejenigen, die
Christoph Luxenberg zur Entstehungsgeschichte des Koran
stellt, sind für die Islamforschung von großer Bedeutung,
denn sie zeigen mögliche christliche Urquellen des Koran.
Dennoch wahre ich zur These der »Erfindung« Mohameds
eine kritische Distanz, genauso wie ich gegenüber der offiziellen islamischen Erzählung über die Entstehung des Islam
eine gewisse Skepsis habe. So wie die islamische Erzählung
einen perfekten Plan Gottes hinter der Entstehung des Islam
sieht, setzen Thesen wie die oben genannten eine Verschwörung voraus. Erst der Umayyaden und nach ihnen der Abbasiden, die offenbar nicht nur einen Propheten aus dem Nichts
erschaffen konnten, sondern dieses Konstrukt auch jahrhundertelang und flächendeckend aufrechterhalten konnten –
trotz Spaltung der Muslime in Schiiten und Sunniten und trotz
mehrerer innerislamischer Kriege.

Richtig ist, dass die erste Biographie von Mohamed erst etwa
130 Jahre nach seinem Tod geschrieben wurde, aber auf früheren Texten und Überlieferungen aufbaute. Und richtig ist
auch, dass schon damals ein Streit darüber entbrannte. Die
Gelehrten dieser Zeit bildeten keineswegs eine homogene
Einheit, die mit der herrschenden Elite kollaborierte, um die
größte historische Fälschung der Geschichte vorzunehmen.
Und lange vor ihnen hatte die erste Generation der islamischen Theologen und Überlieferungssammler über Details
aus dem Leben Mohameds gestritten und über die Art ihrer
Überlieferungen. Manche dieser Gelehrten wurden sogar
von den Machthabern in Bagdad verfolgt, ausgepeitscht und
eingekerkert wie etwa Ahmad Ibn Hanbal (* 780 in Bagdad,

† 855 ebenda), der Begründer der Rechtsschule der Han-
baliten, der für eine wortwörtliche Auslegung des Koran eintrat.

Wenn man der Theorie von der »Erfindung des Propheten«
zustimmen würde, dann müsste man davon ausgehen, dass
nicht nur die Biographie von Mohamed erfunden werden
musste, sondern auch die von Hunderten von Menschen aus
arabischen Stämmen, die mit ihm gekämpft hatten und im
Krieg gefallen waren. Die Clans gedachten in ihren mündlichen Überlieferungen jahrhundertelang dieser Märtyrer.
Auch sind die in den Chroniken erwähnten Stämme real, sie
existierten vor und nach Mohamed, und die meisten von ihnen
haben sogar heute noch Bestand. Die Verschwörung setzt aber
voraus, dass all diese Stämme, ohne eine einzige Ausnahme,
die Verfälschung ihrer Geschichte hinnahmen – auch als die
Umayyaden längst nicht mehr an der Macht waren und mit
letzter Konsequenz bis heute.

Die Biographien erhalten in der Tat viele Metaerzählungen und
Legenden, die man sofort als unhistorisch identifizieren kann.
Auch könnten einige Stellen aus politischen Gründen oder
wegen theologischer Grabenkämpfe verändert oder dazuerfunden worden sein. Doch viele Erzählungen über Mohamed
scheinen einen historischen Kern zu haben. Vor allem solche,
die Mohamed nicht nur nach unserem heutigen Verständnis,
sondern auch gemessen an den Maßstäben des 7. und 8. Jahrhunderts überhaupt nicht gut erscheinen lassen. Und gerade
die widersprechen der These der Erfindung. Einige Beispiele:
Mohamed selbst dachte zunächst, als er die »Offenbarung«
empfing, er sei vom Teufel besessen, und wollte sich umbringen. Erst seine Frau Khadidscha hatte ihm eingeredet, dass er
nicht krank, sondern dass er der Prophet Gottes sei. Diese Geschichte dient weder der Glorifizierung des Propheten noch der

Mobilisierung von Kämpfern. Auch identitätsstiftend ist sie nicht. Auch die Geschichten über die Intrigen im Hause des Propheten und seine widerspenstigen, untreuen Ehefrauen zeigen einen überforderten Mohamed, der nicht einmal sein eigenes Haus im Griff hatte. Dass er 13 Frauen heiratete und neun davon gleichzeitig hatte, obwohl er im Koran den Gläubigen nur vier Ehefrauen zugestand, kann keine Erfindung gewesen sein. Dass er die Frau seines Sohnes von diesem scheiden ließ, um sie selbst zu heiraten, und dafür auch noch einen Koranvers als Absicherung brauchte, scheint auch eine wahre Begebenheit zu beschreiben. Gerade solche Geschichten, die Mohameds menschliche Schwächen verdeutlichen, halte ich für authentisch. Ebenso scheinen die Erzählungen über die satanischen Verse, von denen Mohamed behauptete, sie irrtümlicherweise vom Teufel erhalten zu haben, und die er als die Worte Gottes an die Gläubigen weitergegeben haben soll, keine politische oder theologische Funktion in einer erfundenen Biographie zu haben. Im Gegenteil, gerade diese Erzählung war der ersten Generation von Koranexegeten und Theologen so peinlich, dass der Mohamed-Biograph Ibn Hischām, der die Fassung von Ibn Ishāq bearbeitet und kommentiert hatte, sich gezwungen sah, die Geschichte der satanischen Verse aus dem Originaltext der Biographie zu entfernen. Und der Tod Mohameds passt ebenfalls nicht so recht zu einer erfundenen Geschichte, die jene von Jesus noch übertrumpfen sollte. Mohamed hatte den Wunsch geäußert, als Märtyrer auf dem Schlachtfeld zu fallen, doch er starb an einem schweren Fieber, möglicherweise an einer Vergiftung. Auch ist er keineswegs von den Toten wiederauferstanden.

Wer den Koran chronologisch liest, erkennt eine innere Mitte, die sich um eine Person dreht. Dass Mohamed nicht sein rich-

tiger Name war oder später als Würden-Titel dazuerfunden
wurde, ist allerdings denkbar. Es war auf jeden Fall üblich,
dass man zu diesem Zeitpunkt einen echten und einen Wür-
den-Namen trug.

Was das Fehlen von Inschriften und Münzen, die Mohamed
einige Jahrzehnte nach seinem Tod erwähnen, angeht, fallen
mir folgende Argumente ein. Erstens ist die Abwesenheit von
Beweisen für die Existenz von Personen kein Beweis ihrer
Nichtexistenz. Zweitens waren die Araber bis der Koran verschriftlicht wurde kein Volk des Schrifttums, sondern der
mündlichen Überlieferungstradition. Das lag auch daran, dass
die arabische Schrift zur Zeit Mohameds nur 15 Buchstaben
kannte, ohne Vokalisierung, ohne Punkte und ohne Gramma-
tik. Erst Jahrzehnte später entwickelte sich Arabisch zu einer
Amts- und Literatursprache. Und drittens kamen die militärischen Erfolge der Araber überraschend schnell. Die ersten
Jahrzehnte waren dem Krieg und der Niederschlagung von
Aufständen gewidmet. Die neuen Eroberer kooperierten mit
christlichen Separatisten, die mit Byzanz nicht zurechtkamen.
Auch christliche arabische Stämme, die früher für Byzanz
oder für die Sassaniden kämpften, wurden Teil der islamischen Allianz gegen die alten, zerfallenen Weltmächte. Ohne
diese christlichen Akteure wären die raschen Siege der Araber
zu Lande und zu Wasser (etwa bei der Schlacht von Phönix
651) undenkbar.

Es ist also durchaus möglich, dass die Herrscher der Umayyaden nicht sofort von einer neuen Religion namens Islam,
sondern von einer Fortsetzung oder Vervollkommnung der
Lehre Moses und Jesu sprachen, um ihre christlichen Untertanen zu besänftigen und als Verbündete zu gewinnen. Außerdem liest man in den ersten Chroniken des Islam, dass die
Umayyaden früher Erzfeinde von Mohamed und seinem Clan

der Hashimiten waren und erst sehr spät zu seinen Anhängern wurden – nämlich erst, als er siegreich wurde. Also scheint nicht seine Lehre, sondern politisches Kalkül der Motor ihres Handelns gewesen zu sein.

Als die Umayyaden dann am Ruder waren, verlegten sie die Hauptstadt nach Damaskus. Sie sahen sich zunächst eher als Erbe des byzantinischen Imperiums, nicht unbedingt als Verkünder des Islam. Ich gehe davon aus, dass der erste Umayyaden-Kalif Mu'āwiya I. gewissermaßen ein doppeltes Spiel spielte: Seinen muslimischen Untertanen in Mekka und Medina präsentierte er sich als Anführer der gläubigen Muslime; den Christen in Syrien wiederum, die die Mehrheit seiner Untertanen dort ausmachten, zeigte er sich möglicherweise als frommer Christ oder zumindest als Herrscher, der den christlichen Glauben vereehrt. Er behielt nicht nur die alten byzantinischen Münzen mit christlichen Symbolen bei, sondern ließ sich selbst mit christlichen Symbolen abbilden. Aus diesem Grund halten einige Forscher ihn für einen Christen. Andere arabische Münzen aus der ersten Hälfte des 7. Jahrhunderts, also nach Mohamed, aber vor den Umayyaden, zeigen jedoch, dass das Kreuz auf manchen Münzen verwischt wurde. Je nach Region gab es offensichtlich Konflikte diesbezüglich. In den persischen Gebieten hatten die Araber zuächst auch die alten Münzen mit religiösen zoroastrischen Symbolen beibehalten. Erst Kalif Abd al-Malik erkannte die Notwendigkeit der Homogenisierung und der Rückbesinnung auf die gemeinsame Religion und die Arabisierung der Administration und der Schriften. In seiner Herrschaftszeit wurde das Reich der Umayyaden stabiler und wohlhabender. Erst unter ihm wurde Arabisch als Amtssprache eingeführt und der Islam als eine selbständige Religion propagiert, die sich deutlich von Juden- und Christentum abgrenzte. Bedenkt man, was damals alles passiert ist, erscheinen sechzig Jahre als eine normale Übergangszeit.

Die Herrscher der Umayyaden und später die Abbasiden haben sicherlich einiges verändert in der Geschichtsschreibung, ihr Eingreifen bewegte sich jedoch im Rahmen begrenzter Korrekturen, die der Legitimation ihrer Macht dienten. Dazu könnten Hadithe zählen, die die Umayyaden besonders loben. In der Sammlung *Sahih Muslim* gibt es ein Kapitel über die Tugenden von Abū Sufiyan, dem Vater des ersten Umayyaden-Kalifs Mu'āwiya. Die Biographie von Ibn Ishāq dagegen lässt Abū Sufiyan und die Umayyaden insgesamt nicht in einem guten Licht erscheinen. Auch redaktionelle Eingriffe in den Text des Koran in Zeiten der Umayyaden sind nicht auszuschließen. Es ist uns bekannt, dass der Statthalter von Bagdad Ende des 7. Jahrhunderts einige Versionen des Koran verbrennen ließ und nur seine offizielle Fassung zuließ.

Manche Islamreformer wie der in Münster lehrende Religionspädagoge Mouhannad Khorchide widersprechen der These nicht, dass einige Erzählungen über Mohamed später durch die Umayyaden und Abbasiden entstellt oder erfunden worden sind. Khorchide meint, der Islam sei als eine friedliche Botschaft geboren und erst durch die Umayyaden zu einer Schwert-Religion gemacht worden, um ihre Macht zu befestigen und ihre imperialistischen Ziele zu verfolgen. Ich dagegen bin der Ansicht, der Islam wurde nicht durch die Umayyaden gewalttätig, im Gegenteil. Meiner Meinung nach war er von Anfang an wild und kriegerisch und wurde erst durch die Umayyaden und danach die Abbasiden gezähmt und zivilisiert. Denn in der Umgebung, wo der Islam entstanden ist, verfing eine reine ethisch-humanistische Lehre nicht. Mohameds Botschaft scheiterte in Mekka, als sie gewaltlos war.

Erst im Schatten des Schwertes des Propheten war sie erfolgreich.

Schon mit dem ersten Krieg, den Mohamed gegen die Mekkaner führte, war die Büchse der Pandora geöffnet. Erst als er seine erste Schlacht gewonnen hatte, zollten ihm seine Gegner Respekt. Jeder gewonnene Krieg schrie nach einem neuen Krieg, denn die Feinde schliefen nicht und die Ambitionen der Anhänger Mohameds wurden mit jedem Sieg höher. Am Ende waren es über achtzig Kriege, die Mohamed allein in den letzten acht Jahren seines Lebens führte. Mit anderen Worten: beinahe in jedem Monat ein Feldzug. Auf jeden Krieg folgte der Streit um die Aufteilung der Beute und die Vorbereitung für den nächsten Krieg. Wann hätte Mohamed Zeit haben sollen, die Grundlagen für eine friedliche und humanistische Gesellschaft zu schaffen?

Es waren die Umayyaden und die Abbasiden, die neue Kulturzentren in Damaskus, Cordoba und Bagdad schufen, die von bewaffneten Konflikten relativ verschont blieben. Dort ist eine neue Kultur des Wissens entstanden, die in Mekka und Medina niemals hätte entstehen können. In diesen neuen multiethnischen und multireligiösen Zentren wurde die einst wilde Religion ein Stück weit in die Zivilisation integriert. Und erst mit den Eroberungserfolgen und durch die Hilfe der Christen, Juden und Perser im Irak und in Syrien wurde ein Islam entwickelt, der pragmatischer und zeitweise toleranter war.

Nicht Mohamed und der Koran sind Erfindungen der Umayyaden und der Abbasiden, sondern die islamische Theologie. Ihre Erfindung war notwendig, um die neuen Herausforderungen in diesem so enorm ausgedehnten Reich zu bewältigen. Gleichwohl hätte sich diese Theologie niemals durchsetzen können, wenn sie nicht auf einer wahren Geschichte aufgebaut hätte, die im Kollektivgedächtnis der Muslime und auch der Christen dieser Zeit verankert war.

Ich gehe davon aus, dass es drei Mohameds gab. Der erste bildet den historischen Kern des Islam. Dieser Mohamed war ein Händler und Prediger, der sich zwischen der arabischen Halbinsel und Syrien bewegte und die Erzählungen und Debatten beider Kulturräume in einem Buch namens Koran kombinierte. Ihm ist es gelungen, einige arabische Stämme zusammenzuschließen, jedoch starb er, bevor er sein großes Projekt der Einigung Arabiens vollenden konnte. Die Vorstellung, dass sich eine neue Religion aus Syrien auf der arabischen Halbinsel hätte etablieren können, ist unlogisch. Denn gerade diese Araber des Hidschaz (im heutigen Saudi-Arabien) waren immer bekehrungsresistent und konnten nur durch einen eigenen Propheten und ein eigenes Buch vereint werden. Die Stämme lebten vom Kollektivgedächtnis und von ihrem Stolz auf ihre genealogische Abstammung. Eine in der Fremde erfundene Religion würde von ihnen eher als eine Invasion betrachtet. Sie konnten eine Figur namens Mohamed nur dann akzeptieren, wenn er tatsächlich unter ihnen gelebt und wenn seine Geschichte sich mit ihrer vermischt hatte.

Der zweite Mohamed ist eine übergeschichtliche Gestalt, ein Mythos aus der Erfindung der nostalgischen Geschichtenerzähler. Diese Meta-Erzählungen über ihn sind das Ergebnis der theologischen Debatten im 7. und 8. Jahrhundert, die vor allem in Syrien und Irak geführt wurden.

Und der dritte Mohamed schließlich ist die Person, die in fast allen Biographien verschwiegen wird. Der Prophet aus der Sicht seiner zeitgenössischen Gegner und Kritiker. Dieser Mohamed hatte offensichtlich mehr Charakterschwächen und Identitätskonflikte, als die Biographien preisgeben. Psychische oder gesundheitliche Probleme sowie Ungereimtheiten in Bezug auf seine Abstammung könnten womöglich Erklärungen für seine Wut- und Gewaltausbrüche bieten. Sowohl der Koran als auch seine Biographien geben uns einige Hinweise über Mohameds Schwächen und Probleme, die ihm das Leben schwer gemacht haben dürften, andere bleiben uns jedoch verborgen. Auch manche Details über die Nähe Mohameds zu einigen christlichen Mönchen sowie die Religion seiner ersten Frau Khadidscha wurden offensichtlich systematisch vertuscht. Dieses Vorgehen schafft Lücken und Widersprüche in Mohameds Biographie, was wiederum Anlass für weitere Spekulationen liefert.

Mein Ansatz als Forscher ist es, in den Biographien von Ibn Ishāq, Ibn Saa'd, al-Baladhiri und in der Chronologie von al-Tabari sowie in der Überlieferungssammlung von al-Bukhari und Muslim nach authentischen Berichten über Mohamed zu suchen, die nicht den Anschein erwecken, für politische oder religiöse Zwecke manipuliert oder erfunden worden zu sein. Parallel dazu lese ich die Suren des Koran nicht nach der offiziellen Reihenfolge, wie sie in jeder Koranausgabe vorgegeben ist, sondern nach dem Zeitpunkt der »Offenbarung« dieser Suren. Den Koran solchermaßen chronologisch zu lesen, beleuchtet interessante Aspekte im Leben und in der Gedankenwelt Mohameds – auch wenn der Name Mohamed nur viermal im Koran vorkommt.

In einem weiteren Schritt vergleiche ich die Erzählungen der unterschiedlichen Biographien mit der Stimmung des Propheten in den Koransuren. Im Koran selbst gibt es kaum zusammenhängende Erzählungen über Mohameds Leben, aber die Suren spiegeln deutlich Mohameds Ängste, Hoffnungen, Enttäuschungen, Siege und Niederlagen wider. Aus diesem Grund ist der Koran für mich, ich habe es bereits erwähnt, die psychische Biographie Mohameds. Darin erkennt man seine Entwicklung, seine Höhen und Tiefen, seine Stärken und Schwächen. Nicht nur das, was in den Biographien und im Koran steht, wird Gegenstand meiner Analyse sein, sondern auch das, was darin fehlt bzw. verschwiegen wird.

Kapitel 2

Mohamed und Ismael
Die Geschichte einer Identitätskrise

War Mohamed ein uneheliches Kind?

Für die einen hat Mohamed als historische Person nie existiert; für die anderen steht nicht nur seine Existenz fest, sondern auch seine Abstammung nebst genauen Datierungen und Namen seiner Vorfahren bis in die 40. Generation. Vor allem die Abbasiden, die den Auftrag für das Verfassen der ersten Mohamed-Biographie gaben, waren an einem lückenlos und authentisch erscheinenden Stammbaum des Propheten interessiert. Denn dadurch legitimierten die Herrscher von Bagdad ihren Machtanspruch.

Allen klassischen Biographen zufolge war Mohamed ein Mitglied des einflussreichen Clans der Hashimiten, deren Aufgabe lange Zeit die Bewirtung der Pilger in Mekka sowie der Geleitschutz für Karawanen gewesen war. Die Hashimiten gehörten wiederum dem mekkanischen Stammesverbund der Quraisch an. Die Biographie von Ibn Ishāq beginnt mit der genealogischen Abstammung Mohameds, die bis zum biblischen Stammvater Abraham und darüber hinaus bis zu Adam zurückreicht. Das Matthäusevangelium beginnt übrigens ähnlich: mit dem Stammbaum von Jesus, der bis Abraham zurückgeht. Dadurch soll belegt werden, dass Mohamed und der Islam in der gleichen monotheistischen Tradition stehen wie das Juden- und das Christentum. Da es außerhalb der biblischen Erzählungen und der davon abhängigen Traditionen keine faktischen Nachweise für die Existenz

Abrahams gibt, scheint es unmöglich, diese Querverbindung zu belegen.

Zwar bestätigen assyrische Texte aus dem 7. Jahrhundert v. Chr., dass beduinische Stämme im Gebiet des fruchtbaren Halbmondes und auf dem Sinai lebten, die »Ismaeliten« genannt wurden. Doch es finden sich keine Belege dafür, dass Mohameds Stammesverband der Quraisch eine Verbindung zu ihnen gehabt haben könnte, zumal die Quraisch bis Ende des 4. Jahrhunderts n. Chr. im Jemen siedelten und weder mit Nordarabien noch mit dem Sinai etwas zu tun gehabt hatten.[13] Erst im 5. Jahrhundert übernahmen sie die Kontrolle über Mekka. Außerdem lässt sich nicht belegen, dass die Ismaeliten tatsächlich vom biblischen Ismael abstammen, dem Sohn des Patriarchen Abraham. Auch waren die Stämme der Ismaeliten längst verschwunden, als die Quraisch nach Mekka kamen. Im Koran und der Biographie Mohameds wird aber behauptet, dass Mekka von Ismael gegründet wurde.

Nicht nur die direkte genealogische Linie zu Abraham lässt sich bezweifeln, selbst Mohameds Zugehörigkeit zum Stamm der Quraisch könnte in Frage gestellt werden. Und zwar selbst anhand von islamischen Quellen: Einige Erzählungen aus den unterschiedlichen Biographien Mohameds deuten darauf hin, dass dessen Abstammung wiederholt von Mekkanern angezweifelt wurde. Was an Mohamed offenbar nicht spurlos vorübergegangen zu sein scheint. Er wuchs in einer Gesellschaft auf, die ihre Ahnen verehrte und in Gedichten die Wichtigkeit der Clanzugehörigkeit pries. Die Zweifel an seiner Herkunft dürften Mohamed sehr gekränkt und beschäftigt haben. Als er begann, seine Botschaft zu predigen, betonte er, dass Blutlinie und Herkunft keine Rolle bei der Bewertung eines Menschen spielten, sondern allein der Glaube und die Ehrfurcht vor Allah entscheidend seien. Ein klarer Bruch mit der Tradition.

In einigen Hadithen hebt er sogar hervor, dass es keinen Unterschied zwischen einem Araber und einem Nicht-Araber gebe. Später jedoch vollzieht er eine Kehrtwende, pocht auf seine Stellung als Araber und äußert seinen Stolz auf seine Vorfahren. Seinem Stamm der Quraisch widmet er eine ganze Sure im Koran. Und in einem Hadith nennt er die Quraisch »Salz der Araber«. Das erinnert an Jesus, der seine Jünger »Salz der Erde« nannte.

Dieser Wandel hängt damit zusammen, dass Mohamed sehr lange um Anerkennung kämpfen musste. 13 Jahre ununterbrochenen Predigens hatten seiner Lehre nicht zum Durchbruch verholfen. Im Gegenteil: In seiner Heimatstadt Mekka und von seinen eigenen Leuten war er verleugnet, verspottet und in vielerlei Hinsicht beleidigt worden. Laut einer Überlieferung des Hadith-Sammlers al-Tirmidhi sagte Mohameds Onkel al-Abbas einst zu ihm: »Die Stämme von Quraisch versammelten sich und lobten ihre genealogische Abstammung. Über dich, Mohamed, sagten sie jedoch, du seist wie eine vereinzelte Palme, die im Schmutz gewachsen ist.«[14] Nach dieser altarabischen Metapher war Mohameds Ursprung demnach entweder unbekannt oder »unrein«.

Mohamed war, jenseits der Frage der Abstammung, in der Tat eine vereinzelte Palme im Palmenwald der Quraisch. Er war ein Individualist in einer Gesellschaft, die ihre Kinder dazu erzogen hatte, Teil eines Kollektivs zu sein. Er war ein Waisenkind, war ohne Eltern und ohne Geschwister aufgewachsen und von fremden Beduinen erzogen worden. Sollte er tatsächlich ein Sohn des Stammes der Quraisch gewesen sein, dann offenbar keiner, auf den sein Volk stolz war.

In einer Sammlung des führenden Hadith-Gelehrten Ahmad Ibn Hanbal, Gründer einer der vier Rechtsschulen des Islam, findet sich die gleiche Geschichte, ergänzt um folgende Passage: »Der Prophet hörte, was die Leute über ihn erzählten. Er bestieg die Kanzel in der Moschee und fragte die Menge: ›Wer bin ich?‹ Die Gläubigen antworteten: ›Du bist der Gesandte Allahs.‹ Er erwiderte: ›Ich bin Mohamed, Sohn von Abd Allah, Sohn von Abd al-Muttalib. Als Allah die Menschen schuf, machte er mich den besten unter ihnen. Er teilte die Menschen in zwei Gruppen auf und machte mich in der besten Gruppe. Dann schuf er die Stämme und machte meinen Stamm den besten. Dann teilte er die Stämme in Clans auf und machte meinen Clan den besten. Deshalb bin ich der Beste unter euch, charakterlich und genealogisch.‹«[15]

Die Tatsache, dass Mohamed es nötig hatte, vor einer versammelten Menge zu fragen: »Wer bin ich?« oder zu betonen »Ich bin der Beste unter euch«, zeigt, wie sehr ihn die Spekulationen über seine Abstammung und die langjährige Ablehnung gekränkt haben.

In einer erweiterten Form wird diese Episode auch in der Hadith-Sammlung *kitab al-tiyuriyat* erzählt. Nachdem er auf der Kanzel alle Namen seiner Vorfahren aufgelistet hatte, sagte Mohamed: »Ich bin aus einer Ehe entstanden, nicht aus Unzucht.« Er betonte die Reinheit seines Blutes seit Adam, bis seine Mutter ihn gebar.[16] Darüber hinaus gibt es noch eine Reihe von Hadithen, in denen Mohamed klarstellt, er sei keineswegs durch Unzucht entstanden. Diese Hadithe werden in einem späteren Standardwerk namens *subulu-l huda warrashad* aufgelistet.[17] Auch Mohameds Biograph Ibn Saa'ad zitiert einige Erzählungen, in denen Mohamed darauf beharrt, einer regulären Ehe entsprungen zu sein.[18] Und in *al-Sira al-Halabiyah* werden nicht nur diese Hadithe aufgelistet, hier wird sogar behauptet, dass keine von Mohameds 500 Großmüttern je außerehelichen Geschlechtsverkehr gehabt habe.[19]

Die Tatsache, dass er sich selbst wiederholen und seine reine Abstammung in übertriebener Weise loben musste, zeigt, dass Mohamed die Frage seiner Herkunft mehr beschäftigt hat, als man meinen sollte. Die Biographen versuchen, ihn mal als einen sensiblen Außenseiter darzustellen und mal als eine angesehene Persönlichkeit im Stamm der Quraisch. Mal wird seine Botschaft als Bruch mit der altarabischen Tradition in Mekka dargestellt, mal als eine logische Folge der Entwicklung seines Stammes, der in vorislamischer Zeit für die Organisation der Pilgerfahrt und die Versorgung der Reisenden verantwortlich war. Die Entfremdung von den beziehungsweise die Annäherung an die Quraisch ist einer der Schlüssel zu Mohameds Werk und seiner Persönlichkeit. Sowohl im Koran als auch in seinen Hadithen lobt der Prophet sein Volk manchmal übertrieben, dann wieder wendet er sich plötzlich mit Häme und Polemik gegen dieses Volk. Vor allem frühislamische biographische Berichte über Mohamed liefern viele Belege dafür, dass der Prophet innerhalb seines Stammes als eher dubioser, unbeliebter Mensch galt.

Je mehr die Biographen sich in Details über Mohameds Familie verstrickten, desto mehr wurden die Ungereimtheiten deutlich. Zum Beispiel gibt es widersprüchliche Angaben über den Urgroßvater Mohameds väterlicherseits. Hashim Ibn Abd Manāf (Geburtsjahr unbekannt, † um 497 in Gaza; andere Quellen geben 510 als Todesjahr an) gilt als Urvater des Clans der Hashimiten. In allen Quellen wird er als führender Mann in Mekka gegen Ende des 5. Jahrhunderts beschrieben; er hatte nicht nur das Amt der Pilgerbewirtung inne, sondern soll auch Handelsverträge mit Abessinien und Byzanz geschlossen haben. Es wird erzählt, dass Mekka einmal von einer schweren Hungersnot heimgesucht wurde, da der Handel mit Syrien wegen Angriffen von Straßenräubern ins Sto-

cken geraten war. Hashim soll sich auf den Weg zum byzantinischen Kaiser in Kappadokien gemacht und von ihm eine
Bürgschaft erhalten haben, die ihm und seinen Karawanen
freies Geleit durch alle Gebiete Syriens garantierte.[20] Auf seinem Weg zurück soll Hashim einen Pakt mit allen arabischen
Stämmen geschmiedet haben, die entlang des Karawanen-
wegs zwischen Syrien und Mekka siedelten. Der Pakt sollte
den zum Erliegen gekommenen Handel wiederaufleben lassen. Zurück in Mekka, soll er zur Feier des Paktes mehrere
Kamele geschlachtet und den Hungernden geschenkt haben.
Auch soll er getrocknetes Brot, das er aus Syrien mitgebracht
hatte, gebrochen und unter den Bedürftigen verteilt haben.
Daher leitet sich auch sein Name Hashim ab (»Brecher«),
vom Verb zerkleinern oder brechen, arabisch *haschama*. Dieser Pakt der Befriedung Arabiens wird *ilaf* genannt und ist
durch Sure 106 im Koran verewigt, die den Titel »Quraisch«
trägt.

Die Rolle Hashims wird nach meiner Einschätzung übertrieben, und das hat nachvollziehbare Gründe. Denn er gilt
nicht nur als Urgroßvater Mohameds, auf ihn beriefen sich
auch die Abbasiden, die das mächtigste Reich der islamischen
Geschichte im 8. Jahrhundert aufbauten. Zur Erinnerung: Es
war der Abbasiden-Kalif al-Mansūr, ein Nachfahre von Hashim, der Ibn Ishāq den Auftrag gab, die erste Biographie Mohameds niederzuschreiben. Es ist logisch, dass der Verfasser
darin die Rolle Hashims überhöht. Dies war nicht nur wichtig
für den Gründungsmythos des Islam, sondern auch für die Legitimation der Herrschaft der Abbasiden, die die Macht nach
einem bitteren Krieg mit den Umayyaden an sich gerissen
hatten.

Ein Beleg dafür, dass Hashim die ihm von den Biographen
zugeschriebene Bedeutung in Mekka nicht erlangt haben

kann, liegt in den islamischen Quellen selbst. Denn dort steht, dass er im Alter von 24 Jahren – andere sprechen von 33 Jahren – gestorben war. In Mekka wie in ganz Arabien war zu dieser Zeit der Stammesführer auch der Stammesälteste. Einem Jungspund wie Hashim dürfte man kaum all diese Aufgaben übertragen haben, die ihm zugeschrieben wurden.

Auch die Rolle von Mohameds Großvater Abd al-Muttalib (* um 497 in Medina, † um 578 in Mekka) wird offensichtlich überhöht. In seiner Geschichte sind mehrere Widersprüche und Legenden zu lesen. Schon sein Name gibt Rätsel auf. Aus allen Quellen geht hervor, dass er Shaiba hieß und erst später in Abd al-Muttalib umbenannt wurde, was übersetzt »Sklave von Muttalib« heißt. Die Bezeichnung »Abd« stammt aus heidnischen Zeiten und wurde normalerweise immer vor den Namen einer Gottheit gesetzt. Eine Tradition, die sich im Islam fortgesetzt hat. Auch der Name des Verfassers dieses Buches lautet Abdel-Samad. Das bedeutet auf Arabisch »Sklave Gottes«. Muttalib war nun aber keineswegs der Name einer der zahlreichen Gottheiten im vorislamischen Mekka, sondern schlicht der Name des Bruders von Hashim. Er war es, der seinen Neffen aufgenommen hatte, nachdem dieser einige Jahre nach dem Tod Hashims aus Yathrib, dem späteren Medina, nach Mekka gekommen war. Aber warum war Abd al-Muttalib in der Oase Yathrib geboren worden, wenn er doch der Sohn des mächtigen Hashim war?
Werfen wir einen genaueren Blick auf diese Geschichte: Islamischen Überlieferungen zufolge heiratete Hashim während einer Reise nach Syrien in Yathrib eine Frau aus dem Stamm der Khasradsch. Als sie schwanger wurde, soll sie es abgelehnt haben, mit ihm zurück nach Mekka zu gehen; sie wollte ihr Kind bei ihrem Stamm in Yathrib gebären. Das klingt be-

fremdlich, zumal Hashim laut`sämtlichen Quellen als Herr-
scher von Mekka galt und damit sehr viel mehr als nur ein
»normaler Mann« war. Nach diesen Quellen sollen Frauen im
vorislamischen Arabien versklavt gewesen sein, sie hatten
sich dem Willen des Mannes zu unterwerfen. Doch hier ist
nun plötzlich eine selbstbewusste Frau, die die Bedingungen
nicht nur ihrer Ehe, sondern auch die Umstände ihrer Nieder-
kunft und das Aufwachsen des Nachkommen Hashims selbst
diktiert. Der Mächtige fügte sich. Nicht lange danach wurde
sein Sohn Shaiba geboren. Hashim begab sich auf eine Han-
delsreise nach Gaza und verstarb dort, ohne dass seine Familie in Mekka von seinem Kind etwas wusste.

Eine Geschichte, die frappierend der von Mohameds Geburt
ähnelt. Dessen Vater Abd Allah, Sohn des Abd al-Muttalib,
soll Mohameds Mutter Āmina geheiratet haben und drei Monate später auf einer Reise nach Gaza gestorben sein; begraben wurde er aber in Yathrib. Auch Mohameds Mutter Āmina
soll in der Nähe von Yathrib begraben sein, obwohl sie angeblich aus Mekka stammt. Der Islamwissenschaftler Tilman
Nagel stellt fest, dass es in den islamischen Chroniken keine
Angaben über Mekka als Mohameds Geburtsort gibt. Er geht
davon aus, dass Mohamed stattdessen in der Stadt Usfan zwischen Mekka und Medina geboren wurde, im Kreis der Familie seiner Mutter Āmina.[21] Der Ort, den Nagel als Geburtsort
von Mohamed vermutet, ist in der Tat der gleiche Ort, in dem
Āmina gestorben war. Hier kann man vermuten, dass Āmina
nie wirklich in Mekka lebte und dass die Beziehung zu Mohameds Vater keine reguläre Ehe war, sondern lediglich eine
begrenzte und bezahlte Form mit dem Ziel des Beischlafs.
Dazu später mehr. Vermutlich ist sie vor und nach Mohameds
Vater mit anderen Männern Verbindungen eingegangen, denn
laut Ibn Ishāq sagte sie über Mohamed: »Die Schwanger-

schaft mit ihm war die leichteste Schwangerschaft, die ich je hatte.« Doch über weitere Ehen von Āmina, geschweige denn über Geschwister von Mohamed lesen wir nirgendwo etwas in den Biographien.

Zurück zu Mohameds Großvater Abd al-Muttalib. Neun Jahre vor seinem Tod heiratete sein Sohn Abd Allah Āmina aus dem Stamm Zuhra, der für Wahrsagerei und Sternenanbetung bekannt war. »Zuhra« ist übrigens das arabische Wort für den Planeten Venus. Āmina hatte eine Schwester namens Hala. Als Abd al-Muttalibs Blick auf Hala fiel, entschied er sich, sie sofort zu heiraten. Vater und Sohn heirateten die Schwestern am gleichen Tag und schliefen an diesem auch mit ihren Frauen.[22] Das wiederum könnte man als weiteren Hinweis deuten, dass es sich bei der Verbindung von Mohameds Eltern nicht um eine reguläre Ehe, sondern um einen bezahlten Beischlaf gehandelt hat.

Wie bereits erwähnt, starb Abd Allah drei Monate später, als Āmina bereits mit Mohamed schwanger gewesen sein soll. Auch Hala wurde rasch schwanger und gebar bald einen Sohn namens Hamza, der somit Mohameds Onkel war. Obwohl Āminas Schwangerschaft die »leichteste« gewesen sein soll, scheint sie sich auf seltsame Weise in die Länge gezogen zu haben. Denn in der gleichen Quelle, die die Geschichte der zeitgleichen Heirat erzählt, lesen wir, dass Hamza vier Jahre älter war als sein Neffe Mohamed.[23] Wie ist das möglich? Da Vater und Sohn am gleichen Tag »geheiratet« und mit ihren Ehefrauen den Liebesakt vollzogen haben, der Sohn aber drei Monate später starb, muss Mohamed älter sein als Hamza oder zumindest müssen die beiden gleichalt sein. Es sei denn, Āmina war mit Mohamed über vier Jahre lang schwanger. Und genau das versuchten muslimische Gelehrte jahrhunder-

telang zu belegen. Imam al-Schafi'i, einer der einflussreichsten Theologen der islamischen Geschichte und Gründer einer
der vier sunnitischen Rechtsschulen, schätzte die Höchstdauer einer Schwangerschaft auf vier Jahre. Auch Koranexeget
al-Qurtubi sprach von vier Jahren oder mehr als Höchstdauer.
Sogar der ehemalige Mufti von Ägypten, Ali Goma'a, betonte
in einem Fernsehinterview im Jahre 2013, dass eine Schwangerschaft aus islamischer Sicht vier Jahre lang dauern könnte.
Interessant ist hier die Zahl vier. Keiner der Gelehrten gab die
Geschichte der Geburt des Propheten als Beispiel für eine so
extrem lange Zeit der Schwangerschaft an, aber die Tatsache,
dass alle bei der Zahl vier anfangen, zeigt, dass sie die Pro-
blematik durchaus erkannt haben, die Ungereimtheiten bei der
Empfängnisgeschichte jedoch nicht thematisieren wollten.
Einfacher wäre es gewesen, wenn sie diese Rechenakrobatik
nicht vertuscht, sondern wenn sie behauptet hätten, es handelte sich bei der Empfängnis des Propheten um ein Wunder –
wie das Wunder der unbefleckten Empfängnis von Maria.

Bei Ibn Ishāq finden wir fast nichts über solche Spekulationen. Zum einen weil er als gläubiger Muslim unmöglich die
Abstammung des Propheten in Frage stellen würde. Und zum
anderen: Selbst wenn er auf Erzählungen, die in diese Richtung gingen, gestoßen wäre, hätte er sie unter den Tisch fallen lassen müssen, um seinen Auftraggeber nicht zu kränken.
Möglicherweise tilgte er sie auch später. Es sei daran erinnert,
dass die erste Fassung als zu lang empfunden worden war
und Ishāqs Schüler ebenfalls noch einmal Hand anlegte. Ibn
Hischām teilt in der Einführung mit, dass er alle Erzählungen
und Gedichte gestrichen habe, die mit dem Propheten nichts
zu tun hätten, schändlich oder beleidigend gewesen seien. Die
folgende Erzählung Ibn Ishāqs beließ Ibn Hischām jedoch im

Text – und sie gibt Hinweise auf die Frage nach der Herkunft Mohameds.[24]

Mohamed war mit einer großen Armee auf dem Weg nach Mekka, um die Stadt zu erobern. Die Mekkaner waren sich sicher, dass er sie besiegen würde. Viele liefen ihm entgegen, damit sie ihm die Treue schwören konnten, bevor er Mekka einnahm. Darunter waren zwei Männer, die Mohamed früher mit Schmähgedichten beleidigt hatten, sich nun dafür entschuldigen und den Islam annehmen wollten, um sich vor seiner Rache zu schützen. Es handelte sich um zwei Cousins des Propheten: Abd Allah Ibn Umayya, den Sohn von Mohameds Tante, und Abū Sufiyan Ibn al-Harith, einen Cousin väterlicherseits. Ibn Ishāq erzählt, dass die beiden an einem Ort zwischen Mekka und Medina auf ein Lager der Eroberer stießen. Sie machten das Zelt Mohameds ausfindig und baten dessen Frau Um Salama, ihre Bitte um Einlass vorzutragen. Doch der Prophet lehnte zunächst ab und sagte: »Ich will sie nicht sehen. Der Sohn meines Onkels hat meine Ehre beschmutzt, und der Sohn meiner Tante sagte über mich in Mekka, was er sagte.« Interessant ist Mohameds Wortwahl; er präzisierte nicht genau, was er nicht verzeihen wollte, sondern wählte für »meine Ehre beschmutzt« einen zweideutigen Begriff. Auf Arabisch sagte er *hataka i'rdi*. Das kann sowohl bedeuten »Er hat mich sexuell missbraucht« als auch »Er hat etwas Schändliches über meine Herkunft/Ehre erzählt«.

Wir lesen an anderen Stellen in der Biographie von Ibn Ishāq, dass andere Dichter Mohamed mit ihren Gedichten beleidigt haben. Einige davon ließ er sogar töten, aber der Inhalt dieser Gedichte wird weder bei Ibn Ishāq noch in einer anderen Mohamed-Biographie wiedergegeben. Aber wir wissen, dass Mohamed immer außer sich war, entweder wenn man seine »Offenbarung« als eine Lüge bezeichnete oder wenn man seine Herkunft in Frage stellte. Diese waren seine wunden Stellen. Nur aus dem Entschuldigungsgedicht von Mohameds Cousins können wir erahnen, was er früher gesagt haben könnte. Dort entschuldigt sich Abū Sufiyan, früher behauptet zu haben, Mohamed gehöre nicht zu seiner Abstammung.[25]

In der Biographie von Ibn Ishāq wird Mohamed vor seiner Sendung als eine angesehene Persönlichkeit in Mekka dargestellt. Die Mekkaner sollen ihm den Namen *as-sādiq al-amīn* gegeben haben, also »der Ehrliche« und »Vertrauenswürdige«. Er wird auch als Vermittler unter den Stämmen beschrieben, wie die folgende Geschichte zeigt: Es wird erzählt, dass die Mekkaner während Mohameds Jugend die Kaaba renovierten. Als sie den heiligen schwarzen Stein wieder an seinen Ort innerhalb der Kaaba zurückbringen wollten, stritten sich die Stämme, welchem von ihnen diese Ehre zuteilwerden sollte. Als der Streit eskalierte, kam Mohamed, zog seinen Umhang aus, stellte den Stein darauf und forderte je einen Vertreter jeden Stammes auf, einen Zipfel des Umhangs zu ergreifen und den Stein gemeinsam zurückzutragen.
Die Geschichte seiner Eheschließung mit Khadidscha legt dagegen nahe, dass er so angesehen nicht gewesen sein kann. Mohamed war 25 Jahre alt und immer noch nicht verheiratet. Eigentlich zu spät für einen arabischen Mann in dieser Zeit. Er hatte zunächst die Tochter seines Onkels Abū Taleb heiraten wollen. Doch dieser lehnte ab und verheiratete seine Tochter anderweitig. Mohamed beschwerte sich bei seinem Onkel, dass er seine Tochter einem Fremden gegeben und Mohamed ohne Frau gelassen hatte.[26] Wenn sogar sein Onkel, der ihn großgezogen hatte, ihm die Ehe mit seiner Tochter verweigerte, muss er dafür starke Argumente gehabt haben.
Die vierzigjährige Khadidscha, die er schließlich heiratete,

war 15 Jahre älter als Mohamed. Sie war bereits einmal ver-
witwet und einmal geschieden und hatte Kinder aus beiden
Ehen. Eine Frau mit dieser Vorgeschichte hatte in Altarabien
wie auch in einer modernen arabischen Gesellschaft schlechte
Aussichten auf eine dritte Ehe und schon gar nicht mit einem
vergleichsweise jungen Mann, der bis dahin unverheiratet
war. Als sie von ihren Heiratsplänen berichtete, lehnte ihr
Vater interessanterweise ab. Khadidscha musste ihn mit Wein
in einen Vollrausch versetzen. Als ihr Vater am nächsten Tag
aufwachte, war Khadidscha bereits mit Mohamed verheiratet.
Warum sollte ihr Vater einen 25-jährigen angesehenen Mann
ablehnen, der zum adligen Stamm der Hashimiten gehörte?
Lag es nur an seiner Armut? In der Tat spielte Geld zu diesem
Zeitpunkt in Mekka eine größere Rolle als die Religion und
die Abstammung. Doch die Spekulationen über Mohameds
Herkunft könnten dabei ausschlaggebend gewesen sein.

Trotz Ablehnung ihres Vaters heiratete Mohamed die reiche
Witwe Khadidscha, die ihn zum Karawanenführer und erfolg-
reichen Händler machte. Er reiste nach Syrien und lernte neue
Menschen und neue Kulturen und Religionen kennen. Eine
Zeitlang war er gut situiert und glücklich verheiratet. Er muss
also im Alter von vierzig Jahren oder davor eine Midlife-
Crisis erlebt haben. Denn plötzlich gab er seinen Beruf auf,
verließ das Haus von Khadidscha, meditierte in einer Höhle,
hatte akustische und visuelle Halluzinationen, behauptete, ein
Engel würde versuchen, ihn zu würgen. Er litt unter starken Depressionen, Angstzuständen und hatte Suizidgedanken. Die Gründe für diese plötzliche Wandlung liegen im
Dunkeln. Hinweise auf eine Ehekrise liefert seine Biographie
nicht, denn auch in dieser Zeit blieb Khadidscha seine einzige
Bezugsperson. Es muss sich also entweder um den Ausbruch

einer psychischen Erkrankung oder um eine Identitätskrise gehandelt haben, die durch Spekulationen über seine Herkunft
ausgelöst wurde. In einer Höhle weit weg von allen Menschen,
die ihn gekränkt hatten, versteckte er sich und suchte Zuflucht
in Gesprächen mit Gott. Hier liegt die Genialität von Mohamed: Er machte aus der Not eine Tugend; aus der Krankheit
eine neue Identität. Das war die Geburtsstunde des Islam.

Ismael: Der Gründungsmythos des Islam

Was macht oft ein Kind, das wenig Aufmerksamkeit von seiner Familie findet? Es erfindet einen imaginären Freund und
führt ernsthafte Gespräche mit ihm. Und was macht ein
Mensch, der von seiner Gemeinde nicht anerkannt wird? Er
sucht die Zugehörigkeit zu einer anderen Gemeinschaft, die
viel größer oder bedeutender ist als seine ursprüngliche. Ein
Migrantenkind aus Dinslaken, das sowohl zu seinen türki-
schen Wurzeln als auch zu seiner deutschen Umgebung kaum
Bezug hat und sich ständig marginalisiert und ausgegrenzt
fühlt, sucht sich möglicherweise eine imaginäre Gemeinde
namens *Umma,* also die Gemeinschaft aller Gläubigen. Er
findet im Internet und an den Rändern der muslimischen
Communities Gruppen, die einen Bruchteil der großen islamischen Identität abbilden, oft genug den radikalen. Er identifi-
ziert sich mit dem Leid und der Unterdrückung der Muslime
in Weltengegenden, die er nicht einmal auf dem Globus identifizieren kann. Er verlässt die alte Welt, die ihn abgelehnt und
gekränkt hat und fährt nach Syrien, um Teil der großen *Umma*-Utopie zu werden. Er wird ein wilder Kämpfer, schneidet
Ungläubigen die Kehle durch und träumt davon, eines Tages

Deutschland zu erobern, um sich zu rächen. Für einen Außenstehenden mag die Reise dieses jungen Mannes eine blutige Irrfahrt sein, für ihn selbst und seine Kameraden ist es der einzig richtige Weg, um den Sinn des Lebens zu finden.

Eine Entwicklungsgeschichte, wie sie sich auch vor 1400 Jahren zugetragen haben könnte, wenn auch nicht in Dinslaken. Mohamed war ein Fremder im eigenen Land. Seine Sippe hatte ihn verkannt und gekränkt. Er begab sich auf eine metaphysische Flucht, auf die Suche nach einer größeren Identität. Die Rückkopplung an Abraham war der Anfang. Mohamed sah Abraham nicht nur als Vorbild, was den Monotheismus anging, sondern auch als seinen leiblichen Stammvater. Er nennt Abraham im Koran *Umma,* ein Volk. Den Weg zu Abraham suchte er über Ismael, Abrahams Sohn, der von der Bibel beinahe übergangen wurde. Das Schicksal Ismaels passte genau zu Mohameds Opferhaltung und seiner Marginalisierung. In der Bibel (Genesis, 1. Buch Mose) wird Ismael nicht als Prophet gewürdigt, sondern als ein »Wildesel« beschrieben. Er wird vom Bund ausgeschlossen, den Gott mit Isaak und dessen Kindern eingegangen ist. Seine Mutter Hagar, eine Sklavin aus Ägypten, saß einmal alleine an einer Wasserquelle in der Wüste, als ein Engel zu ihr kam und sagte: »Gott hat dein Leiden erhört.« Er versprach ihr, dass Gott aus der Nachkommenschaft ihres Sohnes Ismael einmal ein großes Volk machen werde. Deshalb gab sie ihrem Sohn den Namen »Ismael«, »Gott hört«. Diese Prophezeiung war der Anknüpfungspunkt für Mohamed: Das große Volk, das aus Ismaels Nachkommen hervorging, sollen die Araber sein.

Die Bibel selbst berichtet über Ismael nur noch, dass er sich in der Wüste von Pharan (im Sinai) niederließ und eine Ägypterin heiratete. Nur zur Beerdigung Abrahams kehrte er noch einmal nach Kanaan zurück.

Mohamed nahm die Geschichte Ismaels auf und füllte die Lücken darin auf seine Weise. Er machte den Sohn Abrahams nicht nur zum Urvater der Araber, sondern auch gleich zu seinem eigenen. Er würdigt ihn im Koran mit folgenden Worten: »Und erwähne in diesem Buch Ismael. Er blieb wahrlich seinem Versprechen treu und war ein Gesandter, ein Prophet«, heißt es in Sure 19:54.

In der Bibel ist es Abrahams Sohn Isaak, der geopfert werden sollte, bevor er durch himmlische Intervention durch ein Lamm ausgelöst wurde. Mohamed erzählt die Geschichte kurzerhand anders: Abraham sah im Traum, dass er seinen Sohn opfert. Er verstand den Traum als einen Befehl Gottes. Laut koranischer Erzählung wacht Abraham auf, holt sofort ein Messer, eilt zu seinem Sohn Ismael und erzählt ihm von dem Traum: »O mein Sohn, ich sehe im Traum, dass ich dich schlachte. Nun schau, was meinst du dazu?« Er sagte: »O mein Vater, tu, wie dir befohlen wird; du sollst mich – so Allah will – unter den Geduldigen finden« (Sure 37:102). Auch im Koran wird Abrahams Sohn in letzter Sekunde mit einem Schlachttier ausgelöst.

Die jüdische Theologie sieht in dieser Geschichte von Abraham/Isaak einen Bruch mit der Tradition des Menschenopfers. Die christliche Theologie sieht in ihr einen Wegbereiter für die Kreuzigung Jesu. Von nun an sollte nicht der Mensch sich für Gott opfern, sondern umgekehrt. Was die islamische Theologie aus Abrahams/Ismaels Geschichte mitnimmt, ist die Idee des unbedingten Gehorsams Gottes Befehlen gegenüber. Im Koran lobt Gott Abrahams Bereitschaft, seinen Sohn zu opfern, und nennt ihn »rechtschaffen«.

Was Mohamed aus seiner Version der Geschichte mitnimmt, ist die Überzeugung, dass Ismaels Rettung Teil eines göttlichen Plans war. Denn der Überlebende war ein Glied in der

Kette, die mit Mohamed endet. Mohamed sah sich als aus-
erwählt und Ismael als Wegbereiter dieses Auserwähltseins.
Er sagte: »Gott erwählte Kanana aus den Kindern Ismaels aus
und erwählte den Stamm Quraisch aus den Kindern Kanana
aus, dann erwählte er den Clan der Hashimiten aus Quraisch,
dann erwählte er mich von den Hashimiten aus.«[27] Deswegen
war Mohamed jähzornig, wenn jemand seine Zugehörigkeit
zu den Quraisch in Frage stellte, denn dies hätte die Verbindung zu Abraham unterbrochen und somit den Gründungsmythos des Islam zerstört.

Dass Ismael und seine Mutter Hagar ausgestoßen wurden,
auch das war aus der Sicht Mohameds Teil des perfekten
Plans Gottes. Er lässt Ismael nicht nach Sinai auswandern und
eine Ägypterin heiraten, wie die Bibel erzählt, sondern ver-
pflanzt ihn nach Mekka. Laut seiner Version bringt Abraham
Hagar und ihren Säugling Ismael zu diesem trockenen, un-
wirtlichen Ort in der Wüste und überlässt sie ihrem Schicksal.
Hagar und ihr Kind sollen kurz vor dem Verdursten gewesen
sein. Die Mutter sei verzweifelt zwischen zwei Bergen in
Mekka hin- und hergewandert, auf der Suche nach Wasser.
Wann immer sie den einen Berg erreichte, fand sie kein Wasser vor, sah aber Wasser am Fuße des anderen Berges. Kaum
war sie dort, wiederholte sich die Fata Morgana. Siebenmal
soll sie die Strecke zwischen den Bergen Safa und Marwa
zurückgelegt haben. Dieses Hin-und-her-Laufen kann als Metapher für Mohameds eigenes Leiden und seine Sehnsucht
nach Erlösung interpretiert werden. Siebenmal laufen die
Muslime bis heute zwischen den beiden Bergen hin und her,
das Absolvieren der Strecke ist ein festes Ritual der Pilgerfahrt nach Mekka.

Schließlich erschien der Erzengel Gabriel dem Kind Ismael
und trat mit seinem Fuß auf eine Stelle am Boden. Ismael

grub so lange mit seiner Hand an dieser Stelle, bis das Wasser herauskam.[28] Genau an dieser Stelle soll der legendäre Brunnen *Zamzam* entstanden sein, der eine menschliche Existenz in Mekka erst möglich machte. Das Trinken aus dem Brunnen *Zamzam* gilt als heilbringend, sowohl gesundheitlich als auch seelisch. Muslimische Geschichtsschreiber lassen den Brunnen von *Zamzam* eine entscheidende Rolle in der Rückkopplung Mohameds an Ismael spielen. Ibn Isḥāq erzählt, dass der Brunnen nach dem Tod Ismaels verschüttet wurde. Mohameds Großvater Abd al-Muttalib habe mehrere Generationen später den Brunnen wieder freigelegt, um mehr Wasser für die wachsende Zahl der Pilger zu haben, für deren Betreuung er zuständig war. Er wünschte sich danach sehnlich mehrere Kinder, die ihn bei seinen Aufgaben unterstützen sollten. Er gelobte, sollte er zehn Kinder bekommen, würde er eines von ihnen vor dem Altar der Gottheit *Hubal* außerhalb der Kaaba opfern. Als er zehn Kinder bekam, wollte er sein Gelübde einlösen. Er schrieb ihre Namen auf zehn Pfeiler und ließ den Priester vor dem Altar ein »Los machen«. Die Entscheidung fiel auf seinen Sohn Abd Allah. Er nahm seinen Sohn zum Altar, doch die Stammesführer hielten ihn in letzter Minute von der Opferung ab. Sie schlugen ihm vor, nach Khaibar bei Yathrib zu reisen und eine Priesterin zu befragen, wie er seinen Sohn vor dem Tod retten könne. Die Priesterin riet ihm, das Los noch einmal zu ziehen, diesmal zwischen seinem Sohn Abd Allah und zehn Kamelen. Sollte das Los auf seinen Sohn fallen, sollte er die Zahl der Kamele auf zwanzig erhöhen und das Los wiederholen – und so weiter. Nach mehreren Versuchen konnte Abd al-Muttalib seinen Sohn gegen hundert Kamele auslösen. Abd Allah war nicht nur sein jüngster und Lieblingssohn, sondern er sollte wenige Jahre später auch der Vater des Propheten Mohamed werden.

Diese Geschichte von Abd al-Muttalib und seinem Sohn ist eher im Bereich der Meta-Erzählungen anzusiedeln. Sie erinnert stark an die biblische Episode und gehört zum Gründungsmythos des Islam. Vermutlich stammt sie nicht von Mohamed selbst, sondern ist eine Erfindung der späteren Geschichtsschreiber, denn Ibn Ishāq erzählt diese Geschichte ohne Überlieferungskette und verwendet in ihr oft die Einleitung »Und sie behaupten«.[29] Aber selbst wenn diese Geschichte nicht direkt von Mohamed stammt, sie fügt sich ein in eine Reihe anderer authentischer Erzählungen von ihm, in denen er seine Herkunft mystifiziert und seine Verbindung zu Abraham betont.

Auch die koranischen Erzählungen über Abraham spiegeln Mohameds Vaterkomplex und seinen Konflikt mit seinem Stamm der Quraisch wider. Laut 1. Buch Mose verlässt Abrahams Vater Terach seine Heimatstadt im Süden des heutigen Irak und siedelt in die Türkei über. Sein Sohn, dessen Frau Sarai und sein Neffe Lot begleiten ihn. Als Terach stirbt, wird Abraham von Gott aufgefordert, nach Kanaan zu ziehen. In der Bibel ist keine Rede von einem Konflikt zwischen Abraham und seinem Vater. Doch im Koran legt sich Abraham nicht nur mit seinem Stamm an, er streitet sich mit seinem Vater so heftig über die falschen Götter, dass dieser ihm mit der Steinigung droht. Mohamed macht aus Abraham einen kompromisslosen Fundamentalisten. Voller Eifer holt Abraham laut Koran eine Axt, geht zu den Statuen der Gottheiten, denen sein Stamm huldigt, und zerstört sie alle. Abraham wird nach seiner Tat von seinen Verwandten ergriffen und in ein brennendes Feuer geworfen, weil er die Götter geschändet hatte. Doch Gott lässt das Feuer erkalten, und Abraham überlebt.

Seine eigene Verbitterung gegenüber den Quraisch projiziert
Mohamed auf Abraham und seinen Stamm. Die Zerstörung
der Statuen und der Versuch, Abraham bei lebendigem Leib
zu verbrennen, können als Ausdruck von Mohameds seeli-
schem Zustand zu diesem Zeitpunkt gedeutet werden. Die
Sure, die diese Geschichte erzählt (Sure 21:51–70), stammt
aus Mohameds mekkanischer Zeit, einer Phase, in der er noch
schwach war. Er wünschte, er könnte die Götzenbilder der
Mekkaner um die Kaaba zertrümmern, aber er fürchtete sich
vor den Konsequenzen. Er modifizierte die Geschichte Abrahams und präsentierte sie den Mekkanern als Ermahnung. Die
meisten Suren aus dieser Zeit erzählen Geschichten über Völker, die von Gott durch Naturkatastrophen vernichtet wurden,
weil sie ihren Propheten nicht geglaubt haben.
Doch die Mekkaner ignorierten alle diese Warnungen, auch
weil sie im Gegensatz zu Mohamed kaum Bezug zu Abraham
und dessen Monotheismus hatten. Als Mohamed später in
Medina einen Staat gründete und über eine große Armee verfügte, eroberte er seine Heimatstadt Mekka und zerstörte die
Statuen aller Gottheiten in und um die Kaaba mit einer Axt.
Und so wie Abraham sein Vorbild für diese Tat war, war Mohamed das Vorbild für die IS-Kämpfer, als diese Anfang 2015
die Statuen in den Museen der Stadt Mossul zerstörten.

Kapitel 3

Mohameds Verdienste
Arabischer Bismarck oder
Pate der arabischen Cosa Nostra?

Vor Mohamed gab es keine einheitliche arabische Sprache, weil es auch kein Volk gab, das sich »die Araber« nannte. Auf der arabischen Halbinsel lebten viele, die sehr unterschiedliche arabische Dialekte sprachen; das einzig Identitätsstiftende in dieser Zeit war die Zugehörigkeit zum eigenen Stamm. Jeder Stamm hatte seine eigenen Gottheiten, seine eigenen Wasserquellen und eine überschaubare Abstammungslinie, auf die man stolz war. Mehr brauchte man damals nicht für ein Gefühl der Zugehörigkeit. Die Nomaden unter den Stämmen wanderten ständig umher und fühlten sich nicht einmal einem bestimmten Gebiet verbunden, so klein es auch sein mochte. Die Kriege zwischen einzelnen Clans waren oft die Folge eines Konflikts um Wasser oder fußten auf Blutrache. Die Rivalität unter den Sippen und der Stolz jedes Stammes auf seine Besonderheiten ließen die Idee der Einheit aller Araber gar nicht erst aufkommen. Denn sollten die Araber einen König haben, aus welchem Stamm sollte er kommen und wo seinen Sitz haben? Es fehlte ein Kollektivgedächtnis, ein Gründungsmythos und ein gemeinsamer Feind, um den unterschiedlichen Stämmen die Idee der Einheit schmackhaft zu machen.
Die arabische Halbinsel war umzingelt von Weltmächten: Das Byzantinische Reich im Norden, das persische Sassaniden-Reich im Nordosten und Osten, und im Südwesten (heute Äthiopien) lag das Kaiserreich Abessinien. Im Jemen herrschten mal arabische Stämme, mal die Abessinier, mal die Perser.

Alle diese großen Reiche waren nicht daran interessiert, die mittleren und westlichen Teile der arabischen Halbinsel (das heutige Saudi-Arabien) zu besetzen, denn diese Region war wirtschaftlich und politisch ziemlich irrelevant. Außerdem herrschten dort fast das ganze Jahr über ungünstige klimatische Bedingungen. Wer sich in der Wüste nicht gut auskannte, verdurstete unterwegs oder verirrte sich in den Wanderdünen. Wer all das überlebt hatte, war marodierenden Räuberbanden ausgeliefert. Interessant für die Weltmächte war jedoch die Karawanenstraße, die Jemen mit Syrien einerseits und mit dem Zweistromland andererseits verband. Sie wollten sichergehen, dass die Waren auch ankamen, und rekrutierten einige arabische Stämme, die entlang der Grenzen siedelten, um die Karawanen zu schützen. Manchmal drangen etwa persische Truppen selbst kurzfristig in arabische Gebiete ein, doch es kam nie zu einer dauerhaften Besatzung. Ein persischer Fürst soll die Beziehung zwischen den Grenzanrainern einmal so umrissen haben: »Wir suchen weder eure Freundschaft noch eure Feindschaft.«

Mekka verdankt seine Bedeutung diesem Handelsweg zwischen Jemen und Syrien. Muslimische Historiographen betrachten die Stadt nicht nur als das religiöse Zentrum Arabiens in vorislamischer Zeit, sondern auch als einen wichtigen Knotenpunkt an der Karawanenstraße. Andere Forscher hingegen zweifeln an einer größeren Bedeutung des Ortes für den Handel. Auf römischen Karten der Region aus dem 6. Jahrhundert sind Städte wie Tai'f und Yathrib verzeichnet, Mekka hingegen findet sich nicht darauf. Es mag sein, dass Mekka nie wirklich eine große Bedeutung für die Karawanenstraße hatte, umgekehrt galt dies aber sehr wohl. Nicht nur die Stadt, auch der Islam hat seine Genese dieser Straße zu verdanken. Dazu später mehr.

Bleibt die Frage nach der Stellung Mekkas als religiöses Zentrum: Der Historiker Gawad Ali spricht von über 21 Kaabas, die sich auf der arabischen Halbinsel verteilten. Die Kaaba von Mekka war nur eine von ihnen. »Kaaba« bedeutet »quadratisch« und bezeichnet damit die Form des Hauses, das die Gottheit des jeweiligen Stammes beherbergte. Auch die Christen von Nadjran im Süden hatten eine Kaaba, die als Kirche diente. Eine der heidnischen Kaabas blieb übrigens bis zum Jahr 1925 bestehen: Die Kaaba von Dhul-Khilsa im Norden Saudi-Arabiens wurde erst von den Wahhabiten zerstört, als diese bemerkt hatten, dass einige Stämme dort noch immer heidnische Rituale vollzogen. Dasselbe geschah leider mit vielen anderen historischen Stätten, sogar in Mekka selbst. Wären diese Monumente nicht zerstört worden und hätte Saudi-Arabien archäologische Ausgrabungen in Mekka, Medina und Umgebung zugelassen, hätten wir mit Sicherheit neue Einblicke auch in das religiöse Leben der Mekkaner vor und nach der Etablierung des Islam gewinnen können.

Was also unterschied die Kaaba von Mekka von anderen Kaabas? Tilman Nagel liefert dazu einen interessanten Hinweis. Er zitiert den spätantiken Kirchenhistoriker Sozomenos (Geburtsjahr unbekannt, † um 450 in Gaza), der von einer Kultstätte bei al-Ḥalīl (Hebron im Westjordanland) berichtet, die für Abraham errichtet worden war. Zu dieser Kultstätte pilgerten nicht nur Juden und Christen, sondern auch heidnische Araber, und zwar bis zum 4. Jahrhundert. Zahlreiche Pilger von der arabischen Halbinsel besuchten sie jedes Jahr während der Sommermonate. Sie schlugen ihre Zelte auf, verrichteten ihre Wallfahrtsrituale und opferten Tiere. Doch als Kaiser Konstantin im Jahr 324 die Alleinherrschaft errang und im Zuge dessen das Christentum zur Staatsreligion des Römischen Reiches erhob, bereitete er dem kultischen Treiben ein Ende. Laut Sozomenos befahl er, die Kultstätte Abrahams zu säubern, Opferaltäre und Götzenbilder zu zerstören und an deren Stelle eine Kirche zu errichten. Nagel legt nahe, dass die Kaaba von Mekka nach dem Abriss dieser heiligen Stätte bei al-Ḫalīl als Ersatz für die arabischen Pilgerfahrer errichtet worden sein könnte.[30] Das heutige Hebron ist in der Tat der Ort, an dem Abraham sowohl laut biblischen, als auch laut islamischen Quellen begraben wurde.

Wann und von wem die Kaaba von Mekka genau errichtet wurde, ist unklar. Als gesichert gilt, dass sie erst durch einen Stamm namens Banū Khuzaa'a im 4. Jahrhundert bedeutend wurde. Die erste Gottheit, deren Statue vor der Kaaba aufgestellt wurde, hatten die Khuzaa'a aus Großsyrien mitgebracht, das unter der Herrschaft von Byzanz stand. Das schreiben islamische Quellen, und das würde die These von Tilman Nagel unterstützen. Denn bei dieser Statue könnte es sich um das Abbild einer jener Gottheiten handeln, die Kaiser Konstantin aus al-Ḫalīl hatte entfernen lassen, das damals zu Großsyrien gehörte.

Das christliche Syrien spielte in der Geschichte Mekkas eine wichtige Rolle. Überspitzt könnte man sagen: Wann immer ein Mekkaner von einem Aufenthalt in Syrien zurückkam, gab es danach neue Entwicklungen in der Wüstenstadt. Die Gottheit, die jene erste Statue abbildete, hieß Hubal und wurde schnell auch jenseits der Stadtgrenzen Mekkas sehr populär. Die Khuzaa'a luden die arabischen Stämme ein, auch Statuen ihrer Gottheiten herbeizubringen und sie vor die Kaaba zu stellen. In vorislamischer Zeit befanden sich rund 360 Statuen unterschiedlicher Gottheiten innerhalb und außerhalb der Kaaba von Mekka.[31] Sogar christliche Relikte und ein Bild Jesu hingen laut dem mittelalterlichen Historiker al-Azraqi in der Kaaba. Diese Toleranz und die religiöse Vielfalt machten die Kaaba tatsächlich zu einem religiösen Zentrum. Wobei diese Toleranz auch auf einen gewissen Pragmatismus zurückzuführen sein dürfte, denn der Stamm der Khuzaa'a machte ein gutes Geschäft mit den Pilgern.

Das alte Projekt der arabischen Einigung

Mohameds Stamm der Quraisch siedelte ursprünglich im Jemen. Die verschiedenen Clans wanderten vermutlich Ende des 4. oder Anfang des 5. Jahrhunderts nach Mekka und lebten mit den Khuzaa'a einige Zeit friedlich zusammen. Ein charismatischer Mann namens Qusai Ibn Kilab konnte die lange zerstrittenen Clans einen und übernahm die Führung der Quraisch. Qusai ist laut muslimischen Historikern der vierte Großvater des Propheten Mohamed. Qusai war in Syrien aufgewachsen und kam erst als junger Mann nach Mekka – wie wir noch sehen werden, mit neuen Ideen im Gepäck. Er verbündete sich mit einigen Räuberbanden und wilden Kriegern aus der Umgebung von Mekka. Dadurch konnte er die Khuzaa'a mit der Zeit gewaltsam aus Mekka verdrängen. Die Stadt wurde unter seiner Herrschaft nicht nur zu einem Umschlagplatz für Waren; die Quraisch übernahmen den Handel mit Syrien gleich selbst. Auch die Betreuung der Pilger wurde nun viel professioneller organisiert. Jeder der zehn Clans der Quraisch übernahm eine Aufgabe, jeder profitierte vom Strom der Pilger. Eine neue Form der politischen Organisation führte Qusai ebenfalls ein. Er gründete eine Art Stammesparlament, in dem über wichtige Fragen bezüglich der Organisation von Handel und Pilgerfahrten beraten wurde. Er nannte es *dār an-nadwa,* »Haus der Beratung«. Jeder Clan hatte einen

Sitz in diesem »Parlament« und war ausgestattet mit einem
Vetorecht. Das heißt, Entscheidungen konnten nur einstim-
mig getroffen werden. Konflikte innerhalb der Clans wurden
ebenfalls durch dieses Gremium geschlichtet. Es gab weder
Gefängnisse noch die Todesstrafe. Wer ein Verbrechen beging, wurde je nach Schwere des Delikts für eine gewisse Zeit
oder lebenslang aus Mekka verbannt.

Aus dem kleinen Kaff Mekka wurde mit der Zeit ein Stadt-
staat, ein Zentrum von Religion, Politik und Handel. Die Verbindung zu Syrien eröffnete Mekka immer neue Fenster zur
Welt, von dort kamen Errungenschaften, die in Arabien bis
dahin unbekannt waren. Mekka war auf den Handel und die
Pilgerfahrten und somit auf Frieden und Verhandlungsge-
schick angewiesen. Der Ort wurde zur »kampffreien Zone«.
Friedensverträge mit vielen Stämmen, die entlang der Karawanenstraße siedelten, wurden geschlossen. Von den Abkommen profitierten beide Seiten: Die Stämme schützten die
Karawanen nicht nur gegen Bezahlung vor Räuberbanden;
die Mekkaner verkauften auch Waren dieser Stämme nach
Syrien und teilten den Gewinn mit den Produzenten.

Es war Gesetz, dass jeder Fremde, der in Mekka Schutz suchte, diesen auch bekam. Dennoch behaupten die islamischen
Quellen, die Stadt sei vor Mohamed unmoralisch und gesetz-
los gewesen. Die vorislamische Zeit in Arabien nennt der
Koran *dschahiliyya,* also »die Ignoranz«. Ein Phänomen, das
sich in der Geschichte schon oft wiederholt hat: Eine neue
Religion oder ein neues Reich muss das *Ancien Régime* verteufeln, um die eigene Entstehung zu legitimieren und zu
überhöhen. Und dennoch profitierte Mohamed vom Vorwis-
sen, von den Organisationsstrukturen und früheren Allianzen
seiner Gemeinde, als er später seinen Staat in Medina gründete. Das Prinzip der Stammesberatung behielt er bei und nann-

te das Gremium *Schura*. Die heidnischen Rituale der Pilgerfahrt übernahm er beinahe unverändert. Auch die Verbindung
mit Syrien war für Mohamed von entscheidender Bedeutung.
Nur die religiöse Vielfalt in Mekka beendete der Prophet des
Islam gewaltsam, als er in Arabien die absolute Macht hatte.
Sogar das Bündnis mit den Räuberbanden der Saa'alik übernahm Mohamed von der Tradition seines Stammes.

Mohamed schaffte, was Qusai nicht hatte schaffen können.
Qusai hatte die Quraisch geeint, Mohamed schloss über die
Hälfte aller Stämme Arabiens in sein Bündnis ein. Er schenk-
te allen Arabern einen Gründungsmythos, ein Kollektivgedächtnis, eine gemeinsame Religion und noch dazu ein heili-
ges Buch – das erste arabische Buch überhaupt. Dieses Buch
führte zur Entstehung einer gemeinsamen Sprache, die bis
heute in 22 arabischen Staaten gesprochen und geschrieben
wird. Und noch wichtiger: Er gab den Arabern einen gemeinsamen, wenn auch wechselnden Feind: Mal waren es die Juden, dann die Byzantiner, dann die Perser. Er versöhnte den
Monotheismus mit den altarabischen heidnischen Ritualen in
Form einer Symbiose, die in Arabien einmalig war. Er behauptete nicht nur, dass Abraham der Vater aller Araber sei,
sondern auch, dass dieser gemeinsam mit seinem Sohn Ismael
die Kaaba wiederaufgebaut hatte. Laut Mohamed war sie von
Adam und den Engeln erbaut worden, nachdem dieser aus
dem Paradies vertrieben worden war. Doch all diese Legenden und Errungenschaften hätten keine Wirkung gehabt,
wenn Mohamed Arabien nicht mit einem totalen Krieg über-
zogen hätte, durch den er die Einigung erzwang. Dabei griff
er auch auf die alten Allianzen zurück, die seine Vorfahren
Qusai, Hashim und Abd al-Muttalib geschmiedet hatten.
Mancher Islamforscher wie Volker Popp geht davon aus, dass

der Begriff »Quraisch« nur eine arabische Übersetzung des aramäischen Begriffs *qarisha* darstellt, welcher die syrischen und arabischen Bundesgenossen von Byzanz bezeichnet.[32] Es ist bekannt, dass Byzanz arabische Stämme in Syrien und auf der arabischen Halbinsel als Verbündete und Vasallen gegen Persien gewinnen konnte. Auch berichten islamische Quellen von einer Reise Hashims, Mohameds Großvater, an deren Ende ein Abkommen mit dem byzantinischen Kaiser stand. Al-Baghdadi erzählt in seiner Chronik über die Quraisch, dass ein gewisser 'Uthmān Ibn al-Huwairith, ein christlicher Cousin von Mohameds Frau Khadidscha, den byzantinischen Kaiser gebeten habe, ihn zum König von Mekka zu krönen. Als Gegenleistung würde Ibn al-Huwairith dafür sorgen, dass Mekka eine christliche Stadt würde und dass alle Araber dem Kaiser fortan treu ergeben sein würden. Der Kaiser habe in den Vorschlag eingewilligt, doch auf dem Weg zurück nach Mekka sei Ibn al-Huwairith von Unbekannten umgebracht worden.[33] Ich gehe davon aus, dass es sich bei dieser Episode in Wirklichkeit um ein Bündnis zwischen den Quraisch und dem byzantinischen Statthalter von Syrien gehandelt haben dürfte. Die christlichen Araber im Norden der arabischen Halbinsel und Syrien könnten diese Allianz zwischen Mekka und dem byzantinischen Syrien vermittelt haben. Sie verhalfen Byzanz auch zum großen Sieg gegen die Perser im Jahr 622 in Kleinasien und Syrien. Jenes Jahr wird in nichtislamischen Quellen »Jahr der Araber« genannt. Mit ihm beginnt auch die islamische Zeitrechnung. Für Muslime ist es wichtig, weil es das Jahr war, in dem Mohamed von Mekka nach Medina zog und dort den islamischen Staat gründete. Volker Popp geht jedoch davon aus, dass der Sieg von Byzanz über Persien gleichzeitig die Autonomie der arabischen Christen unter byzantinischer Herrschaft bedeutete. Diese hätten nach

Mohameds Tod nicht Byzanz erobert, wie die Geschichte lehrt, sondern Byzanz sei von seinen imperialistischen Zielen abgerückt und habe Autonomieverträge mit Syrien und Ägypten geschlossen. Die Macht erhielten byzanztreue *confoederati,* die damit für ihre Unterstützung belohnt wurden. Dies ist eine interessante Lesart der Geschichte. Es ist nicht auszuschließen, dass diese *confoederati* eine Schlüsselrolle bei der Übernahme der Macht durch die Araber spielten, aber es kann durchaus möglich sein, dass diese einfach das Lager gewechselt hatten. Als sie den Sieg der Araber in Persien wahrnahmen, verbündeten sie sich mit den Arabern gegen ihre früheren byzantinischen Arbeitgeber. Anders ist die rasche Eroberung der Araber von Syrien 635 und Ägypten 641 nicht zu erklären.

Flucht in den Krieg: Mohamed und die 40 000 Räuber

Mohamed wird von Muslimen nicht nach moralischen und ethischen Kriterien bewertet; sie verehren ihn, weil sie ihn für den Empfänger der letzten Botschaft Gottes halten und weil es ihm gelungen war, die Araber zu einen und zu einer Weltmacht zu machen. Wie diese Einigung zustande kam und warum der Islam binnen weniger Jahre so mächtig wurde, wird oft verklärt und kaum kritisch bewertet.

Je zerstrittener und damit auch schwächer die Araber nach Mohamed wurden, desto mehr verehrten sie ihren Propheten und desto stärker sehnten sie sich nach dem Wiederaufleben jener glorreichen Zeit. Mohamed-Kritik stößt deshalb bis heute bei Muslimen auf heftige Gegenwehr, nicht nur wegen

Mohameds Status als Prophet, sondern auch, weil viele Muslime diese Kritik als Frontalangriff auf ihre eigene Existenzberechtigung deuten. Die Kritik hinterfragt die Legende und zerstört die Hoffnung, dass man noch einmal jene Größe wiedererlangen könnte wie zur Zeit des Propheten. Es ist diese Mischung aus Nostalgie, Hybris und Narzissmus, die die Grundlage für überzogene Machtansprüche bildet.

Zunächst stieß Mohameds Botschaft bei den heidnischen Mekkanern auf taube Ohren. Sogar sein Clan der Hashimiten, der ihm ohnehin kritisch gegenüberstand, ging auf Distanz. Seine Predigten über den einen Gott und seine Warnungen vor den Qualen der Hölle, in denen Heiden schmoren würden, beeindruckten kaum jemanden. Nach zehn Jahren des unermüdlichen Predigens, in denen rund 3000 Verse des Koran entstanden, glaubten an Mohameds Botschaft nur ein paar Dutzend Menschen. Einige von ihnen waren Sklaven, andere waren Abkömmlinge reicher Händler aus der Sippe der Quraisch, die sich neben dem Wohlstand eine geistige Revolution wünschten. Manche von Mohameds Anhängern waren Wegelagerer und Verbrecher, die von ihren eigenen Stämmen verstoßen worden waren. Offen angefeindet wurde Mohamed in den ersten Jahren seiner »Sendung« in Mekka nicht. Denn die Stadt war offen für alle Götter und ihre Boten. Um die Kaaba herum und auf den Märkten predigten oft Mönche, Magier und Möchtegernpropheten. Die Mekkaner kümmerte dies nicht weiter, solange davon weder die Pilger noch die Händler gestört wurden. Außerdem war das, was Mohamed verkündete – der Monotheismus –, nicht wirklich neu. Die Bevölkerung kannte das von den christlichen Syrern und den arabischen Juden, außerdem lebten in Mekka einige Hanifen, die die Vielgötterei, den Konsum von Alkohol und

Geschlechtsverkehr außerhalb der Ehe ablehnten. Sie verehrten den Gott Abrahams, fasteten und beteten und glaubten an ein Leben im Jenseits nach dem Tod.

Als Mohamed seine Botschaft zu verkünden begann, sprach er nicht gleich von einer neuen Religion namens Islam, sondern von *millat Ibrahim,* der Religion Abrahams. Die Biographie von Ibn Ishāq spricht von drei Jahren, in denen Mohamed zunächst heimlich vor seinen engsten Verwandten und Freunden predigte; ich persönlich halte das für übertrieben, denn für Heimlichkeit gab es in dieser religiös offenen Stadt eigentlich keinen Anlass. Laut Ibn Ishāq sprach Mohamed vor den Stammesführern und lud sie ein, an den einen Gott zu glauben. Sein Onkel Abd al-Uzza soll gespottet haben: »Zur Hölle mit dir, Mohamed, ist das der Grund, warum du uns versammelt hast?« Ähnlich reagierten später auch andere arabische Stämme, die Mohamed auf friedliche Weise und nur mit der Kraft des Wortes zu bekehren suchte.

Im zehnten Jahr seiner »Sendung« musste Mohamed dann einige Rückschläge hinnehmen, die sein Leben auf den Kopf stellten. Seine Frau Khadidscha und sein Onkel Abū Talib, die ihn von Anfang an unterstützt hatten, starben im gleichen Monat. Vor allem der Tod Khadidschas schien ihn sehr getroffen zu haben, war sie doch diejenige gewesen, die ihn immer wieder aufgebaut und ermuntert hatte, weiterzumachen. Nach diesem schweren persönlichen Schlag entschied er sich, seine Botschaft außerhalb von Mekka zu verbreiten. Seine erste Station war die Stadt Tai'f. Doch als er den Menschen dort einige Suren des Koran vortrug, wurde er wieder nur belächelt. Laut Ibn Ishāq ließen die Stämme von Tai'f Mohamed aus der Stadt jagen, Kinder und Sklaven sollen ihn mit Steinen beworfen haben. Verletzt und erniedrigt kehrte er nach

Mekka zurück. Die Stadt konnte er nun allerdings nur wie ein
Fremder im Schutz eines anderen Clanführers betreten. Denn
sein eigener Stamm hatte seine Reise nach Tai'f als Versuch
gedeutet, fremde Clans gegen die Quraisch aufzuhetzen.
Spätestens jetzt erkannte Mohamed, dass er mit Gewaltlosig-
keit kaum jemals etwas erreichen konnte. Er entschied sich,
Allianzen mit bewaffneten Stämmen und Söldnern zu schmieden. Kein leichtes Unterfangen, denn er hatte den Stämmen
zu diesem Zeitpunkt kaum etwas anzubieten. Sein Wegge-
fährte Abū Bakr organisierte im heutigen Bahrain ein Treffen zwischen Mohamed und den Anführern des Stammes der
Shaiban. Die Shaiban hatten sich einen Ruf als gute Kämpfer
erworben, nachdem sie einige Jahre zuvor angreifende persische Truppen zurückgeschlagen hatten. Mohamed wollte eine
Allianz mit ihnen gegen die Quraisch schmieden und versprach den Shaiban, wenn sie ihn unterstützten, würden sie
bald das gesamte Land der Araber erobern, sie könnten deren
Besitztümer beschlagnahmen und deren Frauen als Bettskla-
vinnen bekommen.[34]
Doch die Shaiban lehnten Mohameds Angebot ab. Warum
sollte sich ein angesehener Stamm auch mit den Quraisch
anlegen? Der Stamm der Kindah, zu dem über Mohameds
Mutter Verbindungen bestanden, erteilte ihm ebenfalls eine
Absage. Die Würdenträger beider Stämme betrachteten es
als unmoralisch, jemanden im Kampf gegen seinen eigenen
Stamm zu unterstützen. So etwas taten nur Söldner und Räuberbanden, die auch nicht davor zurückschreckten, die Hand
gegen das eigene Fleisch und Blut zu erheben. Erst Jahre später, als Mohamed bereits ein mächtiger Fürst in Medina war,
waren ihm diese Stämme zu Diensten. Vor allem die Shaiban
sollten später eine entscheidende Rolle bei der Eroberung der
persischen Gebiete durch Mohameds Nachfolger Omar spie-

len. Der Prophet selbst musste sich zunächst andere Verbündete suchen, die risikobereiter waren und keinen Moralkodex kannten, der sie davon abhielt, an seiner Seite um die Macht zu kämpfen.

Bevor die IS-Kämpfer ihr Kalifat in Syrien und im Irak gründeten, verbündeten sie sich mit sunnitischen Stämmen und mit ehemaligen Offizieren der Spezialeinheit des Ex-Diktators Saddam Hussein. Dazu kamen einige Kämpfer aus Europa, die sich dort entwurzelt fühlten und nun im Irak und in Syrien auf Sinnstiftung und einen neuen Lebensinhalt hofften. Ohne diese Allianzen wäre der plötzliche Siegeszug der islamistischen Terrorgruppe kaum vorstellbar.

Solche Verbindungen, geschaffen auf der Basis einer religiösen Ideologie, haben in der islamischen Geschichte eine lange Tradition. Osama Bin Laden verbündete sich mit Warlords und Drogenhändlern in Afghanistan sowie mit Islamisten, die aus arabischen Ländern vertrieben worden waren. Daraus ist al-Kaida entstanden. In der ersten Hälfte des 18. Jahrhunderts hatte sich der Fürst von Nadschd, Mohamed Bin Saud, mit dem Gründer des Wahhabismus, Mohamed Ibn Abd al-Wahhab, verbündet. Aus dieser Allianz, die bis heute gehalten hat, ist das Königreich Saudi-Arabien entstanden. Als Urmutter solcher Verbindungen aber gilt jene zwischen dem Propheten Mohamed und den kampferprobten Stämmen von Medina, den al-Aos und al-Khasradsch.

Nachdem Mohamed bei seinen Wunschpartnern abgeblitzt war, suchte er die Nähe zu den kriegerischen Stämmen von Yathrib, einem Ort rund 400 Kilometer nördlich von Mekka. Warum ausgerechnet Yathrib? Was machte die Stadt so attraktiv für ihn? Nun, Yathrib lag genau auf dem Karawanenweg zwischen Mekka und Syrien. Nach Jahren, in denen er nur auf die Macht des Wortes gesetzt hatte, wollte er seine Botschaft nun wenn nötig mit Gewalt verbreiten. Dafür benötigte er nicht zuletzt Geld: Würde er Karawanen nahe Mekka angreifen, müsste er damit rechnen, dass rasch Verstärkung aus der Stadt zur Stelle wäre. Agierte er von Yathrib aus, könnten er und seine Banden unbehelligter handeln. Und mit den Aos und Khasradsch würde er Verbündete an seiner Seite haben, die ihn bei seinem Vorhaben unterstützten.

So wie die Quraisch waren die Aos und Khasradsch einst aus dem Jemen geflohen und hatten sich im nördlichen Teil der arabischen Halbinsel niedergelassen, genauer in der Oase Yathrib. Dort lebten damals drei jüdische Stämme. Diese nahmen die Aos und Khasradsch auf, erlaubten ihnen jedoch nur, am Rande der Oase zu siedeln. Während die Juden ihren Lebensunterhalt als Bauern, Händler und Handwerker verdienten, hatten die beiden Stämme aus dem Jemen vornehmlich gelernt, Kriege zu führen. Mehrfach versuchten sie erfolglos, die Juden aus der Stadt zu verdrängen. So hatte etwa in der zweiten Hälfte des 6. Jahrhunderts ein gewisser Mālik Ibn Adschlān, Anführer des Khasradsch-Clans, einige Oberhäupter der jüdischen Stämme zu einem Bankett eingeladen und sie dort töten lassen. Danach hatte er einige der befestigten Stadtteile erobern können, in denen die Juden lebten. Doch dauerhaft konnte er die Herrschaft nicht an sich reißen. Sein Sohn nahm später den Islam an und kämpfte mit Mohamed gegen die Quraisch in der entscheidenden Schlacht von Badr im Jahr 624.[35]

Bleibt die Frage, warum sich die Stämme der Aos und Khasradsch auf diese Allianz mit Mohamed eingelassen haben. Die Khasradsch waren über mehrere Ecken mit Mohamed verwandt und verschwägert. Sein Großvater Hashim hatte eine Khasradsch geheiratet, und Mohameds anderer Großvater Abd al-Muttalib war in Yathrib geboren und aufgewachsen. Er kannte die Krieger dort gut und hatte sie einmal nach Mekka geholt, als er mit seinem Cousin über ein Stück Land nahe der Kaaba stritt. An diesem Beispiel sehen wir, dass sich die Khasradsch nicht an den Ehrenkodex hielten, nach dem kein Stamm einen Mann im Kampf gegen seinen eigenen Stamm unterstützen sollte. Wie die Aos waren sie Söldner und kämpften da, wo sie Profit witterten.

Die offizielle islamische Version über Mohameds Auswanderung nach Yathrib ist sehr idealisiert. Es wird erzählt, dass Mohamed 13 Jahre lang in Mekka friedlich gepredigt habe, dann aber immer stärker angefeindet und schikaniert worden sei. Schließlich hätten ihn die Mekkaner sogar umbringen wollen, weshalb Gott ihm befohlen habe, die Stadt zu verlassen. Weiter heißt es, dass sich die beiden Stämme der Aos und Khasradsch in Yathrib lange gegenseitig bekämpft hätten, kriegsmüde geworden seien und sich nach einem Schlichter gesehnt hätten. Mohamed habe diese Rolle übernommen, die Zwistigkeiten erfolgreich beigelegt, weshalb die beiden Stämme den Islam angenommen hätten.

In Wirklichkeit waren die Stämme von Medina weder kriegsmüde, noch suchte Mohamed einen Ort des Friedens. Denn kein Ort in Arabien war damals friedlicher als Mekka, konnte sich die Stadt doch wegen des Handels und der Pilgerfahrt keinen Krieg leisten. Doch genau in einen solchen Krieg wollte Mohamed seine Stadt hineinziehen – und dafür brauchte er Verbündete.

Vor seiner Übersiedlung nach Yathrib hatte er 73 Männer der Aos und Khasradsch getroffen. Am Ende war das Kampfbündnis zwischen den beiden Stämmen und Mohamed besiegelt. Die Vertreter aus Yathrib verpflichteten sich, Mohameds

Feinde als ihre eigenen Feinde zu betrachten. Gleichwohl schienen sie zu befürchten, dass er sie wieder fallen lassen könnte, sollte es eines Tages zu einer Aussöhnung mit den Quraisch kommen. Doch Mohamed antwortete: »Nein, es ist das Blut, das Blut, es ist die Zerstörung, die Zerstörung. Ich bin einer von euch und ihr seid von mir.«[36] Nach dieser Zusicherung wollten die Kämpfer ihre Solidarität unter Beweis stellen und boten Mohamed an, Mena – einen Vorort von Mekka – zu überfallen. Mohamed antwortete: »Uns ist das noch nicht befohlen.«[37]

In den offiziellen islamischen Erzählungen heißt es, Mohamed habe Mekka verlassen wollen, um auch weiterhin in Frieden seine Botschaft zu verbreiten. Die Quintessenz des Bündnisses war aber der Plan für einen Krieg, von dem sowohl Mohamed als auch die Stämme von Medina profitieren sollten. Den Kämpfern der Aos und Khasradsch wurde reiche Kriegsbeute versprochen. Das Vorhaben, ganz Arabien zu erobern und die Beute aufzuteilen, bestand seit Mohameds (erfolglosen) Verhandlungen mit anderen arabischen Stämmen. Kurz nach Mohameds Auswanderung nach Yathrib folgten ihm 150 seiner Anhänger aus Mekka.

Mohamed wollte Mekka zunächst wirtschaftlich zusetzen. Seine Heimatstadt war auf Weizenlieferungen aus Ägypten und Datteln aus Yathrib angewiesen. Mohamed verbot den jüdischen Bauen von Yathrib, Nahrung nach Mekka zu liefern. Seine Kämpfer belagerten den Hafen von al-Gar am Roten Meer nahe Yathrib, um die Weizenlieferungen aus Ägypten zu beschlagnahmen.[38] Der nächste Schritt waren Angriffe auf mekkanische Karawanen, die sich auf dem Rückweg von Syrien befanden. Mohamed und seine Anhänger lebten von diesen Überfällen; später kam die Kopfsteuer, die Juden und Christen zu entrichten hatten, als Einnahmequelle hinzu.

Al-Saa'alik

Al-Saa'alik – so wurden Wegelagerer, Gauner und Verstoßene genannt. Sie waren oft Kinder, deren Väter unbekannt waren oder die einer Verbindung von Quraisch-Männern und schwarzen Sklavinnen entstammten. Kinder aus solchen Verhältnissen wurden von ihren Vätern in der Regel nicht anerkannt; denn kein Stamm wollte, dass ein Mischling seinen Namen trug. Andere Saa'alik waren von ihren Familien nach einem schweren Vergehen oder Verbrechen verstoßen worden. Auf Märkten gaben Stammesoberhäupter die Namen der verstoßenen Mitglieder ihrer Stämme bekannt und erklärten, sollten diese von einem anderen Stamm getötet werden, würden sie weder Sühnegeld verlangen noch zur Blutrache aufrufen. Sollte der Verstoßene jemanden töten, würde sein Stamm ebenfalls kein Sühnegeld zahlen.[39]

Die Saa'alik waren in ganz Arabien gefürchtet, denn sie formierten sich zu starken Kampftruppen. Man nannte sie »die Wölfe«. Sie griffen Karawanen an, begingen Auftragsmorde und waren professionelle Diebe. Einige Stämme rekrutierten sie als Söldner bei ihren Kriegen.[40]

Am Berg Tehama außerhalb von Mekka hatte sich eine Bruderschaft der Saa'alik niedergelassen. Einst hatte sich Mohameds vierter Großvater Qusai mit ihnen verbündet, um seine Gegner aus Mekka zu vertreiben. Auch Mohameds zweiter Großvater Abd al-Muttalib hatte ein Herz für die Saa'alik. In die Stadt Mekka kamen sie nur unter seinem Schutz hinein. Mohameds Onkel az-Zubair pflegte ebenfalls enge Beziehungen zu ihnen. Nur sein Onkel Abū Talib hatte es abstoßend gefunden, dass sein Clan die Nähe zu Verbrechern und Räubern suchte. Mohamed selbst schien damit keine Probleme zu haben. Von Medina aus versuchte er, die Räuberbanden nahe

Mekka in sein Bündnis einzuschließen, um die Handelsströ-
me in die Stadt noch effektiver stören zu können. Er nahm
Kontakt mit den Saa'alik vom Berg Tehama auf und bot ihnen
eine Allianz an. Wenn sie zum Islam konvertierten, würden
sie fortan unter seinem Schutz stehen. Die Sklaven unter
ihnen würden frei, wer von seinem Stamm verstoßen worden
sei, würde bei ihm eine neue Heimat finden. Das Blut, das an
ihren Händen klebte, werde ihnen verziehen. Und das Geld
und Gut, das sie erbeutet hatten, gehöre ihnen.[41]
Nicht nur diese Männer folgten Mohameds Ruf, sondern auch
ein ganzer Stamm namens Ghefar, der von Raubüberfällen
lebte. Sie waren neben den Aos und Khasradsch seine wichtigsten Stützen, nachdem er Mekka verlassen hatte. Aus der
Perspektive eines wohlmeinenden Propheten erscheint es
normal, sich um Sünder, um Ausgestoßene und Verbrecher zu
kümmern und zu versuchen, diese Menschen auf den rechten
Weg zurückzuführen. Doch Mohamed bemühte sich nicht
um diese Leute, um aus ihnen tugendhafte Angehörige einer
Gemeinschaft zu machen, sondern um ihre »Expertise« als
Kriminelle und Verbrecher zu nutzen und seine eigene Macht
zu stärken. Er verbot ihnen nicht, Karawanen zu überfallen,
sondern ermunterte sie dazu. Und gab ihnen das Gefühl, ihr
kriminelles Tun sei Teil der guten Sache.
In Yathrib orientierte sich Mohamed an der Organisations-
struktur der Saa'alik. Die Idee der Bruderschaft, die dem Cre-
do folgte »Einer für alle und alle für einen«, übernahm er von
ihnen. Auch die Strafe des Arme- und Beine-Abhackens für
Abtrünnige und Verräter, die Eingang in den Koran fand,
stammt von den Räubern. Ihre Strategie der blitzartigen Über-
fälle kopierte er ebenso wie die Verteilung der Kriegsbeute
nach einem festgelegten Schlüssel: Der Anführer der Bruderschaft bekam in der Regel ein Viertel der Beute, der Rest wur-

de unter den Kämpfern verteilt. Mohamed war etwas groß-
züger. Er beanspruchte für sich und seine Verwandten nur ein
Fünftel der Beute. Im Koran steht dazu: »Und wisset, was
immer ihr erbeuten möget, ein Fünftel davon gehört Allah und
dem Gesandten und der Verwandtschaft und den Waisen und
den Bedürftigen und dem Sohn des Weges.« (Sure 8:41).
Sure 8 trägt denn auch den Titel »Die Kriegsbeute«.

Erst nach dem Bündnis mit den Stämmen von Medina und
den verstoßenen Räubern Arabiens begann Mohameds eigent-
liche Karriere als »Staatsmann«. Sie – und damit auch der
Siegeszug des Islam – fußt letztlich auf einer Allianz mit der
organisierten Kriminalität. In islamischen Quellen wird der
Karawanenraub zwar erwähnt, aber als eine gerechte Hand-
lung beschrieben; seine Anhänger seien aus Mekka vertrieben
worden und hätten ihr Hab und Gut zurücklassen müssen. Ab-
gesehen davon, dass dies auf kaum einen seiner Gefolgschaft
zutraf, sei die Frage erlaubt, ob Unrecht mit Unrecht vergol-
ten werden kann. Auch die rund achtzig Kriege, die Mohamed
in ganz Arabien führte, werden in den islamischen Quellen
entweder als Verteidigungskriege beschrieben oder als solche,
die notwendig waren, um die Einheit der Araber zu ermög-
lichen. Ebenfalls wird erzählt, dass die gleichen Stämme, die
Mohamed einst abgelehnt hatten, sich ihm später freiwillig
und geschlossen ergeben und den Islam angenommen hätten.
Was zu ihrem Sinneswandel geführt hat, wird nicht erwähnt.
Warum war Mohamed auf taube Ohren gestoßen, als er eine
friedliche Botschaft predigte? Warum waren die Stämme von
den ersten Koransuren nicht beeindruckt, obwohl diese poeti-
scher und bewegender waren als die Suren von Medina, die
oft in trockener Prosa und unverhohlener Härte vom Krieg
gegen die Ungläubigen sprachen? Wie freiwillig war diese

Kehrtwende tatsächlich? Sie mag einem gewissen Pragmatismus geschuldet gewesen sein, sicher aber auch einer gehörigen Portion Angst. Die islamischen Quellen übersehen geflissentlich, dass einige Stämme den Islam aus Furcht annahmen; andere mögen darin eine Chance gesehen haben, sich ein eigenes Stückchen Macht zu sichern, am Erfolg zu partizipieren. Das Schwert hatte offenbar eine größere Wirkung als das Wort an sich.

Auch einige seiner mekkanischen Gegner wussten, dass sie nun besser auf das siegreiche Pferd Mohamed setzen sollten. Sie traten zum Islam über und machten Karriere mit und nach dem Propheten als Welteroberer. Darunter war Khalid Ibn al-Walid, einer der besten Krieger Mekkas. Sein Vater war ein erklärter Gegner Mohameds; er wird in einer mekkanischen Koransure als »Bastard« bezeichnet. Aber der Pragmatismus von Khalid und Mohamed machte dies vergessen. Mohamed brauchte Khalid, um seine Eroberungskriege voranzutreiben, und Khalid brauchte Mohamed, um über die Stadtgrenzen von Mekka hinaus zu mehr Macht zu gelangen. Mohamed nannte ihn das »aufgezogene Schwert Gottes«.

Der Prophet herrschte nun über eine äußerst heterogene Gruppe, deren Zusammenleben geregelt werden musste. Für Medina verfasste er eine Gemeindeordnung mit 47 Paragraphen, die ihm absolute Macht gab und den Beziehungen zwischen den unterschiedlichen Gruppen eine klare Struktur geben sollte. Die Stämme von Medina, auch die Juden, verpflichteten sich, Mohameds Kriege zu finanzieren, solange sie der Verteidigung der Stadt dienten. Was als Verteidigungsmaßnahme galt, oblag der Auslegung Mohameds. Wer einen Muslim tötete, musste getötet werden; umgekehrt genoss ein Muslim jedoch Immunität, wenn er einen Ungläubigen tötete. Den Stämmen von Medina und den Juden wurde untersagt, mit den Quraisch Handel zu treiben oder jemanden aus Mekka zu empfangen.

Mohamed stellte auch neue Regeln für Steuern und Tributzahlungen auf, er ließ weitere Brunnen graben und kümmerte sich allgemein um bessere hygienische Verhältnisse in der Stadt. Fünfmal am Tag versammelte er seine Anhänger zum Gebet, um sich ihrer Treue zu versichern. Keiner durfte dem Gebet fernbleiben, selbst ein blinder Mann nicht, der weit weg von der Moschee wohnte. Er verbot seinen Anhängern den Konsum von Alkohol und außerehelichen Sex. Wer dagegen verstieß, wurde ausgepeitscht bzw. zu Tode gesteinigt. Wer den Besitz eines anderen Muslims stahl, dem wurde die Hand abgehackt. Wer einen muslimischen Stamm verriet oder angriff, dem wurden Arme und Beine abgetrennt. Mit solchen brachialen Maßnahmen formte er eine disziplinierte Gemeinde, die ihm treu ergeben war.

Doch all diese Regeln galten nicht für Mohameds besten Kämpfer Khalid. Zwei Jahre nachdem er Muslim geworden war und eine Führungsposition in Mohameds Heer eingenommen hatte, überfiel er einen muslimischen Stamm, mit dem er seit langem in persönlicher Feindschaft verbunden war. Er verwüstete die Häuser, tötete die Männer und beschlagnahmte ihren Besitz.

Als Mohamed davon erfuhr, war er enttäuscht, bestrafte seinen General aber nicht. Stattdessen betete er: »Allah sei mein Zeuge, ich habe nichts mit dem zu tun, was Khalid angerichtet hat.«[42] Der gleiche Mohamed hatte wenige Monate zuvor nach der Eroberung seiner Heimatstadt Mekka einer Frau die Hand abhacken lassen, weil sie den Schmuck einer anderen Muslima gestohlen hatte. Ein Beispiel dafür, dass Mohamed ein Machiavellist war. Ihm ging es nicht immer um Prinzipientreue, sondern um Macht. Er bestrafte Diebe mit Händeabhacken, wohingegen er und seine Kämpfer bestens von Raubüberfällen und Kriegsbeute lebten. Sie nahmen Menschen nicht nur ihren Besitz, sondern verkauften auch deren Kinder als Sklaven. Alles rechtens. Der Prophet bestrafte Ehebrecher mit Steinigung, hatte selbst aber Geschlechtsverkehr mit kriegsgefangenen Frauen und verteilte sie als Lustobjekte unter seinen Kämpfern. Sein Umgang mit den Juden von Medina war ebenfalls nicht vom Geist des guten Zusammenlebens getragen, sondern von Härte und Machterhalt. Da diese weder aktiv an seiner Seite kämpften noch seine Botschaft anerkannten, schmiss er sie sukzessiv aus Medina hinaus und führte damit zu Ende, was den Aos und Khasradsch einst nicht gelungen war. Die Häuser, die Felder und den Besitz der Juden ließ er unter den Stämmen von Medina, den Gaunern und den Migranten aus Mekka verteilen. Die jüdischen Frauen machte Mohamed zu Sexsklavinnen für sich und seine Kämpfer.

Schlagen wir kurz einen Bogen zur Gegenwart: 1400 Jahre später wiederholen die Kämpfer des IS all das, was Mohamed einst vorgemacht hat. Die Dschihadisten von heute berufen sich auf seine Haltung Ungläubigen gegenüber und auf seine Eroberungsstrategien, die als vermeintliche Verteidigungsmaßnahmen gegenüber dem Westen verkauft werden. Als der IS die syrische Stadt Rakka erobert hatte, wurde eine Gemeindeordnung erlassen, wie sie schon Mohamed für Medina verabschiedet hatte. Die Körperstrafen für »Sünder« sind identisch. In Mossul und in den kurdischen Gebieten gingen sie mit Christen und Jesiden genauso um wie Mohamed mit den Juden von Medina. Sie zitierten dabei jene Koranverse, die den Gläubigen befehlen, auf die Hälse der Ungläubigen zu schlagen und sie zu töten, wo sie sie finden. Der einzige

Unterschied zwischen heute und damals ist, dass es zu Mohameds Zeiten keine Videokameras gab, die die Greueltaten seiner Truppen festhalten konnten. Der Verweis, niemand wisse
schließlich so genau, was sich zugetragen habe, dient dazu,
die Verbrechen von damals zu relativieren oder schönzureden.
Er soll Distanz schaffen, wo es keine gibt.

Das grundsätzliche Problem liegt nicht in dem, was Mohamed damals getan und für richtig befunden hat. Man könnte
argumentieren, dass die Zeit nun einmal grausam war, dass
Eroberer – egal welcher Religion oder Ideologie sie anhän-
gen – generell gewaltsam vorgehen, dass in Zeiten des Krie-
ges Moral und Ethik einen schweren Stand haben. Das Problem liegt darin, dass Mohamed und sein Tun in Medina für
viele Muslime bis heute als Vorbild dient. Die Art, wie er
seine Gemeinde führte, dient als Blaupause für ein ideales,
Allah-gefälliges Leben – politisch, wirtschaftlich, gesell-
schaftlich und ethisch. Jenseits von Zeit und Raum wollen
Islamisten die Urgemeinde Mohameds in jedem Detail wie-
derherstellen. Der Gottesstaat als Form des Eskapismus vor
der modernen Welt. Sie glauben, wenn sie nur in die Fußstap-
fen des Propheten treten, werden sie den Lauf der Geschichte
zu ihren Gunsten verändern können. Schließlich war auch der
Prophet am Anfang schwach, wurde belächelt und nicht ernst
genommen. Doch durch seinen unerschütterlichen Glauben,
seine Ausdauer und seine konsequente Kriegsführung konnte
er einen Staat errichten, der später Byzanz und Persien in die
Knie zwang und über große Teile der Welt herrschte. Heute
werden die Truppen des IS sowohl in der arabischen Welt als
auch im Westen von vielen verteufelt, ganz so wie damals
auch Mohameds Anhänger, als sie den Irak, Syrien und Ägypten zu terrorisieren begannen. Für kritische Muslime ist das
ein Spagat. Denn diejenigen, die sich heute kritisch zum Vor-

gehen des IS äußern, lassen nichts auf den Propheten und die ersten islamischen Eroberer kommen – obwohl diese nichts anderes getan haben als die heutigen Gotteskrieger. Und obwohl diese aus dem Handeln und dem Wort des Propheten eine direkte Legitimation ziehen.

Ich möchte nicht den Teufel an die Wand malen, doch sollte der IS seinen Siegeszug fortsetzen und bald auch schon die Ölquellen des Golfes kontrollieren können, ist nicht auszuschließen, dass sich die Geschichte in einem weiteren Punkt wiederholt. Wir erinnern uns an den plötzlichen Meinungsumschwung, das »freiwillige« Übertreten zum Islam, den Pragmatismus der Stämme im Umgang mit dem neuen Machthaber. Muslime könnten ihre ablehnende Haltung gegenüber dem IS aufgeben und behaupten, das Kalifat sei ein Hort des Friedens. In den Talkshows könnten dann Vertreter der Islamverbände verkünden, der IS habe mit Terror absolut nichts zu tun, all dies sei eine gezielte Diffamierung westlicher Medien. Der IS sei lediglich eine Gruppe, die dies nicht länger habe hinnehmen wollen und gegen den westlichen Imperialismus aufbegehrt habe.

Selbstverständlich hat Mohamed auch viel Gutes getan. Er einte die Araber, brachte Recht und Ordnung in die von ihm eroberten Gebiete und entwickelte eine Soziallehre, die bis heute noch funktioniert. Doch auch der IS hat Ähnliches zustande gebracht. In Rakka und Mossul herrschen Recht und Ordnung. Dort kämpft der IS auch gegen Korruption und überhöhte Preise. Der Islamische Staat kümmert sich um Witwen und Arme, ganz so wie Mohamed es getan hat. Gleichwohl würde kein Mensch auf die Idee kommen, die Ideologie des IS deshalb als eine Lehre der Barmherzigkeit zu bezeichnen.

Die Eroberung Mekkas: Ein Kreis schließt sich

Acht Jahre nach seiner Übersiedlung entschied sich Mohamed, seine Heimatstadt Mekka zu erobern. Er führte eine große Armee und wusste, dass der Kampf zu seinen Gunsten entschieden werden würde. Denn die Truppen der Mekkaner waren zahlenmäßig kleiner und schlechter ausgestattet. Als der Sieger in Mekka einzog, ließ er Gnade walten. Nicht kollektive Rache an den Quraisch wollte er üben, sondern ein Exempel statuieren. Mohamed ließ nur eine begrenzte Zahl von Männern und Frauen töten, wobei er auch hier verschiedene Maßstäbe anlegte. Stammesoberhäuptern, die ihn früher bekämpft hatten, wurde verziehen, arme Dichter und Sklavinnen, die Mohamed einst in Liedern geschmäht hatten, wurden ermordet.

Der Prophet verbündete sich mit dem Anführer der Umayyaden, Abū Sufiyan, einst einer seiner Erzfeinde. Abū Sufiyan nahm über Nacht den Islam an. Er glaubte nicht wirklich an Mohameds Botschaft, aber was blieb ihm anderes übrig, wenn er das Fortbestehen seines Stammes sichern wollte. Abū Sufiyan schloss sich noch im Alter von siebzig Jahren Mohameds Eroberungskriegen in Arabien an. So brachte er die Umayyaden in Stellung. Sein Cousin 'Uthmān wurde später der dritte Kalif der Muslime. Den endgültigen Durchbruch für den mächtigen Stamm brachte Abū Sufiyans Sohn Mu'awiya. Nach der Ermordung des vierten Kalifen Ali übernahm er die Macht, das Kalifat blieb fast ein Jahrhundert lang in Händen dieser ersten arabischen Dynastie. Mu'awiya verlegte die Hauptstadt des Kalifats nach Damaskus, das einige Jahre davor von den muslimischen Truppen erobert worden war.

Man könnte Mohameds Entwicklung auf dem Weg zur Macht in folgende Abschnitte unterteilen: In Mekka orientierte er sich eher an christlichen Werten. Er predigte Gleichheit unter den Menschen, Toleranz und Nächstenliebe, auch gegenüber seinen Feinden. Nach Khadidschas Tod schmiedete er Allianzen, vor allem gegen die Mekkaner, und kehrte seiner Heimat den Rücken. In Medina radikalisierte er sich einerseits, stabilisierte die Stadt andererseits aber auch durch die Einführung von neuen Geboten und Ritualen, die der Gemeinde eine Identität geben und sie vor äußeren und inneren Gefahren schützen sollten. Die ersten Kriege sah er als gerechte Kriege an und führte sie im Wesentlichen auch unter Berücksichtigung eines gewissen Moralkodex. So verbot er seinen Kämpfern jegliche Gewaltexzesse gegenüber ihren Feinden. Doch als aus diesen Kriegen ein lukratives Geschäft wurde, kam es zur letzten Stufe seiner Radikalisierung. Krieg wurde zur heiligen Mission stilisiert, der Kampf gegen die Ungläubigen zur Hauptaufgabe. Kein Ungläubiger sollte mehr auf der arabischen Halbinsel geduldet werden. Bis heute dürfen Nicht-Muslime die Städte Mekka und Medina nicht betreten.

Mohamed wusste, dass die jahrhundertealte Rivalität unter den arabischen Stämmen seinen Einigungsplan langfristig gefährden konnte. Deshalb schwor er sie auf einen äußeren Feind ein. Den nördlichen arabischen Stämmen, die im Dienste Byzanz' standen, gefiel es nicht, dass Mohamed nun eine weite Strecke der Karawanenstraße unter seine Kontrolle gebracht hatte. Mohamed wiederum wollte seine Kämpfe außerhalb Arabiens fortsetzen. Nach der Eroberung Mekkas rüstete er eine große Armee auf und führte sie Richtung Byzanz. Seine Kämpfer motivierte er mit der Aussicht, byzantinische Mädchen als Kriegsbeute zu gewinnen.[43] Blonde Sklavinnen aus Byzanz waren zu diesem Zeitpunkt sehr begehrt und viel teurer als andere. Ähnlich ist es bei den IS-Kämpfern, die christliche und jesidische Frauen im Irak erbeutet haben. Die teuerste Sklavin sei die mit grünen oder blauen Augen, sagte ein IS-Kämpfer in einem Video.

Einer Erzählung zufolge flohen die byzantinischen Truppen vor Mohameds Armee, als sie sahen, wie groß diese war. Mohamed soll 30 000 bis 40 000 Männer angeführt haben. Doch Mohamed kam mit seiner gesamten Armee sofort wieder zurück nach Medina. Es könnten die Hitze und der lange Marsch durch die Wüste gewesen sein, die Mohamed zur Rückkehr zwangen. Oder Mohamed hatte von Anfang an nicht vor, Byzanz zu erobern, sondern wollte nur alle arabischen Stämme auf dem Weg dorthin beeindrucken. In der Tat glaubten viele Stämme, dass Mohamed Byzanz besiegt hatte, denn er kam mit der gleichen Zahl von Kämpfern zurück. In diesem Jahr ergaben sich viele Stämme dem Propheten, weil sie nun in ihm das Potenzial erkannten, nicht nur die Araber zu einen, sondern sie zu einer regionalen Macht zu machen.

Mohamed starb einige Monate später; die meisten Stämme fielen nach seinem Tod vom Islam ab und verweigerten seinem Nachfolger Abū Bakr die Treue und die Steuerzahlungen. Abū Bakr verbrachte seine zweijährige Amtszeit damit, mit aller Brutalität gegen die abtrünnigen Stämme zu kämpfen. Der bekannte Islamgelehrte und Fernsehprediger Youssuf al-Qaradawi erinnert an diesen Krieg und sagt: »Hätte der Islam nicht vorgeschrieben, dass ein Apostat getötet werden muss, gäbe es heute keinen Islam mehr.«

Abū Bakrs Nachfolger Omar erkannte, dass nur ein gemeinsamer Feind die Araber dauerhaft zusammenschweißen konnte. Er erinnerte sie an Mohameds Versprechen, die persische

und byzantinische Krone zu erben. Er profitierte von der großen Armee, die Mohamed hinterließ, an deren Spitze Khalid
Ibn al-Walid stand, den Mohamed einst nicht hatte bestrafen
wollen. Omar konnte auch die arabischen Stämme an der
Grenze von Persien und Byzanz, die Vasallen der Großmäch-
te waren, davon überzeugen, mit ihm gegen ihre früheren Arbeitgeber zu kämpfen, um selbst ein Großreich zu gründen.
Persien und Byzanz hatten sich in den letzten Jahrzehnten
durch Zermürbungskriege gegenseitig massiv geschwächt.
Die wilden Kämpfer von der arabischen Halbinsel dagegen
waren bestens motiviert und machthungrig. Sie konnten nur
gewinnen, denn im Falle eines Sieges warteten großer Reich-
tum und byzantinische und persische Mädchen auf sie. Fielen
sie im Kampf, konnten sie auf das ewige Paradies hoffen und
auf 72 Jungfrauen, die vermutlich noch schöner waren als die
Mädchen aus Byzanz und Persien.

Sind der Islam und die Mafia miteinander vergleichbar?

So gesehen waren Mohameds Nachfolger Abū Bakr und
Omar die wahren arabischen Bismarcks, die die Stämme
durch einen langen Krieg zusammengeschweißt haben. Mohamed war eher der Pate, der einige Familien zusammenge-
führt und durch Raubüberfälle und gezielte Angriffe den Kern
dessen aufbaute, was seine Nachfolger zu einem tragfähigen
Staat weiterentwickelten. Dieser Vergleich gefällt gläubigen
Muslimen natürlich nicht, denn sie sehen ihre Religion nicht
als eine Form der organisierten Kriminalität. Um Kritik vorzubeugen, möchte ich hinzufügen, dass sich mein Vergleich

auf die Entstehungsgeschichte und die Machtstrukturen des Islam bezieht, die in mehreren Aspekten denen der Mafia ähneln.

Entstehungsgeschichte

Die Entstehungsgeschichten von Mafia und Islam werden oft romantisiert und verklärt. Islamreformer behaupten, der Islam sei als eine moralische und soziale Revolution gegen Dekadenz und Ungerechtigkeit in Arabien entstanden und habe sich erst später durch die Umayyaden zu einer kriegerischen Religion entwickelt. Ähnlich argumentieren Mafia-Sympathisanten, die behaupten, die Anfänge der Mafia reichten bis ins Mittelalter zurück. Sie sei als eine Widerstandsbewegung gegen die französische Fremdherrschaft entstanden. Es wird behauptet, das Wort MAFIA sei eine Verkürzung von »Morte Alla Francia, Italia Anela« – »Den Tod Frankreichs ersehnt sich Italien«. Was allerdings eher im Bereich der Legenden anzusiedeln ist. Historiker verorten die Anfänge in der ersten Hälfte des 19. Jahrhunderts.

Die Mafia wird von den eigenen Anhängern gerne als eine postfeudale Bewegung beschrieben, die für Zusammenhalt und eine gerechte Verteilung der Güter kämpft. Die Mafia sei von ihrem Ursprung her eine moralische und rechtschaffene Organisation gewesen, die erst später entstellt und kriminalisiert worden sei. So repräsentiere Al Capone keineswegs die wahre Mafia, vielmehr habe er die ursprünglichen Absichten der sizilianischen Mutterorganisation falsch verstanden, zu seinen Gunsten umgemünzt und Vorgaben aus dem Zusammenhang gerissen. Eine Art der Erklärung, die man oft von Islam-Apologeten hört, wenn es um das Gewaltpotenzial des Islam geht.

Tatsächlich begann der Aufstieg der italienischen Mafia mit Gutsverwaltern, die sich in Zeiten des Übergangs vor und nach der italienischen Unabhängigkeit mit Schutzgelderpressungen auf Kosten sizilianischer Bauern bereicherten. Die adeligen Besitzer dieser Güter, die oft nicht vor Ort waren, kümmerten sich nicht darum, dass Tagelöhner und Bauern von ihren mafiösen Verwaltern terrorisiert wurden.

Wie der neugeborene Islam hat die Mafia ein Machtvakuum mit Gewalt, Einschüchterung und strengen Regeln gefüllt. Wo der Staat fehlte, kümmerten sich die Banden um *law and order*. Die Mafia wurde nicht nur wegen ihrer dubiosen Methoden erfolgreich, sondern auch, weil das sizilianische Volk sich einschüchtern ließ und schnell seinen Frieden mit den Banden schloss. Bereits im Jahr 1838 schrieb der oberste Staatsanwalt von Trapani, Pietro Calá Ulloa, dass »das Volk zu einer stillschweigenden Übereinkunft mit Verbrechern gekommen« ist.[44] Auch viele arabische Stämme hatten sich von Mohamed einschüchtern und ihn aus Angst oder Opportunismus über sie herrschen lassen.

Strukturen

Es ist vielleicht kein Zufall, dass die Mafia ihren Ursprung in Sizilien hat, einer Insel, über die arabische Eroberer über zwei Jahrhunderte – von 831 bis 1072 – geherrscht hatten. Sie prägten das kulturelle und wirtschaftliche Leben, die Sprache, den Stellenwert von Familienstrukturen und den Ehrbegriff nachhaltig. Auch die Zahlung von Schutzgeldern und Pflichtabgaben führten die arabischen Eroberer sofort ein, nachdem sie die byzantinischen Truppen im Jahr 831 aus Palermo vertrieben hatten.

Etymologen sind sich nicht einig, woher das Wort Mafia genau stammt. Die meisten vermuten jedoch einen arabischen Ursprung. Zunächst kommt das arabische Wort *maa'fia* in Frage, das Wort bedeutet »befreit« oder »beschützt«. Eine Gruppe, die von Steuerzahlungen oder vom Wehrdienst befreit ist, wird *maa'fia* genannt. Auch das arabische Wort *malfus,* »vertrieben« oder »diskreditiert«, bietet sich an. Eine Abwandlung findet sich im Toskanischen; dort bedeutet *malfusso* »kriminell« oder »ungläubig«. Als dritte Möglichkeit kommt das Wort *Maa'afer* in Betracht; so hieß der mächtige arabische Stamm, der nach der Eroberung Palermos dort das Sagen hatte.

Die sizilianische Mafia ist aus einem Verbund von Familien entstanden, die nicht unbedingt nur durch Blutsverwandtschaft, sondern durch die gemeinsame Sache eine Schicksalsgemeinschaft bildeten. Deshalb heißt die sizilianische Mafia *Cosa Nostra,* »Unsere Sache«. Alle Mitglieder sind in einem großen Bund vereint, der vom Oberboss *(capo di tutti capi)* angeführt wird. Er ist über jede Kritik erhaben und trifft alle Entscheidungen. Mohamed unterteilte seine Anhänger in Gruppen, jede Gruppe hatte einen Anführer, einen *amir.* Er selbst war der ultimative *capo di tutti capi.*

Die Rolle der Frau im Urislam ist ähnlich wie bei der Mafia. Frauen haben scheinbar keinen Zugang zu patriarchalisch-hierarchischen Organisationen. In keinem modernen europäischen Land war die brutale Praxis des Ehrenmordes so ausgeprägt wie in Sizilien. Auch die Blutrache haben die Sizilianer von den Arabern übernommen. In der Camorra und in der Ndrangheta dagegen tragen die Frauen sogar echte »Ehrentitel«: sie sind »Schwestern des Schweigens«. Wie bei der Cosa Nostra und der Camorra tragen auch in Kalabrien die Frauen die Mafia-Kultur von Generation zu Generation weiter, es sind die Mütter, die nach Blutrache verlangen, das Gedenken an die Toten aufrechterhalten und ihre Söhne für das Leben in der Ndrangheta vorbereiten. Eine ähnliche Rolle übernehmen die Mütter der heutigen Hamas-Märtyrer heute noch in Gaza, die den Tod ihrer Kinder regelrecht inszenieren und überhöhen und damit andere Kinder ermutigen, den gleichen Weg wie die Gefallenen zu beschreiten. Sie sorgen dafür, dass die patriarchalischen Strukturen bestehen bleiben, die ironischerweise sowohl physische als auch psychische Gewalt gegen Frauen begünstigen.

Um als Neumitglied in einen sizilianischen Mafia-Clan aufgenommen zu werden, muss man sich vorher durch einen Mord oder Raubüberfall qualifizieren. Es ist den Mitgliedern untersagt, Drogen zu konsumieren oder sich mit den Ehefrauen anderer Mitglieder einzulassen. Den Mafiosi ist verboten, Freundschaften mit Menschen außerhalb der Mafia-Strukturen zu schließen – es sei denn, dadurch ergibt sich ein Vorteil für die Gemeinschaft. Genauso hatte Mohamed im Koran seinen Anhängern untersagt, sich mit Christen und Juden zu befreunden. Nur wenn diese Freundschaft der Mafia-Familie einen Vorteil bringt, ist sie kurzfristig erlaubt. Das gleiche Prinzip gibt es im Koran ebenfalls. Bei den Schiiten nennt sich das *taqiyya*.

Freund und Feind, öffentlich und privat

»Der Mensch braucht Werte. Selbst Ehrenmänner, die an nichts anderes glauben als an die Macht der Cosa Nostra, brauchen ein System, das ihnen Werte vorgibt und sie einordnet. Jedes nach Absolutheit strebende Wertesystem (…) liefert seinen Anhängern nicht nur ein komplettes Weltbild,

ein stramm sitzendes Korsett von Regeln und Verhaltens-
weisen, sondern stets auch ein ideologisches Fundament«,
schreibt Petra Reski über die Mafia.[45]
Islam und Mafia sind als eingeschworene Bruderschaften entstanden, die ein tiefes Misstrauen gegenüber Menschen eint,
die nicht zur gleichen Familie bzw. Glaubensgemeinschaft
gehören. Untereinander ist man freundlich und barmherzig,
brutal und rücksichtslos aber gegenüber Feinden. Der Koran
beschreibt die erste Gemeinde der Muslime mit diesen Worten: »Muhammad ist der Gesandte Allahs. Und die, die mit
ihm sind, sind hart gegen die Ungläubigen, doch barmherzig
zueinander«, heißt es in Sure 48:29. Die Feinde werden ent-
menschlicht, ihre Ermordung zum normalen, alltäglichen
Akt. Ein Soldat Mohameds konnte im Gebet vor Ehrfurcht
weinen und wenige Minuten später einen Ungläubigen enthaupten, ohne mit der Wimper zu zucken. Denn einen Ungläubigen zu töten ist die Erfüllung des Willens Gottes. Und
nicht nur das: Allah greift direkt ein. »Nicht ihr habt sie erschlagen, sondern Allah erschlug sie. Und nicht du hast ge-
schossen, sondern Allah gab den Schuss ab«, ist in Sure 8:17
zu lesen. Wem Gott die Hand führt, für den gilt demnach auch
kein irdisches Strafmaß.
Gleichermaßen kann ein Mafioso andächtig in der Kirche
einer Predigt über Nächstenliebe lauschen, danach vor der
Marienstatue niederknien und wenige Minuten später einen
Menschen auf offener Straße erschießen – ohne darin einen
Widerspruch zu erkennen. »Einem Mafioso fällt es nicht
schwer, zu morden. Jedenfalls nicht schwerer als einem Soldaten. Wenn Italien einen Krieg mit einem anderen Land
anfinge, und ein italienischer Soldat erschösse fünfzig oder
sechzig Feinde, dann würde man den Soldaten nicht für einen
Verbrecher halten, sondern ihn als Kriegshelden ehren. Sagen

die Mafiosi. Denn sie definieren sich als Soldaten, die nie aus persönlichen Gründen morden, sondern für ihren Staat und ihr Volk. Was für die Welt eine Verbrecherorganisation ist, ist für Mafiosi eine Gesellschaft, ein Staat, ein Volk. Und deshalb hat ein Mafioso auch kein schlechtes Gewissen, wenn er jemanden umbringt. Ihn interessiert nur das Urteil seines Volkes, nicht das der Fremden. Genau wie ein Soldat, der sich im Krieg befindet.«[46] Die Umstände oder die Auslegung liefern die Legitimation.

Raubüberfälle und Schutzgelderpressung

Die Mafia-Ökonomie basierte in den Anfängen auf Raubüberfällen und Schutzgelderpressung. Wenn eine Familie ein neues Gebiet kontrollierte, suchte sie die zahlungsfähige Klientel auf und zwang sie, eine Abgabe zu leisten. Wer es ablehnte, den *pizzo* zu zahlen, wurde bedroht, schikaniert, vertrieben oder notfalls ermordet. Heute geht das Geschäft natürlich weit darüber hinaus.

Nicht viel anders gingen Mohamed und seine Nachfolger mit den Menschen in den von ihnen eroberten Gebieten um. Sie machten ihren neuen Untertanen immer ein »Angebot«, das diese nicht ausschlagen durften: Entweder konvertierten sie zum Islam, oder sie behielten ihren Glauben und drückten dafür eine *dschisiya,* eine Kopfsteuer vergleichbar mit dem *pizzo* ab. Fügten sie sich nicht, drohte der Tod.

Auch bei der Verteilung der Beute gibt es Ähnlichkeiten. *Il padrino* bekommt einen größeren Anteil als seine Unterbosse, verteilt wiederum einen Teil davon unter Verwandten, um ihre Loyalität zu stärken. Auch der Koran sieht ein Fünftel der Beute bzw. der Einnahmen aus den Kopfsteuern für den

Propheten und seine Verwandten vor, der Rest geht an seine Kämpfer.

Unbedingter Gehorsam

Um den Boss der Bosse wird ein Personenkult betrieben. Wenn er eine Entscheidung trifft, darf ihm weder widersprochen noch darf er kritisiert werden. Ein Handkuss symbolisiert die Treue der Mitglieder und ihre Hingabe dem Mafia-Boss gegenüber. Dieser blinde Gehorsam gilt nicht nur dem Paten, sondern auch den regionalen Familienoberhäuptern *(capo di capi)*. Der Koran macht in Sure 4:59 klar: »O ihr, die ihr glaubt, gehorcht Allah und gehorcht dem Gesandten und denen, die unter euch Befehlsgewalt besitzen.« Und in Sure 33:36 heißt es: »Es ziemt sich nicht für einen gläubigen Mann oder eine gläubige Frau, dass sie – wenn Allah und Sein Gesandter eine Angelegenheit beschlossen haben – eine andere Wahl in ihrer Angelegenheit treffen.«
Zu den festen Geboten der Mafia gehört, dass ein Mitglied zum Dienst zu eilen hat, auch wenn seine Frau gerade in den Wehen liegen sollte. Die Loyalität zum *padrino* hat höchste Priorität. Auch Mohamed nahm keine Entschuldigungen von seinen Anhängern an, wenn es um die Teilnahme am Gebet oder an einem seiner Kriege ging. Er sagte: »Keiner wird ein wahrer Gläubiger sein, bis er mich mehr liebt als seine eigenen Eltern, Kinder und alle Menschen.«[47]

Bestrafung von Abtrünnigen und Kritikern

Das Prinzip »Wer nicht für uns ist, ist gegen uns« eint die Mafia und den Islam. Wenn ein Gläubiger bzw. ein Mafioso sich nicht an den Ehrenkodex hält, riskiert er harte Sanktionen, die bis zum Tod reichen könnten. Für die Mafia ist die Omertà (Schweigepflicht) heilig. Wer gegen die Omertà verstößt, wird *pentito* (Reuiger) genannt, sofort aus der Familie ausgeschlossen und schlimmstenfalls mit dem Tod bestraft. Im Islam ist es die Scharia, die geachtet und umgesetzt werden muss, sonst riskiert der Muslim Körperstrafen und in manchen Fällen ebenfalls den Tod. *Pentiti* bzw. Apostaten werden für vogelfrei erklärt und können jeder Zeit liquidiert werden. Aber nicht nur Abtrünnige und Verräter aus den eigenen Reihen werden von der Mafia bzw. auf Grundlage der Scharia verfolgt, sondern auch Schriftsteller, die Enthüllungen über die Mafia veröffentlichen oder den Islam scharf kritisieren. Sogar Karikaturisten, die sich satirisch dem Propheten widmen, wurden dafür mit dem Tode bestraft, wie das Attentat auf die Redaktion von *Charlie Hebdo* in Paris Anfang 2015 zeigt.

Bis heute leben Mafia-Kritiker gefährlich, sie werden bedroht, verklagt, und manche, wie der Schriftsteller Roberto Saviano (Autor des Buches »Gomorrah«), müssen mit Leibwächtern leben. Ähnlich erging es Salman Rushdie nach der Veröffentlichung seines Romans »Satanische Verse«, der mit einer Fatwa belegt wurde. In den letzten dreißig Jahren ermordete die Mafia in Italien allein 13 Journalisten.[48] Die Liste derer, die Opfer der Intoleranz des Islam wurden, ist deutlich länger.

Einen entscheidenden Unterschied zwischen Islam und Mafia gibt es jedoch: Der Islam besiegte früh genug seine Feinde, die ihn als verbrecherisch bezeichneten, diktierte die Gesetze und schrieb seine eigene Geschichte selbst. Die Mafia dagegen blieb trotz Expansion und Internationalisierung eine verschworene Gruppe, die in mehreren Ländern am Gesetz vorbei ihre Geschäfte macht. Deswegen empfinden Muslime den Vergleich des Islam mit der Mafia als eine Beleidigung und nicht umgekehrt.

Kapitel 4

Jenseits des Schleiers
Mohameds Problem mit den Frauen

Āmina: Die abwesende Mutter

Auch Staatsmänner, Eroberer und Mafia-Bosse sind am Ende nur Männer. Und oft haben sie ein Privatleben, das nicht unbedingt zu ihrem Image als Alleinherrscher passt. Macht kann nicht nur einsam machen. Einer, der ständig über Leben und Tod entscheidet, will gelegentlich auch einmal schwach sein. Bei vielen Diktatoren offenbart sich gerade in ihrem Umgang mit Frauen eine tiefe Spaltung zwischen dem Tyrannen und dem eher bedürftigen Kind, was nur auf den ersten Blick ein Widerspruch zu sein scheint.

Auch Mohameds Umgang mit Frauen spiegelt sowohl seine Einsamkeit wider als auch seine Überforderung mit der Macht, die er nach Jahren der Kränkung und Marginalisierung plötzlich hatte. Je mächtiger er wurde, desto einsamer wurde er und desto seltsamer wurde sein Umgang mit seinen Frauen. Je älter er wurde, desto pubertärer wurde sein Verhalten im Allgemeinen und gegenüber Frauen im Besonderen. Mohamed verhielt sich ihnen gegenüber jedoch nicht immer wie ein Tyrann, sondern oft wie ein Kind, das mal liebenswürdig, mal verstört und mal rücksichtslos ist. Sein Verhältnis zu Frauen war oft bestimmt von Unsicherheit, Eifersucht und Verlustängsten. Vertraut hat er nur seiner ersten Frau Khadidscha wirklich. Eine klare Linie ist kaum zu erkennen; einmal war er liebevoll und zuvorkommend, machte ihnen Zugeständnisse. Dann wieder kontrollierte er seine Frauen auf

Schritt und Tritt, schrieb ihnen den Vollschleier vor, schränkte ihre Bewegungsfreiheit ein und erlaubte ihnen, mit Männern nur dann zu reden, wenn eine Wand die Sprechenden voneinander trennte. Gegen Ende seines Lebens ging er mit Frauen um wie mit Gegenständen, die man nach Belieben sammeln konnte. In den letzten acht Jahren seines Lebens heiratete Mohamed alle paar Monate eine neue Frau. Auf Khadidscha folgten elf weitere, neun davon lebten mit ihm gleichzeitig in einem Haus. Dazu kamen weitere 14 Frauen, mit denen er zwar einen Ehevertrag schloss, die Ehe aber nicht körperlich vollzog. Darüber hinaus gab es zwei Dutzend Frauen, mit denen er verlobt war, der Bund jedoch nicht geschlossen wurde, wegen Kriegsplänen oder auch aufgrund von Intrigen seiner anderen Frauen. Nicht zu vergessen seine Sklavinnen, die er im Krieg erbeutet oder als Geschenk bekommen hatte. Mohamed war sogar über seinen Tod hinaus besitzergreifend. Er verbot seinen Frauen, sich nach seinem Ableben mit anderen Männern zu vermählen. Besonders für seine junge Frau Aischa muss es hart gewesen sein, sich daran zu halten, denn sie war laut islamischen Quellen erst 18 Jahre alt, als sie Witwe wurde.

Eine Erklärung dafür, warum Mohamed so viele Frauen begehrte, ihnen zugleich misstraute und sie sogar über seinen Tod hinaus an sich binden wollte, liegt möglicherweise in seiner Kindheit. Schon drei Wochen nach seiner Geburt war er in die Obhut einer Beduinin gegeben worden, die ihn stillen sollte. Warum seine Mutter ihn so früh wegschickte, ist unklar. Fakt ist, dass eine Trennung von der Mutter zu einem so frühen Zeitpunkt nicht ohne Folgen bleibt. Mohamed verbrachte zwei Jahre bei seiner Ziehmutter in der Wüste. Kaum nach Mekka zurückgekehrt, schickte ihn seine Mutter erneut

zu den Beduinen. Zum zweiten Mal musste er eine Trennung
von seiner Mutter verkraften, in einem prägenden Alter, in
dem auch körperliche Nähe eine große Rolle spielt. Āminas
Motive sind auch hier unbekannt. Möglicherweise heiratete
die Witwe erneut und wollte etwas Zeit verstreichen lassen,
bevor sie den Jungen in die Familie holte.

Mit sechs Jahren musste Mohamed den nächsten schweren
Schlag verkraften. Er war mit seiner Mutter Āmina nach
Yathrib gereist, um das Grab seines Vaters zu besuchen. In
Yathrib erkrankte Āmina an Fieber, dennoch wollte sie nicht
bleiben, um sich auszukurieren. Ibn Ishāq erzählt, sie sei auf
halbem Weg zurück nach Mekka in Abwā ihrer Krankheit
erlegen. Dort sei sie auch begraben worden. Der junge Mohamed soll bitterlich geweint haben. Vermutlich war Āmina
aber nicht auf der Rückreise nach Mekka, sondern starb im
Kreis ihrer Familie in der Stadt Usfan (sie liegt in der gleichen
Region wie Abwā), wo sie Mohamed nach der These von
Tilman Nagel auch geboren hatte. Mohamed kehrte in Beglei-
tung einer Dienerin seiner Mutter als Vollwaise nach Mekka
zurück und wurde in die Obhut seines Großvaters gegeben.

Über Mohameds frühe Jahre in der Wüste ist wenig bekannt.
Er soll Schafe bei der Familie seiner Amme gehütet haben,
wie ein Sklave. Einmal, er muss etwa vier Jahre alt gewesen
sein, ereignete sich dabei etwas, das von frühislamischen
Mohamed-Biographen als Wunder erzählt wird. Zitternd vor
Angst, soll der Junge eines Tages zu seiner Amme Halima
geeilt sein. Zwei weißgekleidete Männer seien zu ihm ge-
kommen, als er die Schafe hütete, hätten ihn gepackt, auf den
Boden gelegt und seine Brust mit einem Messer geöffnet. Den
Überlieferungen zufolge waren die beiden Männer Engel, die
Mohameds Brust geöffnet hatten, um sein Herz mit heiligem
Wasser von Teufelseinflüsterungen zu reinigen. Mit diesem

Ritual sollte Mohamed darauf vorbereit werden, später die Botschaft Gottes empfangen zu können.

Die seltsame Schilderung verunsicherte die Beduinen, Halima glaubte, der Junge sei krank oder von einem bösen Geist besessen. Sie entschied, ihn zurück zu seiner Mutter nach Mekka zu bringen.[49] Āmina war nicht überrascht, als sie die Geschichte von den weißgekleideten Männern hörte; schließlich stammte sie aus einer wundergläubigen Familie, die für Sternenanbetung und Wahrsagerei bekannt war. Keineswegs sei ihr Sohn von einem Dämon heimgesucht worden, die Begegnung mit den Engeln sei vielmehr ein Zeichen, dass große Dinge auf ihn warten würden. Zwei Jahre später verstarb Mohameds Mutter irgendwo zwischen jenen beiden Städten, die das Leben ihres Kindes später prägen würden.

Mit acht Jahren musste Mohamed den nächsten Schicksalsschlag hinnehmen; nach dem Tod seines Großvaters Abd al-Muttalib zog er zu seinem Onkel Abū Talib, der mit seiner Familie in ärmlichen Verhältnissen lebte. Diese früheren Verluste, die Erfahrung des Entwurzelt- und Fremdseins in wechselnden Umgebungen sowie das Fehlen von konstanten Vorbildern und Leitfiguren haben Spuren in Mohameds Persönlichkeit hinterlassen. Einsamkeit, fehlendes Urvertrauen, Unberechenbarkeit und Verhaltensauffälligkeiten waren die Folge.

Āminas Abwesenheit scheint sich wie ein Schleier über seinen Umgang mit Frauen gelegt zu haben. In manchen seiner Beziehungen suchte er die Geborgenheit und Anerkennung der Mutter, die er so schmerzlich vermisst hatte; anderen seiner Frauen begegnete er mit Egoismus und Härte, als wolle er sie stellvertretend für diese Mutter bestrafen, die ihn so früh verlassen und schutzlos der Welt ausgeliefert hatte.

Nachdem Mohamed Jahre später seine Heimatstadt Mekka

erobert hatte, reiste er zum ersten Mal zum Grab seiner Mutter. Unter Tränen soll er zu Allah gebetet haben, der Herr
möge ihr verzeihen. Doch Allah lehnte seine Bitte ab. Welche
Sünde mochte Āmina begangen haben, dass Mohamed Allah
um Vergebung bitten musste? Islamische Historiographen
meinen, Āminas Sünde habe darin bestanden, eine Heidin gewesen zu sein. Laut Koranexegese habe dieser Vorfall zur Offenbarung von Sure 9, Vers 113 geführt, die dem Propheten
verbietet, für seine ungläubigen Verwandten um Vergebung
zu bitten. Aus meiner Sicht eine unsinnige Lesart. Zum Zeitpunkt ihres Todes war ihr Sohn, der spätere Begründer des
Islam, gerade einmal sechs Jahre alt. Setzt man den Islam als
Maßstab für die »rechte Religion«, dann waren zu dieser Zeit
alle Ungläubige und Heiden.
Gleichwohl verleihen die gleichen Historiographen der heidnischen Mutter des Propheten Maria-ähnliche Attribute. Während ihrer Schwangerschaft soll sie geträumt haben, sie trage
ein ganz besonderes Kind in sich, dem sie den Namen Mohamed geben sollte. Kurz nach seiner Geburt sei ein Licht aus
ihr herausgetreten, so dass sie die Paläste von Busra in Syrien
erblicken konnte.[50]
Doch während die Historiographen Āmina rückwirkend ver-
klären, bleibt Mohamed offenbar unversöhnlich. Er lässt den
Koran verkünden, dass sie in der Hölle schmoren wird.
Sei es die Tatsache, dass sie ihn weggegeben hat, sei es das
kindliche Unverständnis über ihren Tod, seien es die Gerüchte, er sei ein uneheliches Kind gewesen. Bei Ibn Hischām sagt
Āmina, dass die Schwangerschaft mit Mohamed die leichteste gewesen sei, die sie je erlebt habe.[51] Alle Quellen sind sich
aber einig, dass Āmina nie vor oder nach Mohameds Vater
Abd Allah verheiratet war. Da Abd Allah drei Monate nach
der Eheschließung mit ihr gestorben war, könnte sie von ihm

nur einmal schwanger gewesen sein. Woher also kamen die anderen Schwangerschaften, von denen bei Ibn Hischām die Rede ist? Also muss sie andere Männer gehabt haben, ob durch reguläre Ehe oder kurzen Beischlaf. In allen Fällen muss Āmina aus der Sicht Mohameds eine schwere Schuld auf sich geladen haben, die er nicht vergeben konnte. Er verlagerte, wie so oft, das Urteil auf Allah, seinen persönlichen Rächer, und Allah urteilte, wie so oft, in seinem Sinne: Die Mutter geht in die Hölle: »Es kommt dem Propheten und den Gläubigen nicht zu, für die Götzendiener um Verzeihung zu flehen, und wären es selbst ihre nächsten Verwandten, nachdem ihnen deutlich geworden ist, dass jene Bewohner der Dschahim (Hölle) sind«, heißt es in Sure 9:113.

Khadidscha: Die Ersatzmutter

Kein Mensch hat Mohameds Leben wohl mehr verändert und geprägt als Khadidscha (* um 555, † um 619 in Mekka). Sie war die einzige unter seinen vielen Ehefrauen, die ihn mit keiner anderen Frau teilen musste. Bis zu ihrem Tod lebte er mit ihr in »Einehe«.

Die reiche Witwe hatte eine Karawanserei geerbt und ein Handelsgeschäft in Mekka. Mohamed hatte in ihrem Auftrag eine Karawane nach Syrien geführt und auch sonst geschäftlich erfolgreich in ihrem Namen agiert. Sie wiederum war nicht nur seine Arbeitgeberin, sondern auch seine Mentorin, die ihn nach Kräften förderte. Islamische Überlieferungen bescheinigen ihr einen großen Anteil an den religiösen Erlebnissen ihres Mannes. Er selbst hatte zunächst geglaubt, er sei vom Teufel besessen.[52] Eines Tages kam Mohamed ängstlich ins Haus Khadidschas, zitterte stark und bat seine Frau darum, ihn zuzudecken. Er erzählte ihr von einem Teufel, der ihn habe würgen wollen. Khadidscha beruhigte ihn, dies sei nicht der Teufel, sondern ein Engel aus dem Himmel gewesen.

Wenn ein Mann heutzutage zitternd zu seiner Frau kommen und ihr sagen würde, eine ominöse böse Gestalt habe versucht, ihn in einer Höhle zu würgen und ihm danach unbekannte Verse eingeflüstert – er würde wohl sofort zum Psychiater geschickt werden. Die Frau müsste befürchten, ihr Mann habe eine Psychose oder zumindest schwere Halluzinationen. Da es aber im Mekka des frühen 7. Jahrhunderts noch keine Psychiatrien gab, musste Khadidscha ihren Mann selbst verarzten. Spätestens als sich Mohameds Angstzustände so verschlimmert hatten, dass er seiner Frau offenbarte, er wolle zu einem Berg hinaufsteigen und sich von dort aus in den Tod stürzen, musste die weise Frau sich etwas einfallen lassen, um ihrem Mann zu helfen.

Khadidscha entschied sich, die Erkrankung ihres Mannes in ein Geschenk des Himmels zu verwandeln. Sie ging mit ihm um wie eine Mutter, die die Ängste ihres Kindes ernst nimmt – auch wenn sie weiß, dass das Kind nur phantasiert. Also bat Khadidscha den ängstlichen Mohamed darum, ihr sofort mitzuteilen, wenn ihn die Lichtgestalt noch einmal besuchte. Bis dahin war der himmlische Besucher Mohamed nur in der Höhle von Hiraa' erschienen, doch auf Wunsch von Khadidscha kam der Engel zu ihrem Haus. Als er »da« war, rief Mohamed seiner Frau zu: »Ich sehe ihn.« Sie konnte den Engel natürlich nicht sehen. Sie forderte Mohamed auf, sich auf ihr linkes Bein zu setzen, und fragte: »Kannst du ihn immer noch sehen?« Mohamed antwortete mit Ja. Sie forderte ihn auf, sich auf ihr rechtes Bein zu setzen, und fragte: »Kannst du ihn immer noch sehen?« Er bejahte. »Komm, setz dich auf meinen Schoß!«, sagte sie. Auch da konnte er den Engel sehen. Khadidscha legte ihre Kleidung ab und fragte Mohamed: »Und jetzt?« »Ich kann ihn nicht sehen«, antwortete Mohamed. Khadidscha sagte erleichtert: »Sei sicher, mein Cousin [beide hatten den gleichen Urgroßvater Qusai, der die Quraisch einte], er ist kein Teufel, sondern ein Engel.«[53] Vermutlich hätte Khadidscha bis zum Geschlechtsverkehr weitergemacht, wenn ihr Mann nach wie vor noch ein anderes Wesen im Raum gesehen hätte. Hier war weiblicher Instinkt am Werk. Ein stolzer arabischer Mann kann unmöglich hinnehmen, dass ein anderer – und sei es ein Engel/der Teufel – seine Frau nackt sieht. Mohameds Eifersucht, sein Besitzerinstinkt vertrieb die Halluzination. Die metaphysische Erklärung lautete: Nur ein Teufel sieht Eheleuten beim Geschlechtsakt zu, ein Engel dagegen zieht sich zurück, wenn eine Frau sich vor ihrem Mann auszieht oder gar mit ihm schläft. Khadidscha selbst hat zwar nichts gesehen, entschied aber mit Hilfe dieses Tricks über die Natur des Besuchers. Sie verlieh den Wahnvorstellungen ihres Mannes damit einen Sinn, beruhigte ihn auf diese Weise, dass er keineswegs verrückt sei.

Interessant ist, dass Mohamed nach dem Tod Khadidschas und der Übersiedlung nach Medina als Gesetzgeber einige Regeln für Zeugenaussagen einführte. Diesen zufolge wurde die Aussage einer Frau vor Gericht nur akzeptiert, wenn ihre Aussage durch eine andere Frau bestätigt wurde, da Frauen angeblich zu Vergesslichkeit neigten oder dazu, die Unwahrheit zu sagen. Ein Mann dagegen brauchte keine derartige Bestätigung. Interessant ist dies deshalb, weil die wichtigste Feststellung des Islam, nämlich dass Mohamed ein Prophet sei, auf der unbestätigten Aussage einer Frau fußt, die letztlich nichts gesehen hatte.

Über Khadidschas Religion vor dem Islam wissen wir überhaupt nichts. Gesichert ist nur, dass sie zwei christliche Cousins hatte: der eine war jener 'Uthmān Ibn al-Huwairith, der angeblich dem byzantinischen Kaiser ein Bündnis mit Mekka angeboten hat, der andere war der Mönch Waraqa. Mit ihm beriet sie sich über Mohameds Halluzinationen. Waraqa stützte ihre Vorstellung, es habe sich bei dem Besucher in der Höhle um einen Boten Gottes gehandelt. Es ist nicht auszuschließen, dass Khadidscha kurz vor ihrer Eheschließung mit Mohamed Christin geworden war. Denn nur Christen und Juden in Arabien glaubten an die göttliche Offenbarung und die Sendung von Propheten.

Zainab bint Mohamed:
Die Frau, die den Propheten besiegte

Khadidscha soll von Mohamed sechs Kinder empfangen haben: zwei Jungen, die früh starben, und vier Mädchen. Diese Rechnung ist aber problematisch, wenn man berücksichtigt, dass Khadidscha zum Zeitpunkt der Eheschließung bereits vierzig Jahre alt war und im Alter von 65 starb. In Sure 108 des Koran lesen wir zudem, dass ein Mekkaner Mohamed *abtar* nannte, also kinderlos bzw. impotent. Auch die Tatsache, dass Mohamed mit seinen späteren elf Frauen, die deutlich jünger waren als Khadidscha, kein einziges Kind zeugte, lässt die Zahl von sechs Kindern merkwürdig erscheinen. Nur seine Sklavin Maria gebar Mohamed ein Kind, doch auch hier hielten sich hartnäckig Gerüchte, das Kind sei nicht von Mohamed. Der Prophet verurteilte den mutmaßlichen Kindsvater sogar zum Tode.

Die unterschiedlichen islamischen Chroniken erzählen viel
über Mohameds Töchter Fatima, Ruqayya und Um Kulhoum.
Über seine älteste Tochter Zainab findet sich allerdings nur
eine knappe Schilderung. Wurde sie bewusst aus Mohameds Biographie ausgeschlossen, weil sie möglicherweise
die einzige unter seinen Töchtern war, die an seine Botschaft nicht glaubte? Als Mohamed öffentlich zu predigen begann, ließ er seine Töchter Ruqayya und Um Kulthoum von
ihren ungläubigen Männern scheiden, denn einer muslimischen Frau ist es untersagt, mit einem Nicht-Muslim eine
Ehe einzugehen bzw. an einer solchen festzuhalten. Fatima
war zu diesem Zeitpunkt noch ein Kind. Zainab dagegen war
mit einem Händler namens Abū al-A'as verheiratet und hatte
mit ihm mehrere Kinder. Abū al-A'as glaubte nicht, dass
Mohamed ein Prophet war. Mohamed reagierte verärgert,
forderte seine Tochter auf, sich von Abū al-A'as zu trennen,
doch Zainab lehnte dies ab und blieb bei ihrer Familie. Auch
die Stämme der Quraisch drängten Abū al-A'as dazu, sich
von Mohameds Tochter scheiden zu lassen, aber auch er
weigerte sich. Das Ehepaar ging auf Distanz zum Rest der
Familie.

Als Mohamed nach Medina auswanderte, nahm er alle seine
Töchter mit, nur Zainab blieb mit ihrem Mann in Mekka. Und
als Mohamed die Handelskarawanen der Quraisch überfiel,
entschied sich Abū al-A'as, gegen seinen Schwiegervater zu
kämpfen; denn Mohamed bedrohte nun nicht nur den Zusammenhalt seiner Familie, sondern auch seine Geschäfte. Für
ihn wie für alle Händler in Mekka war die Karawanenstraße
die wichtigste Lebensader. In der Schlacht von Badr kämpfte
Abū al-A'as mit den Mekkanern gegen Mohamed. Nach der
Niederlage wurden zahlreiche Männer, darunter auch Abū
al-A'as, gefangen genommen. Die Mekkaner boten Mohamed

eine erhebliche Summe als Lösegeld, um die Kriegsgefangenen freizukaufen. Er ließ sich auf den Deal ein, nur zwei Gefangene schickte er in den Tod: al-Nadr Ibn al-Harith, einen
Dichter, der Mohamed in Mekka als Lügner bezeichnet hatte,
und dessen Freund, der damals gelacht hatte, als al-Harith die
Schmähung aussprach.

Zainab hatte sichergehen wollen, dass ihr Mann freikam, und
ihrem Vater zusätzlich eine wertvolle Kette geschickt, die sie
einst von ihrer Mutter Khadidscha zur Hochzeit bekommen
hatte. Als Mohamed die Kette sah, war er gerührt und erinnerte sich an seine liebevolle Frau, die auch in schweren Zeiten
immer zu ihm gehalten hatte. Er ließ Abū al-A'as holen, über-
gab ihm die Kette und ließ ihn ohne weitere Lösegeldzahlun-
gen frei. Allerdings stellte er eine Bedingung: Abū al-A'as
musste versprechen, Zainab sofort nach seiner Heimkehr
nach Medina zu schicken. Mohameds Empathiefähigkeit war
offenbar schwächer ausgeprägt als seine Eitelkeit. Er wollte
eine glückliche Familie trennen, weil es ihn kränkte, dass seine Tochter nicht auf seiner Seite stand. Obwohl er wusste,
dass Zainab erneut schwanger war, bestand er auf der Einhal-
tung des Versprechens.

Abū al-A'as ließ seine schwangere Frau schweren Herzens
ziehen. Auf dem Weg nach Medina wurde Zainabs Gruppe
von einigen Männern der Quraisch angegriffen; sie erlitt eine
Fehlgeburt und kehrte nach Mekka zurück, um sich von den
Strapazen zu erholen. Aber auch dieser Vorfall stimmte Mohamed nicht milder. Er beharrte darauf, dass sie sofort zu ihm
nach Medina kommen solle. Er schickte seine Soldaten aus,
um die Angreifer aufzuspüren, und gab ihnen den Befehl, sie
zu verbrennen. Doch dann änderte er sein Urteil plötzlich und
sagte: »Nur Allah darf Menschen mit dem Feuer quälen, es
reicht, wenn ihr ihnen Hände und Beine abschneidet.«[54] Die

Soldaten taten wie geheißen und geleiteten Zainab anschließend nach Medina.

Dort folgte ein weiteres trauriges Kapitel. Nachdem Zainab in
Medina angekommen war, forderte Mohamed, sie solle sich
von Abū al-A'as scheiden lassen, um einen muslimischen
Mann zu heiraten. Was diese ablehnte. Mittlerweile hatte Mohamed Medina und die Umgebung der Stadt unter Kontrolle.
Auch der Handelsweg nach Syrien war fest in seiner Hand. Er
ließ eine Karawane von Abū al-A'as überfallen und ihn gefangen nehmen. Ein Druckmittel, um seine Tochter auf den rechten Weg zu bringen. Zainab allerdings widersetzte sich ihrem
Vater erneut und erklärte, ihr Mann stünde unter ihrem Schutz.
Sie berief sich damit auf eine alte Tradition aus Mekka. Wenn
ein Fremder in die Stadt kam, konnte er den Schutz eines
Mekkaners beantragen. Und wenn ein Angehöriger des Stammes der Quraisch einem Fremden Schutz gewährte, durfte
dieser von niemandem angegriffen werden. Auch Frauen waren befugt, Fremde unter ihren Schutz zu stellen. Mit ihrer
Weigerung brüskierte Zainab ihren Vater aufs äußerste – auch
indem sie zeigte, dass ihre Liebe zu ihrem Mann größer war
als familiäre Bindungen und Traditionen. Mohamed konnte
nicht glauben, was seine Tochter zu ihm sagte. Er fragte die
Umstehenden: »Habt ihr gehört, was ich hörte?«

Der mächtigste Mann Arabiens drohte seine Autorität im
Kampf gegen die Tochter seiner geliebten Frau Khadidscha
zu verlieren, der einzigen Frau, die Mohamed je hatte zähmen
und kontrollieren können. Am Ende hatte er keine andere
Wahl, als Abū al-A'as frei- und mit seiner Tochter zurück
nach Mekka ziehen zu lassen. Selbst das erbeutete Karawa-
nengut gab er den beiden zurück.

Zwei Jahre später starb Zainab. Mohamed ließ in Medina ein
großes Begräbnis für sie organisieren. Al-Baladhiri berichtet,

Mohamed habe sie in einem Sarg beisetzen lassen – eine Methode, die man nur aus dem christlichen Abessinien kannte.[55] Das gibt ein weiteres Rätsel auf. War Zainab eine Christin? Lag darin der Grund, warum sie eine Scheidung konsequent verweigerte? Völlig abwegig ist diese Überlegung nicht. Es gibt durchaus Bezüge zu Christen. Abū al-A'as etwa war viel im christlichen Syrien unterwegs. Auch er war ein Verwandter des Mönchs Waraqa. Laut einigen Quellen soll dieser Mönch sogar die Zeremonie bei der Eheschließung von Mohamed und Khadidscha abgehalten haben. Und die Tatsache, dass Mohamed zu ihren Lebzeiten keine andere Frau geheiratet hat, obwohl sie viel älter war als er, legt Spekulationen in diese Richtung nahe.

Es wird erzählt, dass Abū al-A'as später den Islam angenommen habe. Al-Baladhiri wiederum berichtet, dass Zainabs Witwer es ablehnte, sich den Eroberungskriegen Mohameds anzuschließen. Das wäre ungewöhnlich, denn die Konversion zum Islam bedeutete zu diesem Zeitpunkt automatisch den Eintritt in die Armee.

Aischa: Das Kind, das Mohamed nie hatte sein können

Nach Khadidschas Tod radikalisierte sich Mohamed auf mehreren Ebenen. Er änderte seine gewaltfreie Haltung und fing an, Pläne zu schmieden, um gegen die Quraisch zu kämpfen und ihre Handelsgeschäfte zu stören. Auch in punkto Sexualität scheint bei ihm nach dem Tod Khadidschas ein Damm gebrochen zu sein. Einige Monate später heiratete er zwei Frauen, die nicht unterschiedlicher hätten sein können: Sauda und Aischa. Sauda war über siebzig, Aischa gerade einmal sechs Jahre alt. Sauda war kurz zuvor Witwe geworden, und Mohamed wollte ihre Versorgung durch eine Eheschließung sicherstellen. 25 Jahre lang war er selbst von einer Witwe versorgt worden, jetzt wollte er der Versorger sein.

Aischa war die Tochter seines Weggefährten und Förderers Abū Bakr. Die Ehe mit ihr sollte die Freundschaft zwischen den beiden Männern weiter festigen. Zugleich mochte er etwas an Aischa, was ihm keine andere erwachsene Frau geben konnte. Sie war ein unschuldiges Kind, fröhlich und aufgeweckt, gut behütet und geliebt von ihren Eltern. Sprich: all das, was Mohamed selbst in diesem Alter versagt worden war. Möglicherweise versuchte er durch die Ehe mit ihr dieses verlorene Stück Kindheit zurückzuholen. Er lud andere Kinder ins Haus ein, beobachtete sie beim Spielen und veranstaltete Laufwettbewerbe, an denen er selbst teilnahm.

Jahrhundertelang war das Heiraten von minderjährigen Frauen im Islam durch Mohameds Ehe mit Aischa legitimiert worden. Heute ist es vielen moderaten Muslimen eher peinlich, dass ihr Prophet eine Sechsjährige geheiratet hatte; deshalb suchen sie verzweifelt nach Erklärungen und Ausreden. Manche erinnern daran, dass er sie zwar ehelichte, als sie sechs Jahre alt war, aber den Liebesakt mit ihr erst drei Jahre später vollzogen hat.[56] Bei den Apologeten heißt es, damals seien selbst manche Neunjährige bereits frühreif und insofern heirats- und geschlechtsfähig gewesen. Dem lässt sich Folgendes entgegenhalten: Erstens bestätigte Aischa selbst, dass Mohamed sich ihr von Anfang an auch sexuell angenähert und fast alles mit ihr getan habe, außer sie zu penetrieren. Auch das ist Sex. Zweitens: Ein neunjähriges Mädchen ist ein neunjähriges Mädchen und damals wie heute ein Kind. Und es war damals keineswegs üblich, dass ein Mann eine Frau mit sechs oder auch erst mit neun heiratete. Wir kennen kein einziges Beispiel aus der Umgebung Mohameds, wo etwas annähernd Vergleichbares geschah. Mohameds eigene Töchter heirateten erst im Erwachsenenalter.

Andere Apologeten zweifeln die Richtigkeit von Aischas Alter an; sie gehen davon aus, dass der Prophet ein zutiefst moralischer Mensch war, der so etwas nie getan hätte. Dumm nur: Ihr Alter bei der Eheschließung gab Aischa selbst an, das belegen mehrere Erzählungen, die von allen islamischen Theologen in den letzten 1400 Jahren als vertrauenswürdig eingestuft wurden. Nun wollen einige Islamreformer des 21. Jahrhunderts davon plötzlich nichts mehr wissen. Sie wollen ihr vom Humanismus, der Moderne und von kritischem Denken geprägtes Weltbild auf den Propheten übertragen. Aber das kann nicht funktionieren. Denn Mohameds »Vergehen« war ja nicht nur, die Ehe mit einem minderjährigen Mädchen eingegangen zu sein, sondern die Art und Weise, wie er mit dem Thema Ehe und Sexualität insgesamt umging. Denn Mohameds Verhalten lässt sich nicht nur nach den Maßstäben des 21. Jahrhunderts kritisch bewerten; es stand auch schon zu seiner Zeit im Gegensatz zu den herrschenden Gepflogenheiten und Prinzipien. Dazu später mehr.

Aischa nahm in jedem Fall eine Sonderstellung unter den Frauen Mohameds ein – und sie war sich dessen auch bewusst. Sie war stolz darauf, die einzige gewesen zu sein, die Mohamed als Jungfrau geheiratet hatte. Sie beschrieb seine anderen Frauen als »Felder«, die vor ihrer Ehe mit dem Propheten bereits »besät« worden seien. Sie ist die Einzige unter seinen Frauen, die nach seinem Tod intime Details aus dem Sexleben des Propheten verriet. Zum Beispiel, dass Mohamed jede Nacht seine Frauen besuchte, sie küsste, umarmte und mit ihnen spielte, bevor er dann zu derjenigen ging, die an der Reihe war, mit ihm zu schlafen.[57]

Im Fastenmonat Ramadan ist es jedem Muslim untersagt, sich seiner Frau vor Sonnenuntergang sexuell zu nähern. Auch schreibt der Koran vor, dass die Frau während der Menstruation gänzlich zu meiden sei. Doch Aischa erzählt, dass Mohamed für sie eine Ausnahme machte, auch in Zeiten, in denen sie als »unrein« galt. Außerdem habe er sie während des Ramadan geküsst und »ihre Zunge gesaugt«.[58] Sie war auch die Einzige unter seinen Ehefrauen, die ihn Mohamed nannte, ohne den Titel »Prophet Gottes« hinzuzufügen. Sie fragte ihn einst sogar: »Glaubst du wirklich, dass du der Gesandte Gottes bist?« Als ihr Vater Abū Bakr davon erfuhr, gab er ihr eine Ohrfeige. Doch Mohamed hatte eine Schwäche für sie und ließ sie tun, was er keiner anderen Frau und auch keinem Mann gestattete.

Aischa soll zudem die Einzige unter seinen Frauen gewesen sein, die den Erzengel Gabriel sehen durfte. Sie sah ihn auf einem Pferd reitend, nachdem er sich mit dem Propheten unterhalten hatte. Als sie Mohamed fragte, wer dieser Mann war, war der Prophet überrascht; denn bis dahin hatte nur er Gabriel sehen dürfen. Nachdem Mohamed weitere Frauen geheiratet hatte, beschwerten sich diese, dass der Prophet Aischa stets bevorzuge. Mohamed antwortete: »Kränkt mich nicht in Bezug auf Aischa, denn die Offenbarung kommt zu mir niemals, wenn ich im Bett einer Frau bin, außer in Aischas Bett.«[59] Mohameds Liebe zu Aischa veränderte offenbar sogar die Natur des Erzengels Gabriel. Denn wir erinnern uns, dass Khadidscha den Engel nicht gesehen und dieser angeblich den Raum verlassen hatte, als sich Khadidscha auszog. Im Falle Aischas scheint das kein Problem gewesen zu sein. Trotz der großen Zuneigung zu Aischa heiratete Mohamed im

Schnitt fast alle sechs Monate eine weitere Frau. Hafsa war darunter, die Tochter seines Freundes Omar. Der Prophet mochte sie nicht besonders und hatte sie nur ihrem Vater zuliebe geehelicht. Besonders Zeinab bint Dschahsch und Mohameds ägyptische Sklavin Maria waren Aischa ein Dorn im Auge. Sie war krankhaft eifersüchtig und schmiedete schließlich eine Allianz mit anderen Ehefrauen Mohameds – darunter Hafsa – gegen die beiden ausnehmend schönen Konkurrentinnen. Im Hause des Propheten war das Klima vergiftet, Intrigen bestimmten den Alltag der Frauen.

Safiyya: Die kriegsgefangene Jüdin

Mohamed konsumierte Frauen wie ein durstiger Mann, der Salzwasser trinkt. Je mehr er trank, desto durstiger wurde er. Die Kriege, die er führte, eröffneten ihm und seinen Kämpfern neue Wege, um an Frauen heranzukommen. Frauen besiegter Stämme gehörten zur Kriegsbeute. Einmal motivierte Mohamed seine Soldaten für den Kampf, indem er sagte: »Erobert Tabūk [eine nordarabische Stadt unter byzantinischer Kontrolle], dann kriegt ihr die Mädchen von Byzanz.« Die schönen Frauen behielten die Kämpfer als Belohnung für sich, die weniger attraktiven wurden als Sklavinnen weiterverkauft. Obwohl es einem Muslim nicht erlaubt war, eine fremde Frau zu berühren, war es ihm gleichwohl gestattet, den Körper einer Sklavin inklusive der Brüste anzufassen, um festzustellen, ob alles an ihr »in Ordnung« war, bevor er sie kaufte.

Nach dem Sieg Mohameds gegen die Mekkaner in der Schlacht von Badr begann er mit der Vertreibung der jüdischen Stämme

aus Medina. Er ließ alle Männer der Quraiza köpfen und nahm
Frauen und Kinder des Stammes gefangen. Die letzten Juden
hatten sich in der Festung Khaibar verschanzt. Mohamed belagerte die Festung, bis die Widerständler sich ergaben. Einer
seiner Soldaten bat den Propheten um die Erlaubnis, eine der
Gefangenen als Sexsklavin zu nehmen. Er hatte sich eine schöne Frau namens Safiyya ausgesucht. Doch als ein Gefährte
Mohameds dem Propheten mitteilte, dass es sich bei Safiyya
um die Tochter des jüdischen Stammesführers Huiayy handelte, beschloss Mohamed, Safiyya gehöre ihm. Am gleichen Tag,
an dem er ihren frisch angetrauten Ehemann, ihren Bruder und
weitere Verwandte köpfen ließ, vergewaltigte er Safiyya in
einem Zelt. Als Mohamed am nächsten Tag heraustrat, sah er
einen seiner Gefährten vor dem Zelt Wache halten. Er fragte
ihn, was er da tue. Der Wächter antwortete: »Ich hatte Angst
um dich, Gesandter Gottes, vor dieser Frau, immerhin hast du
ihren Mann, ihren Vater und ihr Volk getötet!«[60]
In islamischen Quellen heißt es, Mohamed habe Safiyya noch
an jenem Tag geheiratet, nachdem sie freiwillig zum Islam
konvertiert sei. Es ist kaum vorstellbar, dass Safiyya den
Schock über den Verlust ihres Mannes, ihres Bruders und
anderer Verwandter sofort überwinden und noch am gleichen
Tag Gefallen am Glauben Mohameds finden konnte. Außerdem gehört zur Institution der Ehe, wie die Araber sie in vorislamischer Zeit praktiziert haben und es auch die Muslime
seit dem Islam tun, die *khutba;* eine Phase der Verlobung,
während deren die Familien des Mannes und der Frau der
Beziehung ihren Segen geben müssen. Außerdem durfte eine
Witwe erst nach einer Karenzzeit von vier Monaten eine neue
Ehe eingehen. All das ließ Mohamed im Falle von Sklavinnen
und kriegsgefangenen Frauen nicht gelten.
Frauen als Kriegsbeute zu nehmen war keineswegs eine

Erfindung des Propheten. Schon vor Mohamed verkauften die Araber erbeutete Frauen als Sklavinnen und machten sie zu ihren Geliebten. Aber Mohamed überhöhte dieses Prinzip und machte es zum Bestandteil der Strategie des Dschihad. Denn nicht nur die Männer einer feindlichen Armee sollten vernichtet werden, auch die Gebärmütter ihrer Frauen sollten »erobert« werden. Dabei ging es nicht nur um den »Genuss« des muslimischen Eroberers oder um eine weitere Erniedrigung des Feindes, sondern um die Fortpflanzung des Islam im wahrsten Sinne des Wortes. Der notfalls mit Gewalt erzwungene Geschlechtsakt wird mythisch überhöht und legitimiert – auch der Feind trägt nun dazu bei, die Gefolgschaft zu vergrößern.

In der modernen Welt gilt diese Praxis längst als Kriegsverbrechen, nur militante Islamisten betrachten diesen sexuellen Dschihad nach wie vor als »gute islamische Tradition«. Eine ungläubige Frau zu vergewaltigen und dabei möglicherweise noch zu schwängern, gilt ihnen als Kampf für die Sache Allahs. Moderate Muslime haben dagegen Probleme mit solchen Episoden aus dem Leben des Propheten. Gleichwohl versuchen sie, eine Ausrede für Mohameds Umgang mit Safiyya zu finden. Die gängigste (und faulste) lautet wohl: »Das war in der damaligen Zeit eben üblich.« Nur: Wenn Mohamed dieses barbarische Vorgehen aus vorislamischer Zeit nicht abschaffte und im Gegenteil noch forcierte – wie kann er den meisten Muslimen heute als moralisches Vorbild dienen? Kommt ein Prophet, um die Gesellschaft zu revolutionieren oder um vorhandene Bräuche nur mit einem Heiligenschein zu versehen?

Zeinab bint Dschahsch:
Von der Schwiegertochter
zur Ehefrau des Propheten

Sogar vor der Frau seines Adoptivsohns Zaid machte Mohamed nicht halt. Als er eines Tages seinem Adoptivsohn
einen Besuch abstatten wollte, war dessen Frau Zeinab bint
Dschahsch allein zu Hause. Sie öffnete Mohamed die Tür,
ohne ihren Körper ausreichend bedeckt zu haben. Mohamed
sah sie und war entzückt. Zeinab war seine Cousine, und er
hatte sie gegen den Willen ihrer Familie mit seinem Adoptivsohn Zaid – einem ehemaligen Sklaven – verheiratet. Erst ein
Vers aus dem Koran hatte ihre Eltern zum Einlenken bewegt.[61]
Darin heißt es: »Und es ziemt sich nicht für einen gläubigen
Mann oder eine gläubige Frau, dass sie – wenn Allah und Sein
Gesandter eine Angelegenheit beschlossen haben – eine andere Wahl in ihrer Angelegenheit treffen. Und der, der Allah und
Seinem Gesandten nicht gehorcht, geht wahrlich in offenkun-
diger Weise irre.« Zeinabs Ehe mit Zaid kam also durch einen
direkten Befehl Allahs zustande. Und das, was Allah zusammengefügt hat, darf der Mensch nicht scheiden. Es sei denn,
dieser Mensch ist der Prophet selbst, dann kann Allah ihm
zuliebe gerne seine Meinung ändern. Zaid musste sich von
seiner Frau scheiden lassen, damit der Prophet sie heiraten
konnte.

Das islamische Narrativ versucht, auch die Ehe Mohameds
mit Zeinab als Befolgen eines göttlichen Befehls zu inter-
pretieren. Es heißt, Zeinab habe dem Propheten sehr gefallen,
doch der habe seine Gefühle für sich behalten. Mit einem Mal
aber habe Zaid eine Abneigung gegenüber seiner schönen
Frau verspürt und beschlossen, sich von ihr zu trennen. Erst
dann habe der Prophet sich als potenzieller nächster Freier zu

erkennen gegeben. Zaid selbst habe Zeinab die Heiratsabsichten Mohameds mitgeteilt.

Hier wird deutlich, wie widersprüchlich die Moral des Propheten war. Den eigenen Ehefrauen verbot Mohamed eine erneute Heirat, selbst nach seinem Tod hatten sie allein zu bleiben. Er selbst fand nichts Verwerfliches daran, die Frau seines Sohnes zu heiraten, obwohl dieser noch am Leben war. Zeinab wiederum stellte eine Bedingung für die Eheschließung mit dem Propheten: Die Zustimmung sollte von Allah höchstpersönlich kommen. Zeinab muss für Allah eine ganz besondere Frau gewesen sein, denn bereits für ihre erste Ehe wurde ein Vers des Koran offenbart, für ihre Scheidung ebenfalls und nun auch noch für ihre Ehe mit Mohamed. Bei Tarikh al-Tabari lesen wir: »Während der Gesandte Gottes mit Aischa redete, kam die Offenbarung, er lächelte dabei und sagte: ›Wer geht zu Zeinab, um ihr die frohe Botschaft zu übermitteln? Allah hat sie mit mir verheiratet.‹«[62] Sogar Zeinabs Ex-Mann Zaid wird im Koran namentlich genannt, um keine Missverständnisse aufkommen zu lassen: »Und du verbargst das, was du in dir hegtest, das, was Allah ans Licht bringen wollte, und du fürchtetest die Menschen, während Allah es ist, den du in Wirklichkeit fürchten sollst. Dann aber, als Zaid seine eheliche Beziehung mit ihr beendet hatte, verbanden wir sie ehelich mit dir, damit die Gläubigen in Bezug auf die Frauen ihrer angenommenen Söhne nicht in Verlegenheit gebracht würden, wenn diese ihre ehelichen Beziehungen mit ihnen beendet haben. Und Allahs Befehl muss vollzogen werden«, heißt es in Sure 33 : 37. Die theologische Rechtfertigung für diese Ehe lautet also: Mohamed sollte Zeinab heiraten, damit Muslime zukünftig die Frauen ihrer Adoptivkinder heiraten dürfen.

Merkwürdig ist auch: Alle Berichte über Mohameds Zustand,

während er Offenbarungen empfing, bestätigen, dass er dabei depressiv wirkte, zitterte und schwitzte. Nur bei jener Offenbarung, durch die die Ehe mit Zeinab legitimiert wurde, wirkte er fröhlich. Zeinab war unter Mohameds Frauen immer stolz darauf, dass bei ihren beiden Ehen Allah sozusagen der Heiratsvermittler war. Das wiederum kränkte Aischa sehr. Und nicht nur das. Mohamed wusste, dass es viele schöne gläubige Frauen gab, vor allem aus seiner Verwandtschaft, die sich gerne mit ihm einlassen würden, davor aber aus Scham oder aus Rücksicht auf Mohameds andere Frauen zurückschreckten. Wie gut, dass hier Sure 33:50 Abhilfe schaffen konnte: »O Prophet, Wir erlaubten dir deine Gattinnen, denen du ihre Brautgabe gegeben hast, und jene, die du von Rechts wegen aus [der Zahl] derer besitzt, die Allah dir als Kriegsbeute gegeben hat, und die Töchter deines Vaterbruders und die Töchter deiner Vaterschwestern und die Töchter deines Mutterbruders und die Töchter deiner Mutterschwestern, die mit dir ausgewandert sind, und jedwede gläubige Frau, die sich dem Propheten schenkt, vorausgesetzt, dass der Prophet sie zu heiraten wünscht; [dies gilt] nur für dich und nicht für die Gläubigen.«

Als Aischa von dieser Offenbarung erfuhr, sagte sie zu Mohamed: »Ich sehe, dass dein Gott dir in deinen Gelüsten vorauseilt.«[63] Laut Aischa liebte Mohamed drei Dinge: Essen, Frauen und Parfüm.[64] Und selbst die Juden von Medina fragten: Was ist das für ein Prophet, der nur an Essen und Frauen denkt?[65]

Mohamed musste einen Scharia-Grundsatz für seine Ehe mit seiner Schwiegertochter Zeinab verändern. Bis dahin war es nicht erlaubt, eine Frau zu heiraten, die mit dem eigenen Sohn verheiratet war. Ein Adoptivsohn galt als vollwertiges Familienmitglied und durfte den Namen seines Adoptivvaters tragen. Zaid galt als Sohn Mohameds und hieß bis zu seiner Scheidung von Zeinab »Zaid Ibn Mohamed«. Der Prophet musste eine Regelung rückgängig machen, die er aus vorislamischer Zeit übernommen hatte, nach der die Adoption von Kindern rechtmäßig war. Der Koran bestätigte mit einem Vers, dass eine solche Adoption nun verboten ist (Sure 33:4–5). Zaid musste den Namen seines Adoptivvaters aufgeben, damit Mohamed Zeinab heiraten konnte. Man könnte meinen, Mohamed habe Verse wie diesen selbst verfasst, um sich Vorteile zu verschaffen. Ich dagegen bin der Meinung, er glaubte wirklich, dass Gott zu ihm sprach. Die Offenbarung war für ihn wie ein Versteck, in dem das Kind in Mohamed Zuflucht suchen konnte, ein Ort, an dem er die Verantwortung für sein Handeln nicht selbst übernehmen musste. Die Offenbarung ist ein Spiegel seiner Ängste, Wünsche und Schuldgefühle. Ein späteres Kapitel dieses Buches widmet sich diesem Thema genauer.

Schuldgefühle hat jeder. Manchmal signalisieren sie uns, dass wir uns entgegen dem Wertesystem, an dem wir unser Denken und Handeln orientieren, verhalten haben. Schuldgefühle können aber nicht nur ein gesundes Warnsignal sein, sondern auch krankhaft. Wenn ein Mann keine Schuldgefühle empfindet, nachdem er einen ganzen wehrlosen Stamm enthaupten ließ, aber Gewissensbisse bekommt, weil ihn eine seiner Ehefrauen mit einer anderen im Bett erwischt, dann hat das etwas Pathologisches.

Mohamed beispielsweise nutzte jede Gelegenheit, um mit seiner neuen Sklavin Maria allein zu sein. Seine Frauen Aischa und Hafsa beschwerten sich bei ihren Vätern darüber. Die beiden Männer sprachen mit dem Propheten und baten ihn, seine Zeit und Gunst unter den Frauen gerechter zu verteilen. Eine Mahnung, die offenbar wenig gebracht hat. Einmal sah Mohamed Maria in der Nähe von Hafsas Zimmer und war sofort in Leidenschaft entbrannt. Er wollte keine Zeit verlieren, öffnete die Tür zu Hafsas Zimmer und schlief dort mit Maria. Hafsa überraschte die beiden beim Liebesakt. Mohamed sprang auf und flehte Hafsa an, niemandem, vor allem Aischa nicht, etwas davon zu erzählen. Hafsa versprach ihm, das Geheimnis zu hüten, wenn er bei Allah schwöre, Maria nie wieder zu berühren. Mohamed hatte keine andere Wahl und leistete den Schwur. Hafsa jedoch brach ihr Versprechen und teilte Aischa mit, was geschehen war. Es kam zu einem großen Streit. Eine ganze Sure aus dem Koran wurde offenbart, damit Mohamed wieder mit Maria schlafen konnte: »O Prophet! Warum verbietest du das, was Allah dir erlaubt hat, um nach der Zufriedenheit deiner Frauen zu trachten? Und Allah ist allvergebend, barmherzig«, heißt es in Sure 66:1. Der nächste Vers entbindet Mohamed von seinem Schwur: »Wahrlich, Allah hat für euch die Lösung eurer Eide angeordnet, und Allah ist euer Beschützer; und Er ist der Allwissende, der Allweise.« Der mächtige Mohamed brauchte einmal mehr Unterstützung von ganz oben, um sich gegen seine Frauen durchzusetzen: »Wenn ihr beide [Frauen des Propheten] euch Allah reumütig zuwendet, so sind eure Herzen bereits [dazu] geneigt. Doch wenn ihr euch gegenseitig gegen ihn unterstützt, wahrlich, dann ist Allah sein Beschützer; und Gabriel und die Rechtschaffenen unter den Gläubigen [sind ebenso seine Beschützer]; und außerdem sind die Engel [seine] Helfer.«[66]

Allah droht im Koran Mohameds Frauen, sollten sie dem Propheten nicht gehorchen, würde er sie von ihm scheiden und ihn bessere Frauen heiraten lassen: »Vielleicht wird sein Herr ihm, wenn er sich von euch scheidet, an eurer Stelle bessere Frauen als euch geben, muslimische, gläubige, gehorsame, reuige, fromme, fastende [Frauen], Thaiyibat [einst Verheiratete] und Jungfrauen«, steht in Sure 66:5. In Vers 10 dieser Sure werden den Frauen sogar Höllenqualen angedroht; Allah erinnert sie an die Frauen von Noah und Lot, die zwar mit Propheten verheiratet waren und dennoch in der Hölle landeten, weil sie ihren Männern untreu waren. Es ist bemerkenswert, welche schweren Geschütze Mohamed auffuhr, um seine Frauen zu disziplinieren.

Prophetendämmerung: Mohameds Eifersucht

Das Thema Untreue wird später ein großes Thema in der Beziehung Mohameds zu seinen Frauen. Zwei seiner Ehefrauen wurden des Ehebruchs bezichtigt, was den Propheten sehr kränkte. Auch da brauchte er den Koran, um seinen Schmerz zu verarbeiten. Und weil das Leben manchmal gerecht ist, wurde auch Mohameds Eifersucht auf die Probe gestellt. Einmal kam er nach Hause und sah einen jungen Mann namens Talha das Zimmer Aischas verlassen. Der Prophet wurde wütend, denn dieser Talha hatte einmal verkündet, er wolle Aischa nach dem Tode des Propheten heiraten.[67] Wie bestellt kam ein Vers aus dem Koran, der Mohameds Gefährten verbot, sein Haus ohne seine Erlaubnis zu betreten. Falls die Gefährten mit den Frauen des Propheten sprechen wollten, mussten sie durch eine Wand voneinander getrennt sein. In der zweiten Hälfte des Koranverses wird den Frauen Mohameds verboten, nach seinem Tod zu heiraten (Sure 33:53). Später in dieser Sure wird ihnen die Vollverschleierung befohlen, sobald sie das Haus verlassen (Sure 33:59).
Talha heiratete später eine Schwester von Aischa und bekam

von ihr eine Tochter, die er Aischa nannte. Talha war extrem vermögend und schickte Aischa nach dem Tod des Propheten jährlich 10 000 Dinar.[68] Nach der Ermordung des dritten Kalifen ʾUthmān setzte sich Aischa für Talha als neuen Kalifen ein. Nachdem Ali die Macht an sich gerissen hatte, verbündete sie sich mit Talha und führte Krieg gegen Ali. Dieser innerislamische Bürgerkrieg kostete 20 000 Muslime das Leben. Unter den Toten war auch Talha, der sich schützend vor Aischa geworfen hatte und von einem Pfeil getroffen wurde.[69] Wenn Mohamed in den Krieg zog, nahm er manchmal eine seiner Frauen mit. Die Entscheidung wurde immer per Los getroffen. Einmal war das Los auf Aischa gefallen. Nach dem Feldzug war sie eines Nachts plötzlich verschwunden. Am nächsten Morgen wurde sie im Kamelzelt eines anderen Mannes gesehen. Noch bevor der siegreiche Prophet Medina wieder erreicht hatte, war diese Geschichte in der Stadt Gesprächsthema Nummer eins. Mohamed war sehr gekränkt und weinte tagelang. Aischa wies jede Schuld von sich. Sie sei nur zum Austreten gegangen, habe sich im Zelt geirrt und sei dort sofort eingeschlafen. Mohamed hätte seiner Frau gerne geglaubt, doch nach der Episode mit Talha war er verunsichert. Er ging inzwischen auf die Sechzig zu, und Aischa war noch ein Teenager. Sein Cousin Ali empfahl ihm, seine untreue Frau zu verstoßen. Mohamed war hin- und hergerissen. Noch nie war er auf die Offenbarung so angewiesen wie diesmal. Aber der gute Gabriel ließ lange auf sich warten. Mehrere Wochen sollten vergehen, bis Gott die Beweislage untersucht hatte und zu einem Urteil gekommen war. Der Koran bestätigte Aischas Version der Geschichte. Die Frau des Propheten ist treu gewesen, nur einige Ungläubige aus Medina hätten die Mär in die Welt gesetzt, um den Propheten zu beleidigen. Das Ganze hatte aber fatale Konsequenzen, die bis heute nachwirken. Mohamed kontrollierte seine Frauen fortan noch strenger und schränkte ihre Bewegungsfreiheit weiter ein. Nicht nur die Regel der Vollverschleierung wurde konsequent durchgesetzt, auch neue Gesetze zur Bekämpfung von Ehebruch wurden eingeführt: Wer Unzucht trieb, wurde mit hundert Peitschenhieben bestraft. Diese Strafe galt für Unverheiratete, Frauen wie Männer. Wer Ehebruch beging, wurde zu Tode gesteinigt. Gleichzeitig wartete der Koran mit einer neuen Regel auf, die Gerüchten das Wasser abgraben sollte. Niemand durfte einer verheirateten Frau Ehebruch vorwerfen, ohne vier Zeugen zu präsentieren, die den Geschlechtsakt gesehen haben. Erst dann durfte die Strafe der Steinigung vollstreckt werden. Wer den Vorwurf des Ehebruchs ohne Zeugen erhob, wurde mit achtzig Peitschenhieben bestraft und galt fortan generell als unglaubwürdig. Doch ein Stammesführer aus Medina protestierte gegen diese Regel: »Wenn ich meine Frau mit einem Mann im Bett erwische, will ich die beiden nicht ungestört lassen, bis ich vier Zeugen gefunden habe.« Allah fand das Argument des edlen Mannes einleuchtend und machte ein Zugeständnis: Ein Ehemann darf seine Frau, ohne weitere Zeugen zu benennen, des Ehebruchs bezichtigen, muss aber bei Allah viermal schwören, sie beim Geschlechtsakt gesehen zu haben. Die vermeintliche Ehebrecherin konnte der Steinigung entgehen, indem sie bei Allah viermal schwor, keinen Sex mit einem fremden Mann gehabt zu haben. In jedem Fall mussten die Eheleute nach Ablegen des Schwurs geschieden werden.

Die Suren des Koran aus medinischer Zeit beschäftigen sich häufig mit solchen Fragen, es geht um Richtlinien für die Gläubigen und um Kompromisse. Viele dieser Regeln entstanden aufgrund konkreter Fälle, waren eher aus der Not geboren, nicht zwingend aus moralischen Überzeugungen.

Aber da Muslime jedes Wort im Koran als die direkte Botschaft Gottes an die Menschheit werten, werden aus diesen
Notlösungen – gemacht für die damalige Zeit – unveränder-
bare, unverhandelbare Gesetze Gottes, die für alle Zeiten Gel-
tung haben. Auch deshalb werden Frauen im Irak, in Syrien
und Nigeria bis heute als Kriegsbeute missbraucht und leiden
heute fast überall in der islamischen Welt unter massiven Einschränkungen ihrer Freiheit und unter physischer Gewalt bis
hin zur Steinigung.

Mohamed: Der ungerechte Richter

Drei Jahre später wiederholte sich die leidige Geschichte mit
der Untreue seiner Frauen noch einmal. Mohamed lebte
bereits mit neun Frauen und mehreren Sklavinnen in einem
Haushalt. Er soll täglich mit ihnen Geschlechtsverkehr gehabt
haben, doch keine von ihnen hatte ihm je ein Kind geboren.
Wie konnte es sein, dass der Prophet, der angeblich die Po-
tenz von dreißig Männern besaß, keine einzige seiner vielen
schönen Frauen schwängern konnte? An den Frauen konnte
es kaum liegen, einige von ihnen hatten bereits Kinder aus
früheren Ehen. Als Mohameds Sklavin Maria dann überraschend schwanger wurde, reagierten seine anderen Frauen
mit Eifersucht. Besonders Aischa fürchtete um ihre Sonderstellung. Obwohl sie selbst drei Jahre zuvor noch unter den
Gerüchten über ihre mangelnde Treue gelitten hatte, beschul-
digte sie nun Maria, mit einem ägyptischen Sklaven Sex
gehabt zu haben. Nicht Mohamed sei der Vater ihres Kindes,
sondern jener Ägypter. Als sie Mohamed davon berichtete,
ordnete er den Tod des Sklaven an. Doch kurz vor der Voll-

streckung soll der Henker (Mohameds Cousin Ali) festgestellt haben, dass der Sklave kastriert war.[70]

An dieser Geschichte wird einmal mehr deutlich, dass der Prophet mit zweierlei Maß maß. Er hatte ein Todesurteil gegen einen Mann verhängt, ohne einen einzigen Beweis für dessen Schuld gehabt zu haben. Er hatte die Anschuldigungen Aischas für bare Münze genommen, ohne jene vier Zeugen gehört zu haben, die die Richtigkeit ihrer Aussage hätten bestätigen müssen. Das Leben des Sklaven wurde nur durch einen Zufall gerettet. Und als Aischas Lüge aufgeflogen war, wurde sie nicht etwa ausgepeitscht, wie es der Koran fordert. Aischas Aussagen über das Leben des Propheten wurden nach dem Tod Mohameds nicht nur als gesichert akzeptiert, sondern bilden neben dem Koran den Kern der islamischen Gesetzgebung. Bis heute wird Aischa von sunnitischen Muslimen als »die Mutter der Gläubigen« verehrt. Der Koran wurde damals offenbart, um Aischa vom Vorwurf der Untreue zu reinigen. Aber keine Verse wurden offenbart, um Marias Ehre wiederherzustellen. Was daran lag, dass Maria eine Sklavin war. Die Regel, dass vier Zeugen vorsprechen mussten, galt nur für freie Frauen. Ebenso wie die der Verschleierung. Sklavinnen durften erst gar kein Kopftuch tragen, damit sie sich auf der Straße von den freien Frauen unterschieden. Während nach islamischem Recht freie Frauen dazu verpflichtet sind, den ganzen Körper mit Ausnahme von Gesicht und Händen zu bedecken, müssen Sklavinnen lediglich den Bereich zwischen Brust und Knie verhüllen. Das zeigt, dass diese Scharia-Regeln weniger mit Moral und Schutz vor Verführung zu tun haben, sondern eher dem Erhalt eines patriarchalen Kastensystems dienen, das schon vor Mohamed in Altarabien existierte.

Sex, Ehe und die Stellung der Frau:
Was hat Mohamed wirklich verändert?

Viele muslimische Theologen sind der Meinung, arabische Frauen in vorislamischer Zeit hätten gar keine Rechte gehabt. Erst Mohamed habe ihren Status verbessert und damit die Verhältnisse geradezu revolutioniert. So wird zum Beispiel behauptet, dass Frauen nicht erbberechtigt gewesen seien und nach dem Tod ihrer Männer oder Väter wie Gegenstände an männliche Verwandte »vererbt« worden seien. Mohamed soll das Erbrecht für Frauen eingeführt haben, so dass sie fortan die Hälfte dessen zugesprochen bekamen, was einem männlichen Erben zustand. Ebenfalls wird behauptet, dass Frauen in vorislamischer Zeit nicht das Recht gehabt hätten, bei der Wahl ihres Zukünftigen ein Wörtchen mitzureden. Erst mit dem Islam habe sich das geändert; seitdem gelte die Zustimmung der Frau als Voraussetzung für eine Eheschließung.

Doch Beispiele aus dem Leben Mohameds selbst belegen das Gegenteil. In seiner Biographie wird seine erste Frau Khadidscha als reiche Erbin beschrieben, die eine Zeitlang alleine lebte und als Witwe die Handelsgeschäfte ihres verstorbenen Mannes weiterführte. Und noch in vorislamischer Zeit wurde sie Mohameds Arbeitgeberin. Khadidscha hat sich ihren dritten Mann aktiv ausgesucht und sich mit ihrer Entscheidung auch gegen ihren Vater durchgesetzt.

Der zweite Beleg stammt sogar aus noch früherer Zeit und bezieht sich auf die Ehe von Mohameds Großvater Hashim mit einer Frau aus Yathrib. Diese hatte es abgelehnt, ihrem Mann in seine Heimatstadt Mekka zu folgen, und war bei ihrer Familie geblieben, an jenem Ort, an dem sie auch das gemeinsame Kind Abd al-Muttalib geboren hatte. Vor dem Islam hatten sowohl der Mann als auch die Frau das Recht, sich scheiden zu lassen. Mit dem Islam wurden die Rechte der Frauen beschnitten. Seitdem ist das Scheidungsrecht einzig dem Mann vorbehalten. Ein ähnlicher Rückschritt wurde bei der Sexualität vollzogen. Früher war es der Frau erlaubt, nicht nur in der Ehe Sex zu haben, sondern auch in einer unehelichen Beziehung. Mit dem Koran wurde dies unterbunden. Kritiker dieser Sichtweise verweisen in diesem Zusammenhang gerne auf die vermeintlich altarabische Tradition des Ehrenmordes. Zwar gab es in vorislamischer Zeit Fälle, bei denen eine Frau wegen Ehebruchs getötet wurde. Doch dies waren Fälle, bei denen sich die Frau mit einem Mann aus einem fremden Stamm eingelassen hatte, was die Identität des eigenen Stammes gefährdete. Es war eher eine ökonomische als eine moralische Frage. Innerhalb des eigenen Stammes oder Clans war es keine Seltenheit, dass eine Frau Beziehungen zu mehreren Männern unterhielt. Es gab etliche Formen der Ehe und des Zusammenlebens in Altarabien, einer Zeit, in der sowohl Männer als auch Frauen ihre Sexualität so freizügig ausleben konnten wie seitdem nie wieder. Einige Beispiele:

Die reguläre Ehe

Ein Mann aus einem bestimmten Stamm hält um die Hand einer Frau aus seinem oder aus einem verwandten Stamm an. Die zukünftige Braut, deren Vater und das Stammesoberhaupt müssen der Verbindung zustimmen. Wenn das Brautgeld ausgehandelt ist, folgt eine Zeit der Verlobung, in der Keuschheit zu wahren ist. Erst nach der Hochzeit wird die Ehe auch körperlich vollzogen. Sowohl der Mann als auch die Frau haben das Recht, die Scheidung zu verlangen. Diese Form der Ehe

hat der Islam übernommen, bis auf die bereits erwähnte Ver-
lagerung des Scheidungsrechts auf den Mann.

Ehe mit einer Kriegsgefangenen/Sklavin

In Altarabien konnte ein Mann eine Kriegsgefangene ohne
Brautgeld, ohne die Zustimmung ihres Vaters und ohne Ver-
lobungsphase heiraten. Die Veränderung ihres Status von der
Sklavin zur Ehefrau war sozusagen ihre Brautgabe. Um mit
einer Sklavin Sex zu haben, musste ein Mann sie indes nicht
heiraten. Es war nicht einmal ihre Einwilligung nötig, er
konnte sie zum Geschlechtsverkehr zwingen. Sollte ein Kind
aus einer solchen unehelichen Beziehung hervorgehen, erhielt
die Mutter den Status einer *amah* – eine Zwischenform zwischen Sklavin und freier Frau. Mohamed hat Form und Bedingungen dieser Ehe übernommen und dies mit seiner Frau
Safiyya gelebt. Bis jetzt sehen wir also keinerlei Errungenschaften.

Polygamie

Vor dem Islam war es Männern erlaubt, Ehen mit mehreren
Frauen einzugehen. Eine Höchstzahl war nicht festgelegt, die
Anzahl hing von den finanziellen Mitteln des Mannes ab.
Auch Mohamed erlaubte die Vielehe, begrenzte allerdings die
Zahl der Ehefrauen, die ein Mann gleichzeitig haben durfte,
auf vier. Im Koran wird zudem zur Bedingung gemacht, dass
ein Mann alle seine Frauen gleich behandeln muss. In Sure 4,
Vers 3 heißt es: »Und wenn ihr fürchtet, nicht gerecht gegen
die Waisen zu sein, so heiratet, was euch an Frauen gut an-

steht, zwei, drei oder vier; und wenn ihr fürchtet, nicht billig zu sein, [heiratet] eine oder was im Besitz eurer rechten [Hand ist]. So könnt ihr am ehesten Ungerechtigkeit vermeiden.« Mit der Formulierung »was im Besitz eurer rechten Hand ist« sind Sklavinnen gemeint.

In der gleichen Sure allerdings wird den Gläubigen eine Warnung mit auf den Weg gegeben: »Und ihr könnt zwischen den Frauen keine Gerechtigkeit üben, so sehr ihr es auch wünschen möget. Aber neigt euch nicht gänzlich [einer] zu, so dass ihr die andere gleichsam in der Schwebe lasset.«[71]

Diese Verse spiegeln einen inneren Konflikt Mohameds. Sie wurden ihm offenbart, als er mit neun Frauen verheiratet war. Warum schrieb er den Gläubigen eine Höchstzahl von vier Frauen vor, an die er sich selbst nicht hielt? Der Koran legt gläubigen Männern sogar nahe, nur eine zu heiraten. War Mohamed von seinen vielen Frauen überfordert? Er bemühte sich zwar, seine Gunst gerecht zu verteilen, und schlief jede Nacht in einem anderen Bett, doch musste er sich immer wieder Kritik anhören. Dass er die eine oder andere bevorzuge, vor allem Aischa und die Sklavin Maria. Dazu kamen die Intrigen der Frauen untereinander, Gerüchte über ihre Untreue und dergleichen mehr. Der Koran spiegelt möglicherweise sein Hadern damit, so viele Ehen geschlossen zu haben. Gleichwohl hinderte ihn sein Besitzdenken daran, die eine oder andere seiner Ehen rückgängig zu machen. Oder reklamierte er nur für sich eine Sonderstellung, die ihn über die Gläubigen erhob? Was die Begrenzung auf vier Ehefrauen anging, handelte er jedenfalls keineswegs nachvollziehbar. Als sein Schwiegersohn Ali eine zweite Frau neben Mohameds Tochter Fatima heiraten wollte, lehnte der Prophet dies ab, ohne einen religiösen Grund dafür zu nennen.

Die Genussehe

In Altarabien war noch eine andere Form der Ehe üblich: Ein Mann schloss mit einer Frau für eine begrenzte Zeit einen Ehevertrag, nur um mit ihr schlafen zu können. Dafür bezahlte er ihr eine vorher ausgehandelte Summe Geld. Eine Zustimmung seitens ihres Vaters musste die Frau dafür nicht einholen. Auch diese sogenannte Genussehe hat Mohamed übernommen, wie Sure 4:24 zeigt: »Was darüber hinausgeht, ist euch erlaubt, [nämlich] dass ihr euch als ehrbare Männer, nicht um Unzucht zu treiben, mit eurem Vermögen [sonstige Frauen zu verschaffen] sucht. Wenn ihr dann welche von ihnen genossen habt, dann gebt ihnen ihren Lohn als Pflichtteil! Es liegt für euch keine Sünde darin, wenn ihr, nachdem der Pflichtteil festgelegt ist, ein gegenseitiges Übereinkommen trefft. Allah weiß Bescheid und ist weise.«[72]
Nachdem Mohamed die Zahl der zulässigen Ehefrauen auf vier reduziert und seinen Anhängern außerehelichen Sex verboten hatte (ein Fehltritt wurde nun mit Auspeitschen bzw. Steinigung bestraft), erlaubte er ihnen die Genussehe. Weil er die Natur des Mannes kannte? Weil er selbst Frauen so sehr begehrte, dass er nach einem Weg suchte, die Beschränkung mit einem geschickten Winkelzug gleich wieder auszuhebeln?
Nach dem Tod Mohameds war die Genussehe unter Kalif Omar eine Zeitlang verboten; Omar hatte die Gefahr gesehen, dass Männer lieber diese kurzfristigen Ehen eingingen, die sich langsam in Richtung Prostitution entwickelten. Noch heute steht der Vorwurf im Raum, bei der Genussehe handele es sich zumindest um verdeckte Prostitution. Die Parameter stimmen: begrenzte Zeit, festgelegter Preis, Sex. Je nach Auslegung verschiedener Rechtsgelehrter kann die Genussehe für

die Dauer von einer Stunde bis zu 99 Jahren (gültig nur im Diesseits) eingegangen werden.

Im sunnitischen Islam ist die Genussehe bis heute verboten. Bei den Schiiten ist sie immer noch erlaubt. Im Reich der Mullahs wird eine Frau gesteinigt, wenn sie außerhalb der Ehe Sex mit einem Mann hat, den sie liebt. Aber es ist ihr erlaubt, jede Woche gegen Geld einen Mann zu befriedigen, solange dies im Rahmen der schiitischen *sighe,* der Genussehe, geschieht. Den obengenannten Vers lesen die Schiiten ein wenig anders. Dort heißt es: »Erlaubt ist euch außer diesem, dass ihr mit eurem Geld Frauen begehrt, *für eine bestimmte Zeit* zur Ehe und nicht zur Hurerei. Und gebt denen, die ihr genossen habt, ihren Brautlohn.« Mohameds Gefährte Ibn Masu'd, der kein Schiit war, berichtet: Zu Zeiten des Propheten sei der Vers mit dem Nebensatz *für eine bestimmte Zeit* gelesen worden, später sei dieser Teil jedoch verschwunden.

Die Tauschehe

Was wir heute aus dem Fernsehen als »Frauentausch« kennen, war in vorislamischer Zeit ein alter Hut. Männer konnten ihre Frauen untereinander tauschen, für eine kurze Zeit oder auch dauerhaft. Diese theoretische Möglichkeit scheiterte allerdings häufig an der Praxis, da nur wenige Frauen bereit waren, dies mitzumachen. Vermutlich jene, die mit ihrem Ehemann sehr unglücklich waren. Mohamed hat diese altarabische Form der Ehe verboten. Eine andere Form der Tauschehe akzeptierte er jedoch: Ein Mann konnte die Tochter oder die Schwester eines anderen ohne Brautgeld heiraten, wenn er diesem als Gegenleistung seine eigene Schwester oder Tochter zur Heirat anbot.

Als er mit 150 Männern von Mekka nach Medina auswanderte, bat Mohamed muslimische Männer aus Medina, ihren Brüdern aus Mekka eine Bleibe bei sich und einer ihrer Ehefrauen anzubieten. Diese mussten sich natürlich von einer ihrer Frauen scheiden, damit der Dazugezogene sie heiraten konnte. Hier wird klar, dass Frauen aus der Sicht von Mohamed nur willenlose Objekte waren, die nur eine bestimmte Funktion innerhalb der Gemeinschaft erfüllten.

Die Leihvater-Ehe

Reiche Frauen konnten sich vor dem Islam einen gutgebauten, gutaussehenden Mann aussuchen und ihm eine Summe Geld anbieten, damit er sie schwängert. Der »Erzeuger« ging damit keinerlei weitere Verpflichtungen ein, er musste weder dem Kind noch der Mutter Unterhalt bezahlen. Zweck dieser Verbindung war einzig die Weitergabe vermeintlich guter Gene.

In der Biographie von Ibn Hischām wird berichtet, dass eine Frau aus Mekka Mohameds Vater Abd Allah eine solche Ehe angeboten hat. Hundert Kamele, wenn er mit ihr schlafe.[73] Er sei nicht abgeneigt gewesen, doch da für jenen Tag die »Heirat« mit Mohameds Mutter Āmina vorgesehen war, kam es nicht zur Vereinigung. Als er der Frau am nächsten Tag einen Besuch abstattete, hatte diese kein Interesse mehr an ihm.

Das zeigt, dass die Gesellschaft von Mekka vor dem Islam viel freizügiger war im Umgang mit Ehe und Sexualität. Sogar Mohameds Vater hatte offenbar keine Bedenken, einen Tag nach seiner Vermählung mit Āmina ins Bett einer anderen Frau zu steigen. In dieser Episode steckt übrigens ein weiterer Beleg dafür, dass Abd Allah mit Āmina möglicherweise keine

reguläre Ehe eingegangen war, sondern nur Geschlechtsverkehr gegen Bezahlung mit ihr hatte. Wenn Mohamed aus
einer so kurzen Beziehung entstanden wäre, wäre das keine
Schande gewesen. Doch er wehrte sich gegen diese Vorwürfe,
denn sie standen seiner Behauptung entgegen, einer reinen
Blutlinie entsprungen zu sein, die bis Adam zurückreichte.

Prostitution

Obwohl den Arabern in vorislamischer Zeit zahlreiche Möglichkeiten der sexuellen Befriedigung innerhalb und außerhalb ehelicher Beziehungen offenstanden, gab es auch Prostituierte, die an den Rändern größerer Städte wie Mekka und
Yathrib ihre Zelte aufschlugen. Einige dieser Frauen boten
ihre Dienste jedermann an, andere nur einem bestimmten
oder einer begrenzten Zahl von Männern. Stammkundschaft
sozusagen. Oft teilten sich die Stammesführer von Mekka
eine schöne Prostituierte und versorgten sie über einen länge-
ren Zeitraum. Wurde sie schwanger und gebar einen Jungen,
wählte sie einen ihrer Kunden aus, ging zu ihm und sagte:
»Dies ist dein Junge.« Der Freier war verpflichtet, das Kind
anzuerkennen, auch wenn er merkte, dass es einem anderen
wie aus dem Gesicht geschnitten war. Für ein neugeborenes
Mädchen galt diese Verpflichtung nicht. Islamische Chroniken erzählen, dass Amr Ibn al-A'as – ein Gefährte Mohameds
und der spätere Eroberer von Ägypten – aus einer solchen
Verbindung hervorgegangen ist. Sein Vater hatte ihn anerkennen müssen, obwohl er einem anderen »Kunden« verblüffend
ähnelte.

Mohamed verbot die Prostitution, als er nach Yathrib zog, nicht
aber den Geschlechtsverkehr im Rahmen einer Genussehe

oder den Sex mit kriegsgefangenen Frauen. Heute ist Prostitution in fast allen islamischen Staaten strikt verboten, zumindest offiziell. Doch verdeckt gibt es zahlreiche Möglichkeiten für käufliche Liebe. Gerade in Ländern, die auf den Tourismus angewiesen sind, wie Marokko, Tunesien, Ägypten oder dem Libanon, dienen viele Hotels als versteckte Bordelle. Männliche Touristen aus den Golfstaaten pilgern nach Tanger, Beirut, Kairo oder Tunis und genießen dort gegen Geld die verbotenen Früchte. Ist ihnen das zu unsittlich, haben sie immer noch die Möglichkeit, eine junge Frau aus ärmeren Verhältnissen zu kaufen und mit nach Hause zu nehmen. Hat man genug von ihnen, kann man sie problemlos zurückschicken. Alles offiziell. Alles islamkonform. Und hier fragt man sich, welchen moralischen Mehrwert die Gebote des Islam in Bezug auf Sexualität haben. Vergegenwärtigt man sich die Realität in der islamischen Welt, so regieren Doppelmoral und Zynismus im Umgang mit Sexualität. Nirgendwo gibt es so viele Operationen zur Rekonstruktion des Hymens, des Jungfernhäutchens, wie im islamischen Raum. Jeder weiß davon, nur wahrhaben will man es nicht. In den Ländern, in denen Sexualität am stärksten tabuisiert ist, wie in Saudi-Arabien, Afghanistan, im Iran und in Ägypten, erreicht die sexuelle Belästigung von Frauen auf offener Straße inzwischen unerträgliche Dimensionen. Aber es ändert sich nichts, denn man folgt einer Moralvorstellung des Propheten, der die Ge- und Verbote nicht selbst erfunden, sondern angeblich direkt von Gott empfangen hat. Da Gott nicht an Zeit und Raum gebunden ist, müssen seine Gebote bis in alle Ewigkeit gelten.

Der Prophet beschreibt die Gemeinschaft der Muslime im Koran mit folgenden Worten: »Ihr seid die beste Gemeinde, die für die Menschen entstand«, Sure 3:110. Denn diese Gemeinde gebietet das Gute und verbietet das Verwerfliche. Also müssen auch heutige Muslime sich an jener ersten Gemeinde orientieren, damit auch sie Teil der auserwählten Gemeinschaft werden. Die Religionspolizei in islamischen Staaten oder Gruppen wie Boko Haram oder der IS legitimieren ihr Vorgehen mit dem obengenannten Vers. Unerträgliche Bevormundung und menschenverachtende Körperstrafen sind die Folge dessen, dass man moralischen Vorstellungen des Propheten nacheifert, an die dieser sich selbst oft genug nicht hielt.

Die Gewalt beginnt mit dem Wort

Im Islam spielt die Liebe in einer Verbindung zwischen Mann und Frau keine Rolle. Die Ehe ist ein vertraglich geregeltes Modell, in dem Mann und Frau bestimmte Rechte und Pflichten haben, die der Staat bestimmt und überwacht. Sinn und Zweck einer Ehe ist einzig die »Fortpflanzung« des Islam. Alles, was jenseits der staatlichen Kontrolle geschieht oder sich ihr entzieht, gilt als Gefahr und wird hart bestraft. Säureattacken auf unverschleierte Frauen, Genitalverstümmelung, Steinigungen und Ehrenmorde sind die brutalsten Formen von Frauenfeindlichkeit in muslimisch geprägten Gesellschaften. Man kann nicht nur Mohamed und den Koran dafür veranwortlich machen, aber diese haben einen großen Beitrag dazu geleistet. Gewalt gegen Frauen entspringt oft der Angst vor weiblichen Emotionen und dem Streben nach Unabhängigkeit. Eine Angst, die im Namen des Propheten zur Tugend deklariert wird.
Wenn man die Passagen des Koran über Frauen liest, stellt man fest, dass die Frau nur ein Objekt ist, das eine gewisse

Funktion in der muslimischen Gemeinde zu erfüllen hat: den Mann zu »erleichtern«. Bevor die IS-Kämpfer Jesidinnen und Christinnen als Sexsklavinnen erbeuten konnten, wurden junge Männer in Syrien damit angeworben, dass dort der Sex-Dschihad erlaubt sei. Umgekehrt bieten sich Musliminnen aus allen Ecken der Welt, vor allem aber aus Nordafrika, Dschihadisten an. Sunnitische Gelehrte, die den sexuellen Dschihad unterstützen, berufen sich auf den Propheten, der seinen Soldaten während langer Kriege erlaubte, »Genussehen« mit Frauen zu schließen, damit sie ihre sexuellen Gelüste ausleben konnten. Hier spielt die Frage nach der Moral keine Rolle, denn es geht um ein noch höheres Prinzip: den Dschihad. Es geht darum, den Kämpfer zu motivieren und seine Paradiesphantasien zu beflügeln.

Und wie sieht dieses Paradies aus? Es besteht aus einem himmlischen Bordell, in dem Frauen Märtyrern rund um die Uhr zu Diensten sind. Jedem Märtyrer stehen 72 Jungfrauen zu, dazu noch deren je siebzig Dienerinnen. Der mittelalterliche Theologe al-Suyuti schreibt: »Jedes Mal, wenn wir mit einer *huri* schlafen, verwandelt sie sich danach wieder in eine Jungfrau. Der Penis eines Muslims wird nie erschlaffen. Die Erektion hält ewig, und der Genuss bei der Vereinigung ist unendlich süß und nicht von dieser Welt. [...] Jeder Auserwählte wird siebzig *huris* haben neben seinen Frauen, die er auf der Erde hatte. Alle werden eine köstlich verlockende Vagina besitzen.«

Thomas Maul, Islamexperte und Autor, findet es erstaunlich, dass nicht die Vereinigung mit Allah, sondern der endlose Sex im himmlischen Bordell den Kern der islamischen Erlösungsphantasie ausmacht. Hauptmotiv des Paradieses sei die totale Entfesselung und Befriedigung des männlichen Sexualtriebes. Alle im Diesseits geltenden Tabus und Einschränkungen werden aufgehoben, jedoch nicht für Frauen, die auch im Paradies Objekte der männlichen Sexualität bleiben. Die allzeit einsatzbereiten Liebesdienerinnen profitieren nur insofern, als sie im Paradies von der Last der Periode, der Empfängnis und des Gebärens befreit sind. Wobei auch das eine zweischneidige Sache ist, können sie doch so dem sexhungrigen Mann uneingeschränkt zur Verfügung stehen in diesem von Gott perfekt vorbereiteten »Pornotopia«.[74]

Mohamed verwendete in Bezug auf Frauen im Koran und in den Hadithen Begriffe, die aus heutiger Sicht sehr frauenfeindlich sind. Das liegt aber eher an der Natur der arabischen Sprache selbst. Das koranische Wort *nikah* bedeutet sowohl »Ehe« als auch »Sex haben«. Frauen werden im Koran als »Saatfeld« beschrieben, das der Ehemann zu jeder Zeit beackern darf. Kaum ein anderes Wort hat mehr Synonyme im Arabischen als das Wort Geschlechtsverkehr. Und eines haben die meisten dieser Synonyme gemeinsam: Sie beschreiben keinen Liebesakt, sondern einen Akt der Gewalt. Im ersten Wörterbuch der arabischen Geschichte, dem *Lisan al-Arab* aus dem Jahr 1290, finden sich unter dem Stichwort *nikah* unter anderem folgende Begriffe: besteigen, ringen, angreifen, treffen, verletzen, erschöpfen, schießen, zusammen sein, klopfen, treten, fallen, zusammenprallen, dringen in, überfallen, stechen, heulen.[75] Der tunesische Schriftsteller Fathi al-Miskini stellt in einem Artikel zu Recht die Frage, ob es Zufall ist, dass fast alle diese Begriffe auch im Zusammenhang mit Kriegshandlungen verwendet werden können.[76] Nicht nur hier wird deutlich, dass Gewalt gegen den weiblichen Körper schon mit der Sprache beginnt.

Mohamed selbst war für die damalige Zeit nicht unbedingt frauenfeindlich. Er hat sich mehrfach positiv über Frauen geäußert und mahnte seine Gefährten, ihre Frauen liebevoll zu behandeln. Auch gibt es keine Berichte darüber, dass er jemals eine seiner Frauen geschlagen hat. Gleichwohl verewigte er im Koran das Recht eines Mannes, seine Frau zu schlagen, wenn diese widerspenstig sei. Vermutlich war auch dieser Vers eine indirekte warnende Botschaft an seine Frauen, die ihn überforderten. Und hier liegt ein ganz grundsätzliches Problem. Mohamed verarbeitete im Koran auch seine persönlichen Enttäuschungen und Ängste und konnte nicht ahnen, dass dieses Buch eines Tages das Leben von mehr als einer Milliarde Menschen prägen würde, die Jahrhunderte nach ihm und in einer ganz anderen Umgebung geboren wurden. Er lebte in einer anderen Zeit unter anderen Bedingungen, er durchlief eine andere Sozialisation, und dies spiegeln seine Äußerungen und Einstellungen wider. Mohameds Worte oder Taten werden allerdings nicht in dem historischen Kontext betrachtet, in dem sie entstanden sind, sondern auf die Gegenwart übertragen. Er ist immer noch Vorbild für die meisten Muslime, etwa was den Umgang mit Frauen, Christen, Juden und Ungläubigen angeht. Es fällt selbst manchen moderaten Muslimen schwer, zu sagen: »Das Schlagen von Frauen ist falsch, ohne Wenn und Aber! Egal, was darüber im Koran steht.« Stattdessen wird der Prophet zitiert, der mahnte, dass die Schläge keine bleibenden Spuren hinterlassen sollten und dass das Gesicht der Frau verschont bleiben sollte.

Auch die »Schleierdiskussion« wird nur selten in die Moderne übertragen. Es geht nicht darum, ob das Tragen des Schleiers einen Sinn für die Frau von heute macht oder nicht. Der Zweck des Schleiers damals, der in Zeiten von Raubzügen und Stammesfehden möglicherweise wirklich eine Schutzfunktion hatte, wird eins zu eins auf die Gegenwart übertragen. Das Gleiche gilt für das einfache Kopftuch, das mittlerweile nicht nur ein identitätsstiftendes Symbol für viele Muslimas ist, sondern auch von islamistischen Gruppierungen als politisches Kampfsymbol missbraucht wird. In westlichen Gesellschaften setzen sich liberale muslimische Frauen, die selbst kein Kopftuch tragen, manchmal im Namen der Freiheit für jene Frauen ein, die sich bedecken wollen. In Deutschland hat der Streit um das Kopftuch einer Lehrerin hohe Wellen geschlagen, verletzt es doch das Neutralitätsprinzip.

Der Prophet hatte genug Macht und Einfluss auf die Welt, die ihn hervorbrachte und die er gut kannte. Warum aber muss er die gleiche Macht und den gleichen Einfluss in einer Welt behalten, die er nie gekannt hat und die ihn wiederum nur aus Erzählungen kennt, die stimmen oder nicht stimmen können? Warum muss er noch im 21. Jahrhundert bestimmen, wer wen lieben oder heiraten darf und was man tun, essen oder anziehen sollte? Mohamed war ein Gefangener seiner eigenen Geschichte. Vieles, was er getan oder gesagt hat, war das Ergebnis seiner ganz persönlichen Ängste, Stärken und Schwächen. Warum begeben sich Menschen noch heute in diesen Geschichtskäfig und glauben, nur so komme das Heil?

Kapitel 5

Das Wort Gottes oder
»wirres Bündel von Träumen«?
Mohamed und der Koran

Im Herbst des Jahres 1996 war ich in der Bibliothek der Universität Augsburg, wo ich damals studierte, auf der Suche nach einer Ausgabe des Koran. Es war die Zeit vor der Digitalisierung der Bibliotheken, also musste ich mit Hilfe von Karteikarten nach der Koranausgabe suchen. Als ich die Karte endlich gefunden hatte, las ich darauf etwas, das mich sowohl als Student als auch als gläubigen Muslim irritierte:

Buchtitel: Der Koran
Autor: Unbekannt

Ich musste lange nachdenken, ob dies eine Beleidigung oder eine akademische Notwendigkeit war.
Der Koran spielte in meinem Leben von Kindesbeinen an eine zentrale Rolle. Mein Vater war Imam und Koranlehrer. Schon als Kind lernte ich den gesamten Koran auswendig, bis heute beschäftige ich mich mit ihm. Damals allerdings noch nicht kritisch. Für mich stand Allah der Allmächtige als Urheber des Koran außer Frage. Doch eine Universität kann eine solche metaphysische Behauptung nicht berücksichtigen. Gott kann aus akademischer Sicht kein Autor sein. Man hätte auch Mohamed in die Rubrik »Autor« hineinschreiben können, aber selbst das hätte mich beleidigt. Denn Mohamed hatte das Buch ja nicht selbst verfasst, sondern nur verkündet,

was ihm offenbart worden war. Daran glaubte nicht nur ich,
sondern wohl jeder gläubiger Muslim weltweit. Was aber
wäre eine akzeptable Alternative zu jenem störenden Wort
»unbekannt« gewesen? Mir fiel keine ein.

Acht Jahre später forschte ich am Lehrstuhl für Islamwissenschaft an der Universität Erfurt zum Thema »Entstehungsgeschichte des Islam«. Ich musste mich von der Vorstellung
des gläubigen Muslims trennen, derzufolge der Koran das
unverfälschte, ewige Wort Gottes ist, das der Erzengel Gabriel dem Propheten Mohamed zwischen den Jahren 610 und
632 in den Städten Mekka und Medina übermittelt hatte. Da
Mohamed laut islamischen Quellen weder lesen noch schreiben konnte, gilt der Koran den Muslimen als ein Wunder
Gottes. Als Forscher wollte ich aber mit dem Koran wie mit
einem historischen Text umgehen, einem menschlichen Produkt seiner Zeit, in dem sich die damals herrschenden Debatten und Ereignisse spiegelten. Ich stürzte mich auf die klassischen Bücher von Orientalisten wie Theodor Nöldeke, Tor
Andrae und Régis Blachère, die sich historisch fundiert und
kritisch mit dem Koran und dem Leben des Propheten aus-
einandergesetzt hatten. Bei der Lektüre fand ich eine nachvollziehbare Lesart der Geschichte des Koran als einen
menschlichen Text, der viel mehr mit der Entwicklung von
Mohamed zu tun hat als mit einer göttlichen Botschaft.

Schließlich las ich die philologische Studie von Christoph
Luxenberg über »Die syro-aramäische Lesart des Koran. Ein
Beitrag zur Entschlüsselung der Koransprache«. Da Arabisch
bis zum 7. Jahrhundert noch keine Schriftsprache war, geht
Luxenberg davon aus, dass dem Koran eine Schrift in syro-
aramäischer Sprache als Kern vorlag. Er listet mehrere hundert Wörter auf, die aus dem Syro-Aramäischen stammen und
oft von Koranexegeten falsch verstanden wurden. Darunter

ist das Wort *qur'an* selbst, also Koran, das aus dem syrischen Wort *qiryan* stammt, was das Liturgiebuch bezeichnet, das die syrischen Christen in der Kirche für ihre Gebete in Mohameds Zeit benutzten. Das berühmte Beispiel im Luxenbergs Buch ist das Wort *huris,* das im Koran für die Paradiesjungfrauen verwendet wird, die einem Gläubigen im Himmel zustehen. Im Syro-Aramäischen bedeutet es hingegen »weiße Trauben«. Nach dieser Lesart warten nicht schöne Frauen im Himmel auf den Märtyrer, sondern frische Früchte. Luxenberg hält den Koran aber nicht für ein Plagiat aus den syrisch-aramäischen Liturgien, sondern für ein gemeinsames Erbe des Islam und des orientalischen Christentums. Keine Verschwörung stecke hinter dem Koran, sondern die Evolution eines Textes, der christliche Ursprünge hat, sich aber im Laufe der Zeit entwickelt und verselbständigt hat.

Auch wenn ich die Luxenberg-These damals zurückwies, fand ich die Studie äußerst wichtig, weil sie deutlich von der klassischen Koranforschung abweicht und eine klare Vorstellung anbietet, wie der Koran als menschlicher Text aus unterschiedlichen Quellen entstanden sein könnte. Einige Forscher, die die Existenz Mohameds generell in Frage stellen, bauen ihre Theorien auf dieser Untersuchung Luxenbergs auf. Er selbst hat mir allerdings in einem persönlichen Gespräch bestätigt, dass er davon ausgeht, dass Mohamed existiert hat, jedoch nicht Mohamed hieß. Sein Werdegang unterscheide sich von jenem Mohamed, der in den islamischen Quellen beschrieben wird. Nach Luxenbergs Meinung gab es einen arabischen Propheten, den wir heute als Mohamed kennen. Teile des Koran drehen sich um diesen Propheten. Der aber habe keine neue Religion begründet, sondern eine arabische Form des Christentums gepredigt, die sich erst später zu einer selbständigen Religion entwickelt habe. Der Mohamed von

Mekka sei eine ganz andere Person gewesen als der »Prophet« von Medina, weshalb sich auch die Sprache der Koransuren von Mekka und Medina deutlich unterscheide. Der Koran selbst sei aus unterschiedlichen Quellen zusammengefügt worden. Wobei Luxenberg in diesem Zusammenhang betonte, er sei Philologe und kein Historiker, seine Kompetenz beschränke sich auf die Analyse des Korantextes.

Die Frage nach dem Urheber des Koran konnte die Forschung bis heute nicht beantworten. Selbst die Geschichte der Verschriftlichung liegt noch im Dunkeln. Die islamische Erzählung besagt, der dritte Kalif 'Uthmān, der von 644 bis 656 regierte, habe die Texte gesammelt, sie geordnet und anschließend den ersten einheitlichen Korantext auf Schafshäuten verschriftlichen lassen. Zu seiner Zeit kursierten über zwei Dutzend Versionen des Koran, die von 'Uthmāns Fassung abwichen. Der Kalif ließ alle »inoffiziellen« Versionen verbrennen, um Verwirrung zu vermeiden. Von seiner »offiziellen« Fassung ließ er mehrere Exemplare anfertigen, die er in alle Regionen schickte, die unter islamischer Herrschaft standen. So schreiben es zumindest alle Chronisten.

Tatsächlich birgt diese Version der Geschichte gleich mehrere Probleme. Erstens bestand die arabische Schrift zur Zeit 'Uthmāns nur aus 15 Buchstaben ohne Vokalisierung und ohne Punkte. Auch gab es damals noch keine grammatikalischen Regeln. Die vorhandene Schriftsprache war somit ungeeignet, einen so komplizierten literarischen Text wie den Koran zu dokumentieren. Zweitens sind alle Exemplare aus der Zeit von 'Uthmān verschwunden, falls es sie je gegeben hat. Die ältesten Koran-Manuskripte, die uns heute bekannt sind, stammen entweder aus der Zeit des Umayyaden-Kalifs Abd al-Malik oder der seines Sohnes al-Walid, sind also mindestens sechzig Jahre nach dem Tod Mohameds entstanden.

Im Jahr 1972 wurden in der großen Moschee von Sana'a im Jemen jedoch mehrere Koran-Handschriften gefunden, die bis heute nicht präzise datiert werden konnten. Forscher sind sich aber einig, dass es sich bei Teilen dieser Manuskripte um die bisher ältesten handelt. Eine genauere Untersuchung ergab, dass es sich bei den gefundenen Koran-Manuskripten um ein Palimpsest handelt. Auf den ersten Blick ist Text zu erkennen, der mit dem aus dem heutigen Standard-Koran identisch ist. Dieser Text stammt laut Koranforscher Gerd Puin aus der Zeit des sechsten Umayyaden-Kalifs al-Walid, der zwischen 705 und 715 regierte. Darunter jedoch stießen die Forscher auf die Spuren eines sehr viel älteren Korantextes, der verwischt und überschrieben worden war. Das Alter dieses Urtextes wird von den Koranforschern Behnam Sadeghi und Uwe Bergmann auf die Zeit vor 678 geschätzt.[77] Womit die Möglichkeit bestünde, dass diese Fassung aus der Zeit des dritten Kalifen 'Uthmān (Regentschaft von 644 bis 656) stammen könnte, was die islamische Narrative stützen würde. Was wiederum bedeuten würde, dass die 'Uthmān-Ausgabe des Koran später durch die Umayyaden editiert und verändert wurde. Sadeghi und Bergmann schließen nicht aus, dass der überschriebene Text sogar aus der Zeit von Mohamed oder seinen beiden Nachfolgern stammen könnte. Eine Methode zur genaueren Datierung wurde bislang noch nicht auf das Manuskript angewendet. Die Radiokarbon-Methode kann lediglich eine Zeitspanne nennen. Nach deren Ergebnissen ist es ausgeschlossen, dass der ältere Text nach 678 oder vor 578 geschrieben wurde.

Interessant ist, dass der ursprüngliche Text gravierende Abweichungen vom Standardtext aufweist. Einige Wörter wurden vertauscht, andere verschwanden, neue wurden hinzugefügt. Hinweise auf eine gezielte Manipulation, durch die die

Bedeutung der Verse massiv beinflusst worden sein könnte, gibt es nicht. Gleichwohl erschütterte diese Entdeckung ein Dogma des islamischen Glaubens. Denn die Veränderungen widersprechen der islamischen Sicht auf den Koran, nach der er direkt von Gott stammt und seit seiner Entstehung keine einzige Veränderung erfahren hat.

Die gefundenen Manuskripte von Sana'a umfassen nur die Hälfte des Korantextes. Die jemenitische Regierung gab außerdem nur einen kleinen Teil der Manuskripte für die Forschung frei. Der Rest steht unter Verschluss. Im November 2014 erklärte die Universität Tübingen, im Besitz eines Koran-Fragments zu sein, das überraschend auf die Frühzeit des Islam datiert wurde und mit einer Wahrscheinlichkeit von 95,4 Prozent aus den Jahren 649 bis 675 stammt. Der Text wurde somit nur etwa zwanzig bis vierzig Jahre nach dem Tod von Mohamed niedergeschrieben. Auch das könnte die These von der Kanonisierung des Koran in der Zeit von 'Uthmān stützen. Mit Sicherheit lässt sich das nicht sagen, denn auch hier handelt es sich nur um Teile des Koran. Die älteste Koran-Handschrift, die *alle* Suren des Koran umfasst, stammt aus dem 9. Jahrhundert. Sie befindet sich in einem Museum für Handschriften in Kairo.

Die Tatsache, dass die ältesten Korantexte erst lange nach Mohameds Tod verschriftlicht wurden, bedeutet nicht unbedingt, dass auch der Koran erst nach Mohameds Ableben entstanden ist. Denn ein Text kann lange vor seiner Verschriftlichung existieren. Gerade in einer Gesellschaft, die sich fast ausschließlich auf die mündliche Überlieferung verlässt, ist dies oft der Fall. Ich stamme aus einem Dorf im Nildelta, das schon zu Pharaonenzeiten existierte. Bis zur Mitte des 20. Jahrhunderts gab es im Dorf keine einzige Koranausgabe, weder gedruckt noch als handschriftliche Übertragung. Und doch lebten dort über zwanzig Menschen, die den gesamten Koran auswendig kannten und an Koranschulen lehrten. Zwei von ihnen waren blind. Hunderte kannten wenigstens Teile des Koran auswendig, obwohl sie weder lesen noch schreiben konnten. Auch ich lernte den gesamten Koran als Kind auswendig, ohne jemals den entsprechenden Text vor mir gehabt zu haben. Für Wissenschaftler, die die Existenz eines Textes nur anhand von Manuskripten nachweisen können, existierte in meinem Heimatdorf bis Mitte des 20. Jahrhunderts gar kein Koran, da davor kein geschriebener Text dort aufzufinden war.

Entweder gab es frühere Koran-Manuskripte aus der Zeit Mohameds oder 'Uthmāns, die später beseitigt wurden, als die Umayyaden ihre offizielle Version des Koran präsentierten, oder der Koran blieb eine mündliche Tradition, bis die arabische Sprache sich in der Umayyaden-Zeit entwickelt hatte.

Es ist nicht auszuschließen, dass die Umayyaden einige Stellen des Koran zu ihren Gunsten verändert haben. Das kann man sogar bei den vier Kalifen nach Mohamed nicht ausschließen, war es doch eine Zeit voller Konflikte und Bürgerkriege. Da der Urtext ohne Vokalisierung und ohne Punkte war, ließ ein Wort oft mehrere Lesarten zu. Ein Beispiel: Betrachten wir das Wort *rabbi*, mein Gott. Setzt man einen Punkt über den ersten Buchstaben r ﺭ, entsteht ein völlig anderes Wort. Es liest sich dann *zebbi* und würde bedeuten: mein Penis. Einige Koranwörter würden viel mehr Sinn ergeben, wenn man die Vokale bzw. die Punkte vertauscht. Zum Beispiel steht in Sure 44 : 54: »Und wir werden sie mit *huris* vermählen. Das Verb »vermählen« im arabischen Original lautet zawwaj-nāhum . Der Buchstabe ﺯ z am Anfang des Verbs hat in der heutigen Koranausgabe einen Punkt obendrauf. Das Gleiche gilt für den Buchstaben ﺡ j mit dem Punkt

»im Bauch« des Buchstabens. Da es diese diakritischen Zeichen weder zu Zeiten von Mohamed noch Jahrzehnte nach
ihm in der arabischen Schrift schon gab, könnte es sich auch
um den Buchstaben ر, also r, handeln. Und der Buchstabe j
könnte als h gelesen werden. Das Verb würde nun rawwah-
nāhum heißen und hätte mit »vermählen« überhaupt nichts
zu tun. Nach Luxenbergs Lesart würde der Vers nun heißen:
»Und wir lassen sie [die Gläubigen] unter Weintrauben ras-
ten.« Das passt im Übrigen zu einer anderen Beschreibung
des Paradieses im Koran; in Sure 69:23 wird das Paradies als
ein Garten mit tiefhängenden Früchten beschrieben, so dass
man sie leicht pflücken kann.

Es ist ebenfalls nicht auszuschließen, dass die Herrscher einige
Wörter oder Passagen entfernt oder neue hinzugefügt haben.
Ich denke da an Sure 4:59. Dort heißt es: »O ihr, die ihr glaubt,
gehorcht Allah und gehorcht dem Gesandten und denen, die
unter euch Befehlsgewalt besitzen.« Dies ist eine Sure aus der
Frühphase von Medina, einer Zeit, in der Mohamed nur wenige hundert Anhänger hatte. Es ist naheliegend, dass er hier wie
in mehreren anderen Versen des Koran von seinen Anhängern
verlangt, ihm und Allah gehorsam zu sein. Doch in diesem Vers
spricht er zusätzlich von denen, die Befehlsgewalt haben unter
den Muslimen. Was nur Sinn macht in einem großen Reich, das
mehrere Gebiete umfasst, die von regionalen Herrschern und
Statthaltern regiert werden. Und damit eher in die Zeit der
Umayyaden passt, die nicht nur Mekka und Medina unter ihrer
Kontrolle hatten, sondern auch Persien, Irak, Syrien, Ägypten,
Nordafrika und andere Gebiete. In vielen dieser Regionen gab
es Aufstände gegen die Umayyaden. Ein eindeutiger Vers aus
dem Koran hätte da helfen können. Möglicherweise wurde der
Zusatz »und denen, die unter euch Befehlsgewalt besitzen«
erst später hinzugefügt, als der Koran verschriftlicht wurde.

Zieht man dies in Betracht, erscheint dieser Vers als ideale Ergänzung zu jenen Hadithen, die von Muslimen verlangen, ihren Herrschern treu zu bleiben, selbst wenn diese ungerecht und unmoralisch sind. Die Umayyaden-Zeit ist bekannt für das Auftauchen ebensolcher Hadithe. Gleichwohl ist nicht davon auszugehen, dass die Umayyaden den gesamten Koran quasi aus dem Nichts erfunden haben. Aber die Möglichkeit einer Manipulation hier und da lässt sich nicht so einfach von der Hand weisen.

Vereinfacht könnte man sagen, dass es drei Korane gab: den Koran vor dem Koran, den Koran aus Mohameds Zeit und den Koran nach dem Koran, der von den neuen Herrschern zum alten Text hinzugefügt wurde. Doch wie kamen vor allem die ersten beiden Korane zusammen?

Das Rätsel der Offenbarung

Man kann Mohamed vieles vorwerfen, nur nicht, dass er ein Lügner war oder dass er nicht an das glaubte, was er verkündete. Seine Leidenschaft, Leidensfähigkeit und Beharrlichkeit bei allem, was er sagte und tat, belegen, dass er überzeugt war, Botschaften Gottes empfangen zu haben. Nun glaube ich aber nicht, dass Gott zu Mohamed – oder zu sonst jemandem – jemals sprach. Ich glaube auch nicht, dass Mohamed selbst den Text verfasste, noch, dass er einen fertigen Text entdeckt, geschweige denn übersetzt hatte. Wie löst man dann dieses Rätsel auf? Da keiner von uns im 7. Jahrhundert dabei war, muss man versuchen, die Ereignisse zu rekonstruieren. Dabei muss man die Texte nicht nur philologisch, sondern auch psychologisch analysieren.

Nimmt man an, dass die islamischen Quellen zum Leben von Mohamed im Kern stimmen, könnte man zu folgender Analyse gelangen: Die »Urquelle« des Koran war Mohameds Unterbewusstsein. Dort waren sein Gott und sein Teufel beheimatet, sein Himmel und seine Hölle, sein Begehren und seine Askese, seine Sanftheit und seine brutale Gewalt. Mohamed war ein Mensch zwischen Genie und Wahnsinn, wie viele Feldherren, Künstler und Literaten, die wir aus der Geschichte kennen. Er hatte sehr sensible Sensoren, mit denen er die Sehnsüchte und Nöte anderer sowie die Missstände in seiner Umgebung erkennen konnte. Gleichzeitig litt er unter der Marginalisierung und Ablehnung, die er immer wieder erfuhr; ein Gefühl der Ohnmacht einerseits und ein Streben nach Allmacht andererseits rangen in ihm um Vorherrschaft. Er wünschte sich, dass ihm eine höhere Macht beistehen und ihn trösten würde. Er konnte die Botschaften aufspüren, die ihm sowohl Zuflucht vor und zugleich radikale Lösungen für diese Missstände und persönlichen Probleme anboten: religiöse Botschaften, Weisheiten, Gedichte, alte Mythen, apokalyptische Visionen. Er hatte die große Begabung, all das aufzunehmen und zu einem Ganzen zu verschmelzen. In einem Inspirationsanfall gab er das Verdaute als eine beeindruckende Einheit wieder. Die Texte hatten unterschiedliche Quellen, doch fast jeder Text reflektierte ein Problem Mohameds oder seiner Umgebung. Seine Genialität lag darin, die Texte hervorzurufen, die zu seinen inneren oder äußeren Konflikten passten. Allein das macht diese Texte zu seinen eigenen, auch wenn sie ursprünglich von woanders herstammen könnten.

Sein starkes Zittern, als er diese Worte plötzlich »empfing«, sowie die Sprachgewalt und Intensität, mit der er die Offenbarung vortrug, ließen sowohl ihn als auch die, die an ihn glaubten, denken, dass es sich um eine Botschaft aus dem

Himmel handelte. Seine Gegner dagegen waren überzeugt, er sei vom Teufel besessen. Eine Beschreibung dessen, was wir heute als eine psychische oder mentale Erkrankung bezeichnen. Einige dieser Krankheiten sind mit Visionen, Halluzinationen und Schreibwut verbunden. Auch hier könnte es eine Erklärung für das Phänomen der Offenbarung geben. Dazu später mehr.

Irgendwann verselbständigte sich diese »Offenbarung« und kam nicht nur, um religiöse Wahrheiten bzw. moralische Vorstellungen zu vermitteln, sondern um alles, was in Mohamed vorging, widerzuspiegeln bzw. zu rechtfertigen: seine Ängste, seine Verletzungen, seine Wünsche. Aber auch Entscheidungen, für die er persönlich nicht die Verantwortung tragen wollte oder konnte. Wenn er diese in eine göttliche Offenbarung kleidete, übertrug er die Verantwortung auf diese höhere Instanz. Die Koranverse kamen, um ihn zu trösten, zu loben, zu tadeln und um sein schlechtes Gewissen zu beruhigen. Die Offenbarungen, die am Anfang Mohameds Leiden durch emotionale und moralische Weisheiten milderten, entwickelten sich später zu Instrumenten, die einem »normalen« Prediger aus dieser Zeit nicht zur Verfügung standen: eine Ehe mit der eigenen Schwiegertochter, Raubüberfälle, Dauerkrieg, Vergewaltigung, Ausrottung eines gesamten Stammes. Die Geschichte Mohameds mit der Offenbarung verläuft genauso wie seine Geschichte mit den Frauen: Zunächst suchte Mohamed in ihnen Zuflucht und Befreiung, am Ende war er ihr Gefangener.

Mögliche Quellen des Koran

Der Koran erzählt weder die Geschichte Mohameds noch die
Geschichte der Welt. Er folgt weder chronologischen noch
thematischen oder narrativen Strukturen. Sogar die Prophetengeschichten werden im Koran nicht wie etwa in der Bibel als
Erzählungen mit Anfang, Höhepunkt und Ende, sondern nur
als Momentaufnahmen erzählt. Ausnahme ist hier die Geschichte des Propheten Joseph, die im Koran über eine ganze
lange Sure hinweg chronologisch erzählt wird. Die starke
Fragmentierung der Texte und die emotionale und gedankliche
Zerrissenheit erinnert stark an Fernando Pessoas Werk »Das
Buch der Unruhe«. Teile des Koran wirken wie unzusammen-
hängende poetische Passagen, verfasst im Stil des Stream of
Consciousness. Andere sind trockene, langatmige Kommenta-
re zu konkreten Ereignissen aus Mohameds direktem Umfeld.
Wieder andere Passagen geben Antworten auf Fragen, die ihm
sowohl seine Anhänger als auch seine Kritiker gestellt haben.
Wer den Koran aber als psychologische Biographie Mohameds liest, erkennt eine gewisse Kontinuität. Die Spätantike
war eine Zeit voller theologischer und intellektueller Debatten. Es kommt im Korantext zu einer Überlappung zwischen
Mohameds inneren Konflikten und seinen äußeren Kriegen,
den intellektuellen Debatten der Spätantike über die Natur
Jesu und den wahren Monotheismus, biblische und postbibli-
sche Prophetengeschichten, den apokalyptischen Vorstellungen der syrischen Christen sowie den jüdischen Vorstellungen
von Gesetzlichkeit. Dazu kommen außerbiblische Mythen
aus Persien und Mesopotamien. Das sind einige mögliche
Quellen des Koran.
Der Koran selbst schildert die Geschichte der ersten Offenbarung nicht. Sie wird aber ausführlich in anderen islamischen

Quellen erzählt: Im Alter von vierzig Jahren stürzte Mohamed in eine Sinnkrise. Er gab seinen Beruf als Karawanenhändler auf, zog sich von den Menschen zurück und meditierte in einer Höhle am Berg Hiraa'. Laut Ibn Ishāq schlief Mohamed in der Höhle, als ein Mann zu ihm kam, sich ihn zur Brust nahm, ihn würgte und ihm befahl: »Lies vor!« Mohamed entgegnete: »Ich kann nicht lesen.« Diese Äußerung wird als Beweis gewertet, dass Mohamed tatsächlich Analphabet war. Doch der Satz könnte auch bedeuten: »Was soll ich lesen?« Es ist höchst unwahrscheinlich, dass ein Händler, der oft in Syrien unterwegs war, zur damaligen Zeit weder lesen noch schreiben konnte. Muslime beharren indes darauf, denn dadurch erscheint der Koran als ein Wunder Gottes.

Der Mann packte Mohamed erneut und wiederholte noch zweimal: »Lies vor!« Nachdem Mohamed dazu nicht in der Lage war, las der Mann die erste Sure des Koran: »Lies im Namen deines Herrn. Er erschuf den Menschen aus einem Blutklumpen. Lies; denn dein Herr ist allgütig, der mit dem Schreibrohr lehrt, lehrt den Menschen, was er nicht wusste.« Am Anfang von Sure 96 wird die Güte Allahs offenbart, Gott zu folgen verheißt Heimkehr, das Beschreiten des rechten Weges. Am Ende aber heißt es: »Hast du den gesehen, der ungläubig ist und sich abwendet? Weiß er nicht, dass Allah ihn sieht?« Er werde die Höllenwächter herbeirufen, um die Ungläubigen zu bestrafen.

Die Geschichte der ersten Offenbarung erinnert stark an das Bekehrungserlebnis des Augustinus (*354 im heutigen Algerien, †430 ebenda). Auch er erlebte eine intellektuelle und psychische Krise, gab seinen Beruf als Rhetor in Mailand auf, meditierte und suchte nach dem Sinn des Lebens. Als er einmal verzweifelt in einem Garten unter einem Feigenbaum lag, hörte er eine Kinderstimme, die zweimal rief: »Nimm, lies!«

Augustinus erinnerte sich daran, dass Ähnliches auch dem christlichen Mönch und Einsiedler Antonius (* um 251, † 356 in Ägypten) widerfahren war. Und er verstand diese Stimme als einen Befehl Gottes, ein Buch aufzuschlagen und die Stelle zu lesen, auf die sein Blick als Erstes fallen würde. Er verließ den Garten, ging ins Haus, schlug die Paulusbriefe auf, las und wurde erleuchtet.[78] Die Geschichten von Antonius und Augustinus waren den syrischen Christen zu Mohameds Zeit bekannt.

Mohameds Frau Khadidscha hatte einen Cousin namens Waraqa, der Einsiedler war. Er konvertierte zum Christentum, wurde Mönch und übersetzte Teile der apokryphen Evangelien aus dem Syrischen ins Arabische. Das schreiben zumindest islamische Mohamed-Biographen wie Ibn Ishāq und Ibn Saa'd. Waraqa war Khadidschas Mentor und hatte somit großen Einfluss auf Mohamed. Im Koran finden sich Erzählungen über Jesus aus den Evangelien von Thomas und Jakobus, die nicht in den christlichen Kanon aufgenommen wurden. Arabische und syrische Christen waren gekränkt, dass die fremden Byzantiner ihnen vorschrieben, wie die Natur Jesu beschaffen sein sollte. In Byzanz sah man in Jesus sowohl die göttliche als auch die menschliche Natur vereint. Eine Auffassung, der der sogenannte Nestorianismus widerprach; Anhänger dieser Lehre waren überzeugt, göttliche und menschliche Natur in der Person Christi seien »geteilt und unvermischt«. Der Monophysitismus in Ägypten wiederum enstand als Reaktion darauf: Jesus sei vollkommen göttlich, es gebe keine menschliche Natur in ihm. In mehreren Konzilen im 4. und 5. Jahrhundert wurden diese Glaubensrichtungen, die von der offiziellen byzantinischen abwichen, als Häresie bezeichnet. Ohne die Hintergründe dieses Konfliktes zu verstehen, kann man die Entstehung des Islam kaum verstehen.

Mohamed kam aus der Höhle zurück und zitterte unter einer Decke in den Armen seiner Frau Khadidscha. Die zweite Sure des Koran kam zu ihm als eine Aufforderung, seine Decke beiseitezulegen, sich zu erheben und die Mekkaner zu warnen. Auch hier wird die Hölle erwähnt, die nichts verschont und nichts übriglässt. An deren Türen stehen 19 Wächter (Sure 74). Im Laufe der Offenbarung werden die Hölle und deren Qualen über 400-mal erwähnt. In keinem anderen religiösen Buch werden die Szenen der Verbrennung von Ungläubigen so ausführlich und leidenschaftlich beschrieben wie im Koran. Diese Szenen spiegeln Mohameds innere Unruhe und Ängste wider, ebenso sein tiefes Misstrauen gegenüber allen Menschen. Denn seiner Meinung nach wird nur eine kleine Minderheit der qualvollen Strafe Gottes entgehen. Der Rest wird ewig in der Hölle schmoren. Der Begriff »der Mensch« kommt 61-mal im Koran vor. Nur einmal wird erwähnt, dass Allah die Kinder Adams geehrt und gegenüber anderen Geschöpfen bevorzugt habe. Sonst ist der Koran gegenüber den Menschen sehr kritisch. Fast immer werden ihnen negative Eigenschaften zugeschrieben. Der Mensch ist mal unwissend, mal ungerecht, geizig, anmaßend, arrogant, vergesslich, undankbar, ängstlich, verzweifelt, frustriert. Sure 103 beschreibt den Menschen als einen »Verlierer«.

Eine der früheren Suren des Koran heißt »Quraisch«. Hier wird der Stamm von Mohamed angehalten, an den einen Gott zu glauben. Dieser Glaube soll die Vereinigung der Stämme bestärken und die Karawanenreisen in Winter und Sommer sicherer machen (Sure 106). Hier erkennt man schon den pragmatischen Mohamed. Der Glaube wird nicht nur an metaphysische Strafen und Belohnungen geknüpft, sondern auch an irdische Vorteile. Kurz nach dieser Sure starb der Mönch Waraqa. In einem Hadith der Sammlung *Sahih al-Bukhari*

wird erzählt, dass nach dem Tod Waraqas die Koranoffenba-
rung eine Zeitlang aufhörte.[79] Ibn Ishāq erwähnt, dass sie drei
Jahre lang ausgeblieben sei. Das stürzte Mohamed erneut in
eine tiefe Depression. Er wurde von Zweifeln geplagt, dass es
sich doch nicht um eine Botschaft Gottes gehandelt haben
könnte. Wir wissen nicht genau, was Mohamed während dieser langen Zeit getan hat. Es wird berichtet, dass er oft die
ganze Nacht stehend in seinem Zimmer zugebracht hat, sich
mit einem Seil festband, um gegen den Schlaf anzukämpfen,
und auf die himmlischen Worte wartete. Aber sie kamen nicht.
Er fühlte sich von Gott im Stich gelassen und dachte an
Selbstmord. Er stieg auf einen Berg außerhalb von Mekka
und wollte sich in den Tod stürzen; just in diesem Moment
soll er den Erzengel Gabriel zwischen Himmel und Erde auf
einem Stuhl sitzend gesehen haben. Der Bote Gottes hinderte
Mohamed am Suizid und sagte zu ihm: »Du bist der Gesandte
Gottes.«[80] Die nächste Sure, die Mohamed nach dieser Begegnung offenbart wurde, war ein Trost für ihn: »Beim Vor-
mittag und bei der Nacht, wenn alles still ist! Dein Herr hat
dich weder verlassen noch verabscheut. Wahrlich, das Jenseits ist besser für dich als das Diesseits. Und wahrlich, dein
Herr wird dir geben und du wirst wohlzufrieden sein. Hat Er
dich nicht als Waise gefunden und aufgenommen, und dich
auf dem Irrweg gefunden und richtig geführt, und dich dürftig
gefunden und reich gemacht? Darum unterdrücke nicht die
Waise, und fahre nicht den Bettler an, und sprich überall von
der Gnade deines Herrn!« Diese Sure (93) ist sehr wichtig,
nicht nur, weil sie eine der wenigen ist, die biographische Details über Mohamed verrät (z. B. dass er verwaist und bedürf-
tig war), sondern auch, weil sie uns einen Einblick in die un-
sichere Seele Mohameds verschafft. Sie ist auch ein Beleg
dafür, dass Mohamed nicht einfach aus fertigen Texten abge-

schrieben hat, sondern die Offenbarung aus sich selbst herauf-
beschwor. Diese Sure war auch wichtig für Mohamed, weil
sie sowohl poetisch als auch emotional viel beeindruckender
war als die Suren vor der Unterbrechung der Offenbarung,
also als Beweis gelten konnte, dass er nicht von Waraqa oder
von einem anderen Mönch abgeschrieben hatte, wie viele damals vermuteten.

Nach dieser langen Zeit des göttlichen Schweigens wird Sure
auf Sure offenbart, alle im gleichen Stil: kurze, aber poetisch-
meditative Texte, die von hoher Emotionalität gekennzeich-
net sind. Mohamed verkündete seine neuen Botschaften öffentlich in Mekka. Die Reaktionen waren verhalten bis ab-
lehnend. Er sei ein Lügner, ein Verrückter und der Koran ein
»wirres Bündel von Träumen«. Mohamed ließ sich davon
nicht beirren. Er suchte nicht die offene Konfrontation mit
den Mekkanern, sondern versuchte, sie zu überzeugen. Etwa
durch Sure 91, eine der ersten, die ihm neu offenbart worden
waren. Darin erzählt Mohamed den Mekkanern mit wenigen
Sätzen die Geschichte des Propheten Salih, der den arabischen Stamm der Thamud zum Glauben an den einen Gott
eingeladen hatte. Doch diese hielten ihn für einen Lügner und
sahen die Wahrheit nicht. Gott wurde wütend und vernichtete
den gesamten Stamm. Hier erkennt man, dass Mohamed noch
keine direkte Konfrontation mit den Mekkanern suchte. Er
wollte sie durch indirekte Ermahnungen zum Einlenken bringen. Er benutzte am Anfang Legenden über arabische Propheten, die den heidnischen Arabern bekannt waren.

Es folgt eine Reihe von sehr starken, apokalyptischen Suren,
die mit beeindruckender Poesie den nahenden Weltuntergang beschreiben. Hier ist ein Beispiel einer apokalyptischen
Sure aus der Anfangsphase, übersetzt vom deutschen Dichter
Friedrich Rückert:

Wann die Sonne sich wird ballen,
Und die Sterne zu Boden fallen,
Und die Gebirge wallen,
Und der Meere Fluten schwallen;
Wann Zuchtkamele sind unverwahrt,
Und die wilden Tiere geschaart,
Und die Seelen wieder gepaart;
Man das lebendig begrabene wird fragen,
Um welche Schuld es sei erschlagen;
Und die Bücher sind aufgeschlagen;
Wann der Himmel wird abgedacht,
Und die Hölle wird angefacht,
Und der Garten herangebracht;
Wird eine Seele wissen, was sie dargebracht.

Der Sinn der Sure wird erst ab Vers 22 klar. Mohamed war gekränkt, dass die Mekkaner ihn »Lügner« und »verrückt« nannten. Die drohende Apokalypse sollte sie umstimmen und Mohameds Botschaft anerkennen lassen, denn: »Nicht euer Landsmann irrt noch thört. Er sah ihn [gemeint ist der Erzengel Gabriel] in der Höh verklärt!«[81]

Die apokalyptischen Suren des Koran sind sprachlich und thematisch den Hymnen des Kirchenlehrers Ephraem der Syrer (306–373) über die Endzeit sehr ähnlich. Auch im 6. und 7. Jahrhundert gab es zahlreiche christlich-syrische Schriften, die sich mit der Apokalypse beschäftigten. Teile dieser Texte werden im Koran reflektiert. Es liegen zahlreiche syrische Manuskripte aus der Spätantike in westlichen Bibliotheken vor. Viele dieser Texte sind noch nicht übersetzt bzw. wissenschaftlich erfasst. Ihre Auswertung könnte mehr Licht ins Dunkel der Anfänge des Islam bringen. Hier soll nicht suggeriert werden, Mohamed habe von diesen Texten direkt abgeschrieben, sondern dass er die theologischen Debatten, die diese Schriften widerspiegeln, zumindest indirekt durch seine vielen Reisen als Karawanenhändler nach Syrien teilweise kannte und darauf im Koran Bezug nahm.

Die satanischen Verse

Die Bezeichnung »satanische Verse« ist aus dem gleichnamigen Roman Salman Rushdies bekannt. Dort lässt sich Rushdie über Mohamed und seine Offenbarung satirisch aus. Denn wann immer sich Mohamed etwas wünscht, kommt Erzengel Gabriel sofort mit einer Offenbarung daher, die sich mit Mohameds Wünschen deckt. »Wie praktisch, ein Prophet zu sein!«, schreibt Rushdie im Roman. Dumm nur: Mohamed kann nicht lesen und schreiben und diktiert seine offenbarten Botschaften einem persischen Schreiber, der aber an Mohamed zweifelt und die Koranverse eigensinnig verfälscht. Rushdies Satire ist eine Anspielung auf eine »wahre« Begebenheit aus der Biographie Mohameds, die mit Sure 53 zusammenhängt. In der ersten Phase der Offenbarung in Mekka blieb Mohamed mild und indirekt in seiner Mahnung an die Heiden in seiner Stadt. Sein Wunsch, von seinem Stamm Respekt und Anerkennung zu bekommen, war groß. Am Anfang sprach er zwar von dem einen Gott, mied es jedoch, die zahlreichen Gottheiten, die die Kaaba umzingelten, zu erwähnen. Als er seine Botschaft öffentlich predigte, nahm ihn kaum jemand ernst, war er doch einer von vielen, die auf den Märkten und um die Kaaba den Monotheismus predigten. Mohamed wusste um die Bedeutung der heidnischen Riten und Götzen-

bilder für die Identität seiner Leute sowie für die zahllosen
Pilger, die zur Kaaba strömten und eine der wichtigsten Ein-
nahmequellen für die Mekkaner waren. Also wünschte sich
Mohamed, dass er einen Mittelweg fände zwischen seinen
strengen monotheistischen Vorstellungen und den Vorstellungen der Mekkaner und vieler Pilger, die zwar die Existenz
Gottes nicht leugneten, jedoch glaubten, dass ihre Gottheiten
die Mittler waren zwischen Mensch und Gott. Zunächst nahm
er eine tolerante Haltung gegenüber dem Glauben seiner Leute
ein und sagte: »Euch euer Glaube und mir mein Glaube« (Sure
109). Später ging er sogar noch einen Schritt weiter. Sowohl
Ibn Saa'd als auch Koranexeget al-Tabari erzählen, dass Mohamed eine neue Sure aus dem Koran (Sure 53) vor der Kaaba
vortrug, als einige seiner Anhänger und einige seiner Gegner
zugegen waren. Er erwähnte die drei größten Gottheiten al-
Lat, al-Uzza und Manat, dann fuhr er fort: »Das sind die er-
habenen Kraniche. Auf ihre Fürbitte darf man hoffen.« Einige
Mekkaner sollen Gefallen daran gefunden haben, dass Mohamed ihre Götter positiv erwähnte. Später jedoch musste Mohamed erkennen, dass sein Entgegenkommen ihm nicht viel
gebracht hatte; im Gegenteil, seine Duldung der Gottheiten
verwässerte sein Monotheismus-Konzept. Er entschied sich
daher, die Verse, in denen er die Gottheiten lobt, wieder zu
tilgen. Stattdessen wurde ihm ein anderer Vers offenbart:
»Wahrlich, es sind nur die Namen, die ihr euch ausgedacht
habt – ihr und eure Väter –, für die Allah keinerlei Ermäch-
tigung herabgesandt hat. Sie folgen einem bloßen Wahn und
ihren persönlichen Neigungen, obwohl doch die Weisung ihres
Herrn zu ihnen kam« (Sure 53:23). Um dies vor seinen Anhängern und vor den Mekkanern zu rechtfertigen, behauptete
Mohamed, die früheren Verse seien ihm vom Teufel eingeflüstert und nun durch die wahre Offenbarung ersetzt worden.

Daraus entstand ein neues Konzept: *nasikh wa mansukh* oder das Abrogationsprinzip. Dabei handelt es sich um frühere Verse des Koran, die durch spätere Verse aufgehoben wurden. So wurden viele Passagen, die Vielfalt, Toleranz, Glaubensfreiheit und ein friedliches Zusammenleben predigten, durch spätere Suren des Koran für ungültig erklärt, in denen nun vom totalen Krieg gegen alle Ungläubigen die Rede ist.

Mit den satanischen oder auch untergeschobenen Versen wurde nicht nur sprachlich eine neue Phase des Koran eingeleitet. Bis dahin hatte Mohamed eine klare Konfrontation mit seinen Zuhörern vermieden, er hatte die Mekkaner und ihren Polytheismus nicht pauschal verflucht und sich mit mahnenden Erzählungen begnügt. Nun aber sprach aus den folgenden Suren eine deutlich unversöhnlichere Haltung. Die Mekkaner werden nicht nur »Ungläubige« genannt, sondern auch »Lügner« und »Verbrecher«. Mohamed legt Wert darauf, dass er einen Bruch mit der Tradition der Väter wagte. Die Passagen über die Höllenqualen intensivieren sich, doch die Mekkaner ließen sich auch weiterhin nicht beeindrucken. Gleichwohl beschimpften sie Mohamed nach wie vor als »Besessenen« und bezichtigten ihn der Lüge. Der Konflikt, wie auch die Frustration Mohameds darüber, wird etwa in Sure 21 (»Die Propheten«) deutlich. Obwohl die Zeit der Abrechnung nahe sei, wendeten sich die Menschen in Achtlosigkeit ab: »Sprich: ›Ich warne euch nur mit der Offenbarung‹. Jedoch die Tauben hören den Ruf nicht, wenn sie gewarnt werden«, heißt es in Vers 45. Mohamed zieht in dieser Sure auch Prophetengeschichten aus der Bibel heran, um seine Äußerungen zu untermauern und die Mekkaner zu überzeugen. So berichtet Sure 21 von einem Konflikt zwischen Abraham und seinem Volk, der damit endete, dass Abraham die Statuen der Gottheiten zertrümmerte, denen sein Volk huldigte. Der Bruch mit der Tradition der Vorfahren, den sich auch Mohamed auf die Fahne schrieb, und die Angst vor der Rache der Götter, verunsicherte das Volk, das forderte: »Verbrennt ihn [Abraham] und helft euren Göttern, wenn ihr etwas tun wollt« (Sure 21:68). Wie durch ein Wunder wird Abraham gerettet und wandert später ins Heilige Land aus. Abraham wird übrigens 69-mal im Koran erwähnt.

Das muss auch Mohamed gegenüber seinem Volk gespürt haben: Dass sein Volk ihn quält. Die Geschichten einiger biblischer Propheten werden erzählt. Alle verlaufen nach dem gleichen Muster: Der einsame Rufer in der Wüste mahnt seine Leute, doch diese wenden sich ab und leugnen die Wahrheit. Dann interveniert Gott, straft die Ungläubigen, zerstört ihre Dörfer und rettet nur jene kleine Minderheit, die dem Propheten gefolgt ist. Mohamed wollte den Mekkanern sagen, nicht nur im Jenseits wird Gott euch bestrafen, sondern auch in diesem Leben. Ganz so, wie es in den Geschichten um Moses und das Volk von Noah geschehen war. Noah wird 40-mal, der Pharao von Ägypten 71-mal, Moses gar 136-mal im Koran erwähnt. Hier ist die Interaktion von der biblischen Tradition und Mohameds Gegenwart sehr interessant. Diese Überlappung lässt die Idee eines fertigen Textes als Urquelle des Koran fremd erscheinen.

Doch auch diese Warnungen Mohameds verhallten ungehört. Und mehr noch: Da Mohamed sein Volk mit dem Noahs und dem ungläubigen Pharao verglichen hatte, verglichen sie ihn auch mit den Propheten Moses und Noah und stellten fest, diese hatten Wunder vollbracht, also: Wo sind deine Wunder? Sie sagten: »Du bist nur einer, der dem Zauber zum Opfer gefallen ist. Und du bist nichts als ein Mensch wie wir, und wir halten dich für einen Lügner. So lass Brocken vom Himmel auf uns niederfallen, wenn du zu den Wahrhaftigen gehörst«, heißt es in Sure 26:185–187.

Und wie reagierte Mohamed? Eine ganze Sure (13, »Der Donner«) wurde ihm offenbart als Rechtfertigung, warum er keine Wunder vollbracht hat: »Und diejenigen, die nicht glauben, sagen: ›Warum wurde kein Zeichen von seinem Herrn zu ihm herabgesandt?‹ Du bist nur ein Warner. Und für jedes Volk wird ein Führer [eingesetzt].« Stattdessen werden die Wunder Gottes in der Natur aufgezählt: die Sonne, der Mond, die Sterne und ihre Laufbahn, die Berge, der Regen, der Blitz, der Donner und der Himmel, den Gott ohne Stützpfeiler emporgehoben hat. Sogar die Gärten aus Weinstöcken, die Kornfelder und Dattelpalmen werden als Wunder gezählt. Am Ende warnt Mohamed sein Volk in Sure 13:34 frustriert: »Für sie ist eine Strafe im Diesseits bestimmt; und die Strafe des Jenseits ist gewiss [noch] härter, und sie werden keinen Beschützer vor Allah haben.«

Der Koran nach dem Tod Khadidschas

Mohameds Frau Khadidscha wird kein einziges Mal im Koran erwähnt, obwohl sie die wichtigste Person im Leben des Propheten war. Ohne sie hätte er unmöglich den Frust über den anfänglichen Misserfolg seiner Botschaft in den ersten Jahren überstehen können. Ohne sie konnte er auch nicht leben, denn seitdem er seine Visionen in der Höhle hatte, arbeitete er nicht mehr und wurde von ihr versorgt. Außerdem war sie seine moralische Stütze, denn sie glaubte ihm nicht nur bedingungslos, sondern sie war auch die liebende Frau, Freundin und Mutter. Zehn Jahre nach dem Beginn von

Mohameds Sendung starb Khadidscha und ließ ihn alleine mit den Mekkanern hadern. Somit verwaiste er im Alter von fünfzig Jahren ein zweites Mal. Von ihrem Tod wird nichts im Koran erzählt, doch die Nachwirkung ist deutlich zu spüren. Mohamed entschied sich, Mekka zu verlassen, um in einer anderen Stadt seine Botschaft zu verkünden. Er ging zunächst nach Tai'f und predigte dort. Er muss die Bewohner von Tai'f zutiefst verstört haben, denn sie ließen ihn von Sklaven durch die Straßen jagen und mit Steinen bewerfen. Das ist unüblich für eine Gegend, die für ihre Gastfreundschaft bekannt war. Blutverschmiert und entkräftet saß Mohamed in einem Obstgarten am Rande der Stadt und betete weinend: »O Allah, bei Dir beklage ich meine Schwäche, meinen Mangel an Zuflucht und die Demütigung vor diesen Menschen. Du bist der Gnädigste, der Herr der Schwachen und mein Herr. Wem lieferst Du mich aus? Jemandem fremden, der mich beleidigt oder einem nahen Feind, der Macht über mich hat? (…) Es gibt keine Kraft und keine Macht außer mit Dir.«[82]
An diesem Tiefpunkt angelangt, fing Mohamed offenbar an, zu phantasieren. Allah soll ihm den Engel der Berge geschickt haben, um die Leute von Tai'f zu bestrafen. Die Stadt liegt in einem Tal zwischen zwei Bergen. Der Engel der Berge bat Mohamed um Erlaubnis, die beiden Berge zusammenzuschieben und die Stadt Tai'f mit seinen Bewohnern zu erdrücken. Doch Mohamed antwortete: »Nein! Denn ich hoffe, dass Allah aus ihren Lenden Menschen hervorbringt, die nur Allah anbeten werden und Ihm nichts zur Seite stellen.« Diese Episode, die in der Hadith-Sammlung *Sahih al-Bukhari* erzählt wird, gibt einen Einblick in die Psyche Mohameds. Am tiefsten Punkt seiner Ohnmacht und Erniedrigung angelangt, flüchtet er sich in Allmachtsvisionen. Er darf für einen Augenblick Gott spielen und über Leben und Tod entscheiden.

Er kehrte zurück nach Mekka und behauptete, während er tief ins Gebet versunken gewesen sei, habe sich ihm eine Gruppe von Dämonen (Dschinn) genähert. Sie hätten ihm zugehört und wären davon so entzückt gewesen, dass sie zu den Ihrigen zurückgingen und ihnen fortan predigten, denn sie waren gläubig geworden. Eine ganze Sure im Koran (72, »Die Dschinn«) widmet sich diesem Wunder. Sie beginnt mit den Sätzen: »Sprich: Es wurde mir offenbart, dass eine Schar der Dschinn zuhörte und dann sagte: ›Wahrlich, wir haben einen wunderbaren Koran gehört, der zur Rechtschaffenheit leitet; so haben wir an ihn geglaubt, und wir werden unserem Herrn nie jemanden zur Seite stellen.‹« Die Dämonen bejubelten Mohamed und umringten ihn wie einen Popstar: »Und als der Diener Allahs [Mohamed] aufstand, um zu Ihm zu beten, da umdrängten sie [die Dschinn] ihn, so dass sie sich fast erdrückten«, heißt es in Vers 19.

Hierin wird die Sehnsucht des enttäuschten Mohamed nach Anerkennung sichtbar. An seinem Koran waren weder seine eigenen Leute in Mekka noch die Fremden in der Stadt Tai'f interessiert. In der Offenbarung erringt er dagegen einen Sieg. Er bekommt von anderen Wesen das, was ihm die Menschen bislang verwehrt haben: Die Feuerdämonen schenken seinen Worten Glauben und zeigen ihm ihre Zuneigung. Sie akzeptieren ihn als Gesandten Gottes und tragen seine Botschaft weiter.

Von dieser »Begegnung« an wird sich Mohamed sowohl gedanklich als auch politisch radikalisieren. Zunächst behauptete er, er sei mit einem Reittier zu einer fernen Kultstätte in einer gesegneten Stadt geflogen. Der Koran berichtet über diese Reise in Sure 17, aber nur mit einem einzigen Vers: »Gepriesen sei der, der bei Nacht seinen Diener von der heiligen Moschee zu der fernen Moschee, deren Umgebung wir

gesegnet haben, hinführte, auf dass wir ihm einige unserer
Zeichen zeigten. Wahrlich, Er ist der Allhörende, der Allse-
hende.« Muslimische Koranexegeten identifizieren die Stadt
als Jerusalem. Die Reise sollte der Trost für den Propheten
nach dem Tod seiner Frau und der Erniedrigung in Tai'f sein.
In Jerusalem soll sich Mohamed mit allen biblischen Propheten getroffen haben. Auch sein Stammvater Abraham soll dabei gewesen sein. Als Mohamed gemeinsam mit allen Propheten das Gebet verrichten wollte, ließen sie ihn als ihren
Imam beten. Was für eine Anerkennung! Aber die Ohnmacht/
Allmachtsvision geht weiter. Allah erhebt Mohamed sogar
über eine Leiter in den Himmel und zeigt ihm das Paradies
und die Hölle. Auch da trifft sich Mohamed mit allen Propheten auf den unterschiedlichen Stufen des Himmels. Doch keiner außer ihm durfte noch höher steigen und Allah sehen.
Die Himmelfahrt spiegelt einerseits Mohameds Wunsch wider, mit Jesus gleichgesetzt zu werden, andererseits sollte sie
jenes Wunder liefern, das die Mekkaner von ihm als Beweis
für seinen Status als Prophet verlangt hatten. Doch wie bei
dem Wunder der Dämonen war Mohamed auch hier der einzige Zeuge für die Himmelfahrt. Sollten islamische Historiographen die Geschichte Mohameds tatsächlich erfunden haben, hätten sie mit der Himmelfahrt ein würdevolles Ende
seines Lebens inszenieren können. Doch so hängt sie wie ein
Fremdkörper in der Mitte seines Lebens, eines Lebens voller
Widersprüche und unerfüllter Sehnsüchte.
Die Legende der Himmelfahrt über eine Himmelsleiter war
bereits vor Mohamed in mehreren Kulturkreisen bekannt.
Eine mögliche Quelle für diese Legende könnte Genesis
28:11−17 sein. Laut biblischer Erzählung sieht Jakob während seiner Flucht von Be'er Scheva nach Harran in einer
Traumvision eine Leiter, die von der Erde bis in den Himmel

reicht. Auf ihr sieht er Engel, die auf- und niedersteigen. Ganz oben auf der Spitze steht Gott.

Mohamed benutzte die Bibel oft als einen Subtext für seine Erzählungen, verwendete aber selten die Erzählungen, die direkt in der Bibel stehen. Vielmehr stammen die koranischen Bibelerzählungen aus späteren jüdischen oder syrischen Büchern. Manchmal schreibt Mohamed die biblischen Geschichten um, damit sie zu seiner Situation passen. Besonders ein jüdisches Exegesebuch namens *midrasch rabba* war den Juden und Christen Arabiens bekannt. In diesem Buch gibt es Erzählungen über Moses und Abraham, die von der Bibel deutlich abweichen, sich aber im Koran wiederfinden. Auch deutliche Spuren aus dem babylonischen Talmud sind im Koran zu finden.

Der Koran in Medina

In Medina veränderte sich Mohameds Strategie und damit auch die Sprache des Koran. In Mekka beschäftigte sich der Koran mit dem Konflikt Mohameds mit seinem Stamm, den Quraisch. In Medina blieb dieser Konflikt zwar bestehen, aber es kamen neue Akteure hinzu. Die Auseinandersetzung mit den Juden ist ein wesentlicher Bestandteil der Suren, die in Medina offenbart wurden. Auch die Stimme der Anhänger Mohameds kommt nun deutlicher zum Ausdruck. Seine Gemeinde war immer größer geworden und hatte dementsprechend neue Fragen und Bedürfnisse. Der Koran dokumentiert dies. Im Text erkennt man auch die Entwicklung Mohameds und seiner Gemeinde von ethisch-humanistischen Zeitgenossen zu einer verschworenen, kriegerischen Bande. Koran-

forscherin Angelika Neuwirth nennt den Koran in Teilen
»Mitschrift einer Gemeindebildung«. Das gilt in jedem Fall
für die Zeit in Medina. Viele der damaligen Verse beginnen
mit der Formulierung: »Und sie fragen dich nach (…), so sage
ihnen (…).« Generell war der Koran in Medina viel dynami-
scher und kommunikativer, auf einer Interaktion des Propheten mit seinen Anhängern fußend.

Ein Beispiel dafür lesen wir in Sure 2. Das Alkoholverbot
ging von der Gemeinde aus: »Sie befragen dich über Berauschendes und Glücksspiel. Sprich: ›In beiden liegt großes
Übel und Nutzen für die Menschen. Doch ihr Übel ist größer
als ihr Nutzen‹«, heißt es in Vers 19. Eine vergleichsweise
ausgewogene Aussage. Aber als die Gläubigen beim Gebet
oft von betrunkenen Mitbetenden gestört wurden, folgte in
Sure 4:43 eine ernste Ermahnung: »O ihr, die ihr glaubt, na-
het nicht dem Gebet, wenn ihr betrunken seid, bis ihr versteht,
was ihr sprecht.« Das Aussprechen eines generellen Verbotes
hatte einmal mehr einen persönlichen Hintergrund. Mohameds Gefährte und Schwiegervater Omar war vor seiner Be-
kehrung ein heftiger Trinker gewesen. Als inzwischen strikter
Abstinenzler forderte Omar Mohamed auf, eine klare Aussage zum Thema Alkohol zu machen. Und die lautete, nach-
zulesen in Sure 5:90: »O ihr, die ihr glaubt! Berauschendes,
Glücksspiel, Opfersteine und Lospfeile sind ein Greuel, das
Werk des Satans. So meidet sie, auf dass ihr erfolgreich seid.«
Diesen Einfluss auf den Koran übten aber nicht alle Gläubigen aus, sondern nur Stammesführer von Medina oder
wichtige Kämpfer wie Omar oder Khalid.

Dennoch wird hier deutlich, dass nicht alle Anhänger Mohameds den Koran als ein vertikales Buch verstanden haben, das
von oben nach unten diktiert wird, sondern sich als Mitge-
stalter dieses Textes sahen. Eine Vorstellung, die dem Stellen-

wert des Koran nach dem Tode Mohameds widerspricht. Denn je weiter man sich von der Zeit der Offenbarung entfernte, desto unantastbarer wurden Mohamed und der Koran und desto geringer wurde der Spielraum bei der Auslegung der Texte.

In Medina wurde der Koran auch zum Kriegsprotokoll des Propheten. Viele Verse begeistern die Soldaten für den Kampf, andere beschreiben die Siege, andere beweinen die Niederlagen. Auch die Frage der Aufteilung der Beute wurde durch den Koran geregelt. Dazu werden die vielen Ehen, die Mohamed in Medina einging, im Koran reflektiert. Eine ganze Sure (»Die Frauen«) widmet sich dem angemessenen Umgang mit Frauen in Sachen Ehe, Sexualität, körperliche Züchtigung und Scheidung.

Im Folgenden fasse ich einige Aspekte zusammen, die belegen, inwieweit sich die Koransuren von Medina von jenen der mekkanischen Phase unterscheiden:

- Es beginnt mit dem Stil, der Sprache: Die eher friedlichen und versöhnlichen Suren von Mekka sind poetisch, meditativ und apokalyptisch. Die Suren von Medina sind in Prosa gehalten, deskriptiv und belehrend.
- In die Suren beider Phasen fließen die jeweiligen Konflikte ihrer Zeit ein. Die mekkanischen widmen sich dem Disput mit den heidnischen Arabern. In Medina sind es der Disput mit Juden und Christen und die jeweilige Deutungshoheit der monotheistischen Religionen.
- Alle Suren über Rituale, die Vorschriften für das Leben von Frauen, Gesetze und Körperstrafen stammen aus medinischer Zeit.

- Alle Suren, die Toleranz und ein friedvolles Zusammenleben predigen, sind dagegen in Mekka oder während der
  Frühphase von Medina entstanden (wie z. B. Sure 2:256,
  »Es gibt keinen Zwang im Glauben«).
- Alle Suren, die Gewalt und Krieg rechtfertigen, stammen
  aus Medina. Auch hier ist eine Radikalisierung festzustellen. Die Passagen, die den Krieg lediglich als defensive Verteidigungsmaßnahme sehen, stammen aus der ersten Phase.
  Jene Suren, die die Gläubigen auffordern, sich aktiv gegen
  alle Ungläubigen zu erheben, stammen aus der zweiten me-
  dinischen Phase.
- Die Suren, die Juden und Christen loben und ihre heiligen
  Schriften als Beweise der Göttlichkeit des Koran hervorheben, entstanden in Mekka oder während der Frühphase
  von Medina. Diejenigen, die Juden und Christen beschimpfen und ihnen vorwerfen, ihre heiligen Bücher korrumpiert
  zu haben, stammen aus der zweiten Phase von Medina.
- In den mekkanischen Suren wird der Engel, der Mohamed
  den Koran übermittelte, nicht namentlich erwähnt. Er wird
  ruh amin (der vertrauenswürdige Geist) oder *ruh al-qudus*
  genannt, also Heiliger Geist. Erst in den Suren von Medina
  wird er Dschibril – Gabriel – genannt.
- Gleiches gilt auch für Mohamed selbst, der überhaupt nur
  viermal im Koran namentlich genannt wird. Viel zu wenig
  verglichen mit Moses, der 136-mal Erwähnung findet, oder
  Jesus, der auf 25 Nennungen kommt. In den mekkanischen
  Suren wird Mohamed nur *bashir* (Bringer der Frohen Botschaft) oder *nadhir* (Warner, Ermahner) genannt. Die Bezeichnung *nabi* (Prophet) kommt erst in Medina hinzu.

Wenn moderate Muslime das Toleranzpotenzial im Koran
betonen und den Islam als Religion des Friedens skizzieren

wollen, zitieren sie eher die früheren Suren aus der mekkanischen Phase. Problematisch hingegen sind die Suren von Medina, die die Beziehung der Muslime zum Dschihad, zu den Juden und den Frauen bis heute bestimmen. Viele verstehen diese divergierenden Passagen nicht als Spiegel ihrer Entstehungszeit. Nicht als Reaktion auf bestimmte Situationen im 7. Jahrhundert, sondern als eine Richtlinie und Handlungsaufforderung für alle Zeiten. Denn der Sprecher ist Gott höchstpersönlich, und der Koran ist sein letztes, direktes Wort, sein endgültiges Manifest an die Menschheit. Deshalb fällt es ihnen schwer, den Koran in seinem historischen Kontext zu verstehen; zumal viele konservative Muslime meinen, Allah brauche keinen Kontext, um zu sprechen, denn er ist zeitlos und seine Worte sind nicht an einen Ort oder an eine Situation gebunden. Das ist Legitimation und Verpflichtung zugleich, den Worten des Koran zu folgen.

Wenn Islamisten heute Zitate aus dem Koran verwenden, um Gewalt und Aggression zu rechtfertigen, reagieren nicht nur liberale Muslime beinahe reflexhaft mit Sätzen wie: »Islamisten missbrauchen den Koran« oder »Die Passage wurde aus dem Zusammenhang gerissen« – auch wenn sie selbst zum Teil den Zusammenhang nicht zu benennen vermögen. Wenn Islamkritiker auf Passagen hinweisen, die unmissverständlich Hass und Gewalt schüren, lautet das Totschlagargument: »Ihr seid genauso wie die Islamisten, ihr pickt euch nur die Zeilen heraus, die eure islamfeindlichen Argumente unterstützen.« Eine reflektierte Diskussion auf Augenhöhe gelingt so kaum. Jeder wirft dem anderen vor, sich selektiv auf bestimmte Passagen zu versteifen, die wahlweise das Gewaltpotenzial oder die Friedensliebe hervorheben. Damit verhalten sich Kritiker wie liberale Muslime zum Koran nicht anders als die Fundamentalisten. Liberale Muslime zitieren ein paar friedliche

Passagen und wollen damit belegen, dass die Islamisten den wahren Kern des Islam missverstanden haben. Gerne wird dabei der größere Zusammenhang dieser Verse unterschlagen. Wie bei jenem Vers, den wir von Islam-Apologeten oft nach Terroranschlägen hören: »Wenn jemand einen Menschen tötet, ohne dass dieser einen Mord begangen hätte oder ohne dass ein Unheil im Lande geschehen wäre, es so sein soll, als hätte er die ganze Menschheit getötet; und wenn jemand einem Menschen das Leben erhält, es so sein soll, als hätte er der ganzen Menschheit das Leben erhalten« (Sure 5:32). Kaum ein anderer Vers wird so beschnitten wiedergegeben wie dieser. Denn: Erstens handelt es sich hier nicht um eine islamische Vorschrift, sondern um die Wiedergabe eines jüdischen Gebots, weshalb der Anfang gerne ausgeblendet wird. Der Vers beginnt eigentlich mit den Worten: »Deshalb haben Wir den Kindern Israels verordnet, dass, wenn jemand einen Menschen tötet (…)«. Zweitens enthält der darauffolgende Vers dezidiert eine Botschaft an alle, die Allah nicht folgen: »Der Lohn derer, die gegen Allah und Seinen Gesandten Krieg führen und Verderben im Lande zu erregen trachten, soll sein, dass sie getötet oder gekreuzigt werden oder dass ihnen Hände und Füße wechselweise abgeschlagen werden oder dass sie aus dem Lande vertrieben werden. Das wird für sie eine Schmach in dieser Welt sein, und im Jenseits wird ihnen eine schwere Strafe zuteil« (Sure 5:33). Die meisten islamischen Kommentatoren sind sich einig, dass mit diesem Vers Apostaten gemeint sind, Gotteslästerer und Beleidiger des Islam sowie diejenigen, die Muslime daran hindern, die Botschaft Allahs in die Welt zu tragen. Auch alle Rechtsschulen verwenden den Vers als Beleg für die Tötung von Abtrünnigen. Unter den Gelehrten des Mittelalters war Konsens, dass sogar Muslime, die das Gebet nicht verrichten, auf gleiche Weise bestraft werden sollten wie die Apostaten. Heute ziehen die IS-Kämpfer diesen Vers immer wieder als Rechtfertigung für die Tötung bzw. Verbrennung von Menschen heran, die gegen sie kämpfen.

Dann kommen liberale Muslime und sagen, nein, jemand anders ist damit gemeint, aber wir wissen nicht genau, wer, man muss den Kontext lesen! Aber welchen Kontext?

Mit diesem ständigen Suren-Pingpong ist niemandem geholfen. Wer den Koran als Ratgeber für Frieden verwendet, tut letztlich nichts anderes als die Islamisten, die in ihm einen Ratgeber für den Umgang mit »Ungläubigen« sehen. Denn beide erheben damit den Koran zu einem politischen Instrument. Radikale kann man nicht mit Koranpassagen bekämpfen, denn das wäre ein Heimspiel für sie. Man muss eher die Gültigkeit des Koran als Ratgeber für Fragen, die Gewalt, Frieden und Menschenrechte betreffen, angreifen. Eigentlich soll die Gegenüberstellung von Friedens- und Gewaltpassagen dazu dienen, den Koran als ein widersprüchliches Buch zu entlarven, das nur die Entwicklung einer Gemeinde über 23 Jahre beschreibt, die friedlich war, als sie keine Waffen besaß, und gewalttätig wurde, als sie über militärische Macht verfügte. Allein das disqualifiziert den Koran gänzlich als moralische Orientierungshilfe für Menschen im 21. Jahrhundert. Wer aber im Namen der Friedfertigkeit des Islam auf diesem Anspruch beharrt, unterstützt die Radikalen indirekt.

Nicht eine zeitgemäße Interpretation des Koran kann die Lösung sein, sondern eine Emanzipation von der Übermacht seines Textes. Ein Herunterbrechen auf das, was er damals war. Solange der Koran aber als direkte Niederschrift des Wortes Gottes gilt, ist dies unmöglich. Wie sollte es der schwache, in seinen Möglichkeiten begrenzte Mensch wagen können, das Wort des unfehlbaren, allumfassenden Gottes zu deuten? Eine historisch-kritische Exegese kann nur erfolgen, wenn der Koran als menschliches Produkt begriffen wird, als Text, der nur die Menschen und ihre Probleme im 7. Jahrhundert vor Augen hatte.

Kapitel 6

Mohamed und die Juden
Die Geschichte einer Verschwörungstheorie

Nach der Zerstörung des Jerusalemer Tempels durch die Römer im Jahr 70 wanderten viele Hebräer aus Palästina aus. Einige Stämme ließen sich in der Oase Yathrib auf der arabischen Halbinsel nieder; jener Ort wurde über fünf Jahrhunderte später von Mohamed »Medina« genannt. Es gab zwar einige Konflikte zwischen den Juden und den arabischen Stämmen in Medina, dennoch schafften es die Juden, ihre Existenz in der Oase zu verteidigen. Sie beackerten die Felder, verkauften Wein, Waffen und Werkzeuge. Auch zum blühenden Nachtleben sollen sie maßgeblich beigetragen haben. Jenseits von Medina mischten sich die jüdischen Stämme in innerarabische Auseinandersetzungen nicht ein und wahrten im Kriegsfall Neutralität. Sie fungierten manchmal sogar als Schlichter in Konflikten um Wasserquellen und Land. Dann kam Mohamed. Vor seiner Auswanderung von Mekka nach Medina war er ein Bewunderer jüdischer Traditionen und Überzeugungen. In den frühen Suren des Koran werden jüdische Gelehrte als Zeugen für die Richtigkeit von Mohameds monotheistischen Vorstellungen herangezogen. Juden und Christen werden als gläubige »Leute des Buches« beschrieben. Auch noch in seinem ersten Jahr in Medina suchte Mohamed die Nähe zu den Juden, er übernahm einige Gebote und Verbote von ihnen. Reinigungsrituale, die Meidung der Ehefrau während der Monatsblutung, das Verbot des Verzehrs von Schweinefleisch – all das kopierte Mohamed. Das arabische Wort »Scharia« ist nichts anderes als eine direkte Übersetzung des hebräischen *halakha,* wie die jüdischen Gesetze genannt werden. Beide Wörter bedeuten »der Weg« bzw. »den Weg gehen«. Sogar die Gebetsrichtung teilte Mohamed anfangs mit den Juden. Muslime mussten in den ersten beiden Jahren seines Wirkens in Medina Richtung Jerusalem beten. Die Studie des deutschen Rabbiners und Orientalisten Abraham Geiger »Was hat Mohammed von den Juden aufgenommen?«, veröffentlicht im Jahre 1833 in Bonn, war bahnbrechend für die moderne Islamwissenschaft und Koranforschung. Dort wurde erstmals eine Reihe von Erzählungen, Geboten und Verboten aufgelistet, die den Einfluss verschiedener jüdischer Quellen auf Mohamed dokumentieren.

Mohamed brauchte die Juden nicht nur als Vorbild für die Formung seiner Gemeinde, sondern auch als Verbündete gegen die paganen Araber. Er rechnete damit, dass sie ihn gegen die Heiden unterstützen und im Idealfall auch zum Islam konvertieren würden. In der sogenannten Verfassung von Medina verpflichtete Mohamed die Juden, die Stadt nicht nur im Falle eines Angriffs gemeinsam mit ihm zu verteidigen. Darüber hinaus sollten sie seine Expansionskriege finanzieren und keine Handelsbeziehungen zu seinen Feinden unterhalten. Von Letzterem waren sowohl die jüdischen Bauern betroffen, die Datteln an die Mekkaner lieferten, als auch die Händler und Handwerker, deren Geschäftskontakte weit über die Stadtgrenze hinausreichten. Die Hoffnung der jüdischen Stämme, sich so gut es ging aus Mohameds Konflikten herauszuhalten, scheiterte jedoch an der Realität. Als Mohamed wenige Monate nach seiner Übersiedlung nach Medina erste Angriffe auf mekkanische Handelskarawanen fuhr, war es sowohl den Juden als auch den ortsansässigen Stämmen noch gelungen, diesen Aktionen fernzubleiben. Im Jahr 624 kam es dann in der Schlacht von Badr zur ersten direkten kriegerischen Auseinandersetzung mit den Quraisch. Da die Schlacht nicht in Medina stattfand, glaubten die Juden an eine Rechtmäßigkeit ihrer neutralen Haltung. Mohamed sah das anders. Er folgte der Devise: Wer nicht mit uns ist, ist gegen uns. Nach seinem Sieg gegen die Mekkaner in der Schlacht von Badr nahm sich Mohamed vor, einen jüdischen Stamm nach dem anderen aus Medina zu vertreiben.

Die islamische Version der Erzählung über den Auftakt der Vertreibung geht so: Eine muslimische Frau wollte bei einem jüdischen Juwelier aus dem Stamm Banū Qainuqā' Schmuck kaufen und wurde in dessen Laden von einem anderen Juden belästigt. Am Ende soll dieser ihr den Schleier weggerissen haben. Ein Muslim intervenierte, die Situation eskalierte derartig, dass er den jüdischen Mann tötete. Woraufhin wütende Juden den Muslim umbrachten. Mohamed deutete den Zwischenfall als Bruch der Verfassung von Medina und belagerte die Häuser der Banū Qainuqā' zwei Wochen lang, bis alle sich ergaben. Eigentlich hatte er sie alle töten wollen, doch nach Vermittlung eines Neumuslims aus dem Stamm der Khasradsch milderte er die Strafe ab: Alle Mitglieder des Stammes mussten Medina verlassen und ihr Hab und Gut zurücklassen. Diese Geschichte scheint nur ein Vorwand zu sein, um den ersten jüdischen Stamm aus Medina zu vertreiben. Denn was Mohamed mit dem Stamm der Qainuqā' tat, hatte System. Nach jedem Krieg mit den Mekkanern vertrieb Mohamed einen jüdischen Stamm oder ließ dessen Männer hinrichten. Er begann mit dem schwächeren Stamm der Banū Qainuqā', der kaum Waffen besaß. Seine Mitglieder waren keine Bauern, sondern Händler und hatten vermutlich Handelsbeziehungen mit den Mekkanern. Außerdem brauchte Mohamed Häuser für seine neuen Kämpfer und Gauner, die von außerhalb nach Medina einwanderten.

Kurz nach der Vertreibung der Qainuqā' aus Medina änderte sich die Sprache des Koran gegenüber den Juden plötzlich. Den »Leuten des Buches« wurde nun vorgeworfen, sie hätten die Thora verfälscht. Die Gebetsrichtung der Muslime verlegte Mohamed von Jerusalem Richtung Mekka. Dies war aber eher pragmatisch, denn die meisten Anhänger Mohameds waren Araber und konnten mit Jerusalem nichts anfangen. Die Kaaba dagegen war ein besserer gemeinsamer Nenner.

Ein Jahr später, anno 625, verlor Mohamed die Schlacht von Uhud gegen die Quraisch und verbündete Stämme. Im Islam gilt die Niederlage am Fuße eines Berges nahe Medina als Heimsuchung und Prüfung, der Allah die Muslime unterzog. Die verlorene Schlacht kratzte nicht nur am Ego, sondern riss auch ein Loch in die Kasse. Ein Jahr ohne Kriegsbeute und Kriegsgefangene, die man gegen Lösegeld hätte verkaufen können, brachte Mohamed und seine Kämpfer in Geldnot. Und nicht nur das: Seine Truppe war nach der Niederlage demoralisiert, einige zweifelten, ob Allah überhaupt noch auf ihrer Seite stand. Mohamed musste nicht nur seine Männer wieder aufrichten, sondern dringend eine andere Geldquelle finden, um die Versorgung seiner Kämpfer sicherzustellen und neue Waffen kaufen zu können. Deswegen entschied er sich, gegen den zweiten jüdischen Stamm in Medina, die Banū N-Nadīr vorzugehen. Auch dafür brauchte er einen Vorwand. Er behauptete, der Erzengel Gabriel habe ihn besucht und ihm mitgeteilt, dass ein Mann der Nadīr plane, Mohamed zu erschlagen. Der Prophet belagerte daraufhin den Stamm, der vom Ackerbau lebte; er ließ die Ernte auf den Feldern verbrennen, vertrieb die Menschen aus der Oase und beschlagnahmte ihren Besitz.

Nehmen wir einmal an, diese beiden Geschichten – entehrte Frau und Mordplan – hätten sich tatsächlich so zugetragen und wären nicht eine nachträgliche Rechtfertigung für einen längst gefassten Plan. Sie würden dennoch keine Legitimation für Mohameds überzogenes Handeln liefern. In beiden Fällen handelte es sich um das tatsächliche oder geplante Vergehen eines Einzeltäters. Warum mussten alle Mitglieder der beiden Stämme dafür kollektiv bestraft werden? Zumal der »Entehrer« seiner »gerechten Strafe« längst zugeführt worden war. Nimmt man die Geschichten für bare Münze, würden sie belegen, wie radikal und ohne Augenmaß Mohamed vorging. Die These, dass sie als Rechtfertigung für gezielte Pogrome (und nebenbei zum Auffüllen der Kriegskasse) erfunden wurden, erhärtet sich, wenn man sich Sure 59 im Koran ansieht. Mit Vers 2 wird die Vertreibung der Juden aus Arabien nicht nur gerechtfertigt, sondern gleichsam zur Doktrin erhoben: »Er ist es, Der diejenigen vom Volke der Schrift, die ungläubig waren, aus ihren Heimstätten zur ersten Versammlung austrieb. Ihr glaubtet nicht, dass sie hinausziehen würden, und sie dachten, dass ihre Burgen sie gegen Allah schützen würden. Doch Allah kam von [dort] über sie, woher sie es nicht erwarteten, und warf Schrecken in ihre Herzen, so dass sie ihre Häuser mit ihren eigenen Händen und den Händen der Gläubigen zerstörten. So zieht eine Lehre daraus, o die ihr Einsicht habt!«

Die Sprache des Koran wurde nun sowohl den Juden als auch den Christen gegenüber viel polemischer. Den Muslimen wurde verboten, sich mit Juden und Christen zu befreunden, die Juden wurden als ein Volk beschrieben, das von Gott verflucht wurde. Manche von ihnen habe Gott als Strafe sogar in Affen und Schweine verwandelt. Auch diese Beschreibung hat bis heute bei vielen Muslimen Bestand, die alle Juden als Enkelkinder der Affen und Schweine bezeichnen.

Zwei Jahre später verbündeten sich die Quraisch erneut mit einigen arabischen Stämmen, um Medina zu belagern. Die Mekkaner wollten Mohamed auf diese Weise zwingen, seine Blockade des Handelsweges aufzugeben. Der islamischen Historiographie zufolge hatte Mohamed aber einen Graben rund um Medina ausheben lassen, um die Einnahme der Stadt zu verhindern. Zudem hätten starke Stürme dazu beigetragen, dass die Allianz unverrichteter Dinge wieder abziehen muss- te. Dies wird von Muslimen als Wunder verstanden. Allah habe interveniert und schlechtes Wetter gesandt, um die Un- gläubigen in die Flucht zu schlagen. Heute erinnern IS-Kämp- fer in ihren Propaganda-Videos gerne an jene (verhinderte) Schlacht und vergleichen ihre aktuelle Situation mit den be- lagerten Muslimen in Medina. US-Kampfjets und schiitische Truppen werden mit den Quraisch und ihren Verbündeten analog gesetzt. Und am Ende siegt nur die Armee Gottes.
Durch den Abzug seiner Gegner konnte Mohamed erneut kei- ne materiellen Gewinne erzielen. Also musste eine neue Schlacht inszeniert werden. Mohamed warf dem dritten jü- dischen Stamm von Medina, Banū Quraiza, Hochverrat vor. Einige Männer jenes Stammes sollen Kontakt zu Mohameds Feinden aus Mekka gehabt haben, mit dem Ziel, ihnen den Zugang zu Medina zu erleichtern. Manche islamischen Quel- len behaupten, die Juden hätten die Allianz gegen Mohamed selbst geschmiedet, nachdem Mohamed die ersten zwei jüdi- schen Stämme aus Medina vertrieben hatte. Wie bei den Er- zählungen zuvor gibt es auch hier nur die islamische Version der Geschichte, keine anderen Quellen: Wie schon in den bei- den vorangegangenen Fällen belagerte Mohamed auch die Quraiza vier Wochen lang, bis alle sich ergaben. Das Urteil fiel diesmal aber viel härter aus: Alle Männer des Stammes mussten enthauptet werden, alle Frauen und Kinder wurden

versklavt. Zwar verkündete nicht Mohamed persönlich das
Urteil, sondern einer seiner Anhänger aus Medina, doch er
segnete es nicht nur ab, sondern teilte mit, der Erzengel Gabriel habe es ihm diktiert. Der Prophet ließ viele Gräber ausheben und war bei den Hinrichtungen anwesend. Manche
Quellen sprechen von 400 Männern, die an diesem Tag ermordet wurden. In anderen ist sogar die Rede von 900. Interessanterweise reduziert sich in späteren Quellen die Zahl der
getöteten Juden auf vierzig. Je mehr sich die Islamgelehrten
von der Zeit des Propheten entfernten, desto peinlicher wurde
ihnen diese Geschichte offenbar. Denn wie hätte ein Prophet,
den der Koran als »Barmherzigkeit« für die gesamte Menschheit beschreibt, an einem einzigen Tag so viele wehrlose
Kriegsgefangene umbringen können? Nur Dschihadisten haben kein Problem damit, den Propheten als Massenmörder zu
sehen, denn für sie verdienen alle Ungläubigen den Tod. Eine
Haltung, die sich auch im Koran wiederfindet.
Problematisch ist hier abermals nicht nur das, was Mohamed
tat, sondern dass der Koran sein Handeln rechtfertigt, was
wiederum die Beziehung der Muslime zu den Juden nachhaltig prägte. In Sure 8 werden Juden als »schlimmer als die
Tiere« bezeichnet. Verrat wird ihnen gleichsam als Charakter-
eigenschaft zugewiesen: »Es sind jene, mit denen du einen
Bund geschlossen hast; dann brechen sie jedes Mal ihren
Bund, und sie fürchten [Allah] nicht«, heißt es in den Versen
55–56. Noch heute wird diese Stelle aus dem Koran von einigen Muslimen zitiert, die einen Friedensvertrag mit Israel
ablehnen; denn Allah selbst hat die Juden als ein Volk beschrieben, das sich an Abmachungen nicht hält.

Ein Jahr später verfolgte Mohamed die geflüchteten Mitglieder
aus den drei Stämmen, die sich in der Festung Khaibar nördlich

von Medina versteckt hatten, und belagerte sie, bis sie sich ergaben. Zahlreiche Männer wurden getötet, Frauen wurden versklavt, darunter Safiyya, deren Ehemann und Bruder Mohamed an diesem Tag tötete, wenige Stunden bevor er sich mit ihr vermählte. Gerade die Geschichte der Vernichtung der Banū Quraiza gehört zu den dunkelsten Flecken in der Biographie des Propheten. Viele liberale Muslime finden es schwierig, diese Massenhinrichtungen zu rechtfertigen, zumal es unmöglich ist, dass ein gesamter Stamm an einer Verschwörung teilnimmt und dafür eine kollektive Strafe verdient. Der Freiburger Islamwissenschaftler Abdel-Hakim Ourghi erklärt in einem Artikel in der *Süddeutschen Zeitung* vom 19. Januar 2015 die historischen Wurzeln der islamistischen Gewalt und lokalisiert diese schon in der Entstehungsgeschichte des Islam. Als Beispiel führt er die grausame Hinrichtung der jüdischen Männer vom Stamm der Quraiza an. Allerdings fügt er der Erzählung eine Erklärung hinzu, die eher nach einer Rechtfertigung klingt. Er schreibt: »Das Handeln des Propheten lässt sich aus der historischen Situation heraus verstehen: Zum einen gehörten Gewalt und Stammeskonflikte zur damaligen Lebenswelt. Zum anderen gefährdete die Präsenz einer anderen Religionsgemeinschaft in Medina die religiösen und politischen Ansprüche der neuen Religion.«

Es stimmt zwar, dass die Gewalt zur damaligen Lebenswelt dazugehörte, jedoch findet sich zu Mohameds Zeiten nicht ein vergleichbarer Fall, bei dem ein ganzer Stamm in Medina oder Mekka ausgerottet wurde, obwohl er sich ergeben hatte. Kriegsgefangene ließ man entweder gegen Lösegeld frei oder verkaufte sie in die Sklaverei. Verräter ließ man einfach aus dem Land oder der Stadt vertreiben. Auch für damalige Verhältnisse hat Mohamed etwas Ungeheuerliches, etwas Verwerfliches getan.

Ourghis Argumentation greift allerdings nicht nur zu kurz, in ihr liegt ein viel größeres Problem begründet. Denn sie könnte auch den IS-Kämpfern als Blaupause dienen. Gehört nicht auch im Irak seit der US-Invasion im Jahr 2003 Gewalt zur Lebenswelt der Bevölkerung? Könnten nicht auch Jesiden und Christen als Gefahr für die politischen und religiösen Ansprüche des neugeborenen Islamischen Staats betrachtet werden? Der IS könnte sich nach diesem Erklärungsmuster eigentlich als Opfer einer internationalen Verschwörung sehen, denn der Westen greift den neuen Staat an, der für sich lediglich das Recht auf Verteidigung in Anspruch nimmt. Der kompromisslose Umgang Mohameds mit Ungläubigen und politischen Gegnern ist ein Vorbild für die IS-Truppen. Die öffentliche Enthauptung von irakischen und syrischen Soldaten wurde von IS-Kämpfern mit dem Handeln des Propheten gegenüber Verrätern gerechtfertigt. Vor allem die Verbrennung des jordanischen Piloten Muaz al-Kasasbeh galt den Islamisten als eine Strafe für seine Kollaboration mit den amerikanischen Streitkräften.

Die gleiche Erklärung von Ourghi über die Gewalt von Mohamed hätte auch Hitler während des Zweiten Weltkriegs sowohl in Bezug auf die Alliierten als auch hinsichtlich der Juden verwenden können. Ich weiß, dass man gerade mit solchen Vergleichen vorsichtig sein muss, doch was Mohamed mit den Juden von Medina tat, ist in mancher Hinsicht und in kleinerem Maßstab mit dem Holocaust vergleichbar. Ich wage diesen Vergleich, weil es mir hier nicht nur um die Qualität und das Ausmaß der Gewalt geht, sondern vor allem um die Geisteshaltung, die dahinter steckt. In seinem Buch »Warum Auschwitz?« beleuchtet der Bremer Soziologe Gunnar Heinsohn Hitlers Motive aus einem interessanten Blickwinkel. Seiner Meinung nach sei es um die Frage des Gewissens ge-

gangen. Hitler habe Gewalt ausüben und Eroberungskriege
führen wollen, doch die Juden hätten ihm mit ihren Zehn
Geboten, vor allem der Maßgabe »Du sollst nicht töten«,
entgegengestanden. Im übertragenen Sinn sei durch die Tötung dieses moralischen Gewissens, verkörpert von den Juden, ein Hindernis für dieses Expansions- und Gewaltstreben
aus dem Weg geräumt worden. Laut Heinsohn habe Hitler,
untermauert vom Verweis auf das Germanentum, archaische
Stammespraktiken in das 20. Jahrhundert reimplementieren
wollen. Indem er das Volk des »Tötungsverbots«, wie es in
den Zehn Geboten festgeschrieben ist, auslöscht, ist der Weg
für eine darüber hinausgehende Völkervernichtung wieder-
hergestellt.

Das mag auf den ersten Blick wie eine steile These wirken,
doch wenn man Hitler im O-Ton lauscht, bekommt sie durchaus Gewicht. Warum er das Judentum als gefährlich, ja verbrecherisch sah, erklärte der Diktator selbst. Weil es den
»gesunden« – also den nach dem archaischen »Recht« der
Rücksichtslosigkeit und Grausamkeit handelnden – Völkern
das Gift solcher Ideen wie Mordverbot und Gleichheitsgedan-
ken eingeträufelt habe. All das, was wir heute als »globale
Ethik« feiern, gilt Hitler als »Infektion«. Für die Niederlage
Deutschlands im Ersten Weltkrieg machte er auch »religiöse
Prinzipien« verantwortlich. Diese seien allein von deutscher
Seite eingehalten worden, wodurch der Wille zum beding-
ungslosen Töten für den Sieg »zersetzt« worden sei.

Und genau hier lag Mohameds Problem mit den Juden. Sie
hatten die Tradition des Menschenopfers beendet, er dagegen
brauchte diese Tradition wieder und den Märtyrer-Kult, um
seine Eroberungspläne in Arabien und darüber hinaus durchzusetzen. Für ihn waren die Juden eine starke moralische und
theologische Konkurrenz, schließlich konnte es in Arabien

nur eine einzige moralische Instanz, ja, nur ein auserwähltes Volk geben. Dafür musste er das Volk des Tötungsverbots töten, um die Deutungshohheit über Leben und Tod zu gewinnen.

Sogar der Theologe Hans Küng, der durchaus Sympathien für den Islam hegt, spricht von »ethnischer Säuberung«, wenn er den Fall der Banū Quraiza beschreibt. Er macht Mohamed direkt für dieses Massaker verantwortlich.[83]

Ein weiterer Punkt eint Mohamed und Hitler im Umgang mit den Juden. Beide mystifizierten den Kampf gegen die Juden und stilisierten ihn zum Teil eines Erlösungsplans. Mohamed sah die Auseinandersetzung zwischen Juden und Muslimen nicht als temporäre Episode, weil diese sich in einem konkreten Aspekt gegen ihn und seine Politik gewandt hatten, sondern als einen lang andauernden Schicksalskampf, der erst am Ende der Zeit entschieden würde. Er prophezeite: »Das Jüngste Gericht wird nicht kommen, bis die Muslime die Juden bekämpfen und umbringen; bis der Jude sich hinter den Steinen und Bäumen versteckt, und der Stein und der Baum werden sagen: O, du Muslim, o, du Diener Allahs, dies ist ein Jude, der sich hinter mir versteckt, komm und bring ihn um!«[84]

Diese Prophezeiung beflügelt bis heute die »Ausrottungsphantasien« vieler Islamisten, die den Kampf gegen Juden als heilige Mission betrachten. Friedensverträge und die Rückgabe von besetzten Gebieten sind für sie kein Argument, diesen Kampf zu beenden. Die Juden gelten als ewige Verräter, und der Krieg gegen sie wird zum göttlichen Plan, der erst mit der Vernichtung aller Juden abgeschlossen ist. Das galt auch für Hitler und seine Nationalsozialisten: Erst wenn der letzte Jude getötet ist, beginnt die neue Zeit.

Gerade die Auseinandersetzung des Koran mit den Juden ist ein weiterer Beleg dafür, dass der Koran und die Figur des Propheten nicht erst sechzig Jahre nach seinem Tod durch die Umayyaden erfunden wurden, sondern tatsächlich früher existiert haben. Denn sechzig Jahre nach dem Tod Mohameds spielten die Juden kaum noch eine Rolle als Feinde der Muslime und stellten keine Gefahr mehr für die neuen muslimischen Machthaber dar. Im Gegenteil, sie waren bestens integriert, sowohl unter der Herrschaft der Umayyaden als auch später unter den Abbasiden. Also wäre die Inszenierung eines theologischen und militärischen Kampfes mit den Juden sowohl aus der Sicht der Machthaber als auch der muslimischen Theologen und Geschichtsschreiber ziemlich unökonomisch. In Zeiten der Stärke der muslimischen Herrschaft spielten die Verschwörungstheorien, die mit den Juden verbunden sind, kaum eine Rolle. Im Gegenteil, Juden konnten in Zeiten des Wohlstandes Karriere machen als Leibärzte, Übersetzer und Berater der Kalifen. Erst in Zeiten der Schwäche und der politischen Unruhen wurde die Feindseligkeit gegenüber den Juden reaktiviert. Das gilt ebenfalls für die Beziehung der Muslime zu den Christen.

Kapitel 7

Genie und Wahn

Die Krankheit des Propheten

Schon Ende des 8. Jahrhunderts behauptete der byzantinische Chronist Theophanes (*um 750, † 818), Mohamed habe häufig unter Epilepsieanfällen gelitten. Er berichtet über eine Frau Mohameds, die sich beschwert hatte, dass sie, obwohl sie aus einer edlen Familie stammte, an diesen armen Epileptiker gebunden war.[85] Solche Anfälle werden zwar auch in den islamischen Quellen erwähnt, aber dort nicht als Symptome einer Erkrankung gedeutet, sondern als Begleiterscheinungen des Empfangens himmlischer Offenbarungen. Im Mittelalter hat sich das Bild eines epileptischen Mohameds in der christlichen Polemik etabliert. Denn für Christen galt die Lehre Mohameds als eine Lehre des Teufels. Der epileptische Prophet entsprach dann dieser Vorstellung.

Doch der berühmteste Epileptiker des 19. Jahrhunderts, Fjodor Dostojewski, veränderte das Bild des Epileptikers. Er schrieb, dass epileptische Anfälle sehr inspirierend sein könnten. Diese Anfälle beinhalteten »erhabene emotionale Subjektivität, in der die Zeit stillsteht«. Dostojewski erinnert an Mohameds Offenbarungen: »Vermutlich war es eines dieser Momente, in denen der epileptische Mahomet (Mohamed) sagte, er habe die Wohnstätte Allahs binnen kürzester Zeit besucht.«[86] In seinem Roman »Der Idiot« lässt Dostojewski seinen epileptischen Protagonisten Fürst Myschkin von transzendentalen Erfahrungen berichten, die ebenfalls Mohameds Visionen ähnlich sind.

Natürlich hat nicht jeder Epileptiker prophetische Visionen und transzendentale Erfahrungen. Und natürlich deutet nicht

jede subjektive spirituelle Erfahrung auf eine Erkrankung hin.
Experten meinen aber, dass eine bestimmte Form der Epilepsie besonders mit Hyperreligiosität und Visionen verbunden
ist, nämlich die Temporallappenepilepsie (TLE). Auch persönliche Berichte von TLE-Patienten geben klare Hinweise
auf einen Zusammenhang zwischen ihrer Erkrankung und
ihren spirituellen Erfahrungen. In einer Osternnacht wurde
Dostojewski in seinem sibirischen Exil von einem alten
Freund besucht. Dostojewski beschrieb seinem Freund eine
prophetische Vision, die er im Rahmen eines epileptischen
Anfalls hatte, mit folgenden Worten: »Die Luft war von gro-
ßem Lärm erfüllt, ich versuchte vergeblich, mich zu bewegen.
Ich fühlte, als ob der Himmel über die Erde fällt und mich
dabei vereinnahmt. Ich habe Gott wirklich berührt. Er war in
mir, ja, Gott existiert, ich habe geweint. Ihr, gesunde Menschen, habt alle keine Ahnung, welche Freude wir Epileptiker
eine Sekunde vor dem Anfall empfinden. Mahomet sagte in
seinem Koran, er habe das Paradies gesehen und kam dort
hinein. All diese dummen, klugen Männer waren sich sicher,
dass er ein Lügner und Scharlatan war. Aber nein, er war
wirklich im Paradies während eines Epilepsieanfalls. Er war
ein Opfer dieser Krankheit wie ich. Ich weiß nicht, ob diese
Freude wenige Sekunden, Stunden oder Monate andauert,
aber glaub mir, ich würde sie gegen alle Freuden dieser Welt
nicht austauschen!«[87]
Fürst Myschkin aus Dostojewskis Buch ähnelt Mohamed in
seiner mekkanischen Phase in mehreren Aspekten. Er stammt
aus einer verarmten Adelsfamilie, ist sehr intelligent, wirkt
aber auf seine Umgebung wie ein Kind, das in seiner Entwicklung zurückgeblieben ist. Die epileptischen Anfälle waren für Myschkin eine Art Flucht vor der Welt, die ihn weder
würdigt noch versteht. In »Der Idiot« beschreibt der Autor

einen Epilepsieanfall als Eintritt in die metaphysische Welt.
Bei Fürst Myschkin sind die Anfälle mit einem transzendentalen Gefühl der Glückseligkeit verbunden: »Mitten in der
Traurigkeit, der inneren Finsternis, des Bedrücktseins und der
Qual erhellte sich sein Gehirn für Augenblicke gleichsam
blitzartig (…) und alle seine Lebenskräfte spannten sich mit
einem Schlage krampfhaft an (…). Die Empfindung des Lebens, des Bewusstseins verzehnfachte sich in diesen Augen-
blicken (…). Der Verstand, das Herz waren plötzlich von un-
gewöhnlichem Licht erfüllt; alle Aufregung, alle Zweifel, alle
Unruhe lösten sich gleichsam in eine höhere Ruhe auf, in eine
Ruhe voll klarer, harmonischer Freude und Hoffnung, voll
Sinn und letzter Schöpfungsursache. Aber (…) diese Licht-
blitze waren erst nur eine Vorahnung jener einen Sekunde, in
der dann der Anfall eintrat (…) wo er den Zustand eines ›höheren Bewusstseins und einer höheren Empfindung seines
Ich, und folglich auch seines höheren Seins‹ erlebte.«[88] Dostojewski beschreibt dieses Gefühl als die »höchste Stufe der
Harmonie, der Schönheit«, auch als »ein unerhörtes und zuvor nie geahntes Gefühl der Fülle, des Maßes, des Ausgleichs
und des erregten, wie im Gebet sich steigernden Zusammen-
fließens mit der höchsten Synthese des Lebens«. Auf der anderen Seite rufen die epileptischen Anfälle auch das Gegenteil
hervor: »(…) der Stumpfsinn, die seelische Finsternis, die
Idiotie stehen ihm als Folgeerscheinungen dieser ›höchsten
Augenblicke‹ klar vor Augen. Er fragt sich: »Was tun mit dieser Wirklichkeit?«[89]
Dostojewskis Beschreibung der ekstatischen Aura während
des Anfalls deckt sich mit Erkenntnissen der modernen Neu-
rologie. Schon der britische Neurologe John Hughlings-Jack-
son hatte sie im ausgehenden 19. Jahrhundert als »dreamy
state« beschrieben.[90]

Doch zurück zu Mohamed: Es gibt eine Menge Symptome, die der Prophet während des »Empfangens« der Offenbarungen hatte, die auch bei Patienten vorkommen, die unter TLE leiden. In zahlreichen Hadithen lesen wir, dass Mohamed beim Empfangen des Koran Glockenklang hörte, er schnarchte wie ein Kamel, schwitzte stark, selbst wenn es kalt war, und war nicht mehr ansprechbar. Er zitterte stark und hatte gelegentlich Schaum vor dem Mund. Es ist höchst unwahrscheinlich, dass spätere Historiographen solche Erzählungen erfunden haben, denn in ihnen ist keine Würdigung enthalten. Sie sind authentische Zustandsbeschreibungen eines Menschen, der einen epileptischen Anfall hat. Was die Chronisten als Begleiterscheinung der Offenbarung verstanden.

Mohameds zeitgenössische Gegner und Kritiker dagegen sahen darin sehr wohl Zeichen einer Erkrankung oder Besessenheit. An 16 unterschiedlichen Stellen im Koran sieht sich Mohamed genötigt, den Vorwurf des Verrücktseins zurückzuweisen. In Sure 15, Vers 6 steht beispielsweise geschrieben: »Und sie sagten: ›O du, zu dem die Ermahnung herabgesandt wurde, du bist wahrlich ein Verrückter.‹« Koranexeget al-Razi ordnete die Sache so ein: »Der Prophet geriet beim Empfangen der Offenbarung in einen Zustand ähnlich der Bewusstlosigkeit, deshalb dachten sie, er sei verrückt.«[91]

Das, was sie Verrücktheit nannten, war vermutlich Epilepsie. Die Symptome, die Mohamed hatte, waren entweder mit Gott oder mit dem Teufel verbunden. Die Mekkaner sagten, er sei der Teufel. Mohameds Anhänger gingen von einer Offenbarung aus.

Hypergraphie

Ein Phänomen, das mit TLE verbunden ist, ist die Hypergraphie oder Schreibwut. Bei Dostojewski und Sören Kier-
kegaard, der laut einer Untersuchung von Helle und Leif Hansen auch an TLE gelitten haben soll, kommt das Phänomen
des Schnellschreibens nach einem Anfall oft vor.[92]
In einer Studie wurden Patienten unterschiedlicher Epilepsieformen angeschrieben. TLE-Patienten antworteten mit durch-
schnittlich 1301 Wörtern. Patienten anderer Epilepsieformen
antworteten im Schnitt mit lediglich 106 Wörtern. Bei sieben
bis zehn Prozent aller TLE-Patienten kommt der Schreibzwang akzentuiert direkt nach einem epileptischen Anfall
vor.[93] Im Fall Mohameds liefert der Koran einen Hinweis, dass
der Prophet nach Überwindung der Offenbarungs-Starre viel
Korantext produziert hat. Oft habe er versucht, all das, was ihm
offenbart worden war, sofort und sehr schnell zu rezitieren.
Allah soll Mohamed befohlen haben, dies zu unterlassen:
»Bewege deine Zunge nicht mit ihm [dem Koran], um dich damit zu übereilen«, heißt es in Sure 75:16. Auch kurzfristige
Sprachstörungen gelten als eines der Symptome der TLE.
Einige westliche Islamwissenschaftler und Orientalisten stimmen der Theorie zu, Mohamed habe an Epilepsie gelitten. Andere weisen sie zurück und wollen in der Biographie des Propheten keine klaren Anzeichen für eine mentale oder psychische Erkrankung erkannt haben. David S. Margoliouth sah es
nicht nur als erwiesen an, dass Mohamed epileptische Anfälle
hatte, sondern auch, dass er manchmal sogar welche vorge-
täuscht habe.[94] Und Duncan Black Macdonald meinte, eine
gründliche Untersuchung des Lebens des Propheten lasse die
Vermutung zu, dass es sich bei ihm um einen pathologischen
Fall handelte.

Der Islamwissenschaftler Tor Andrae wies diese Vermutung zurück, da Epilepsie nach seinem damaligen Wissensstand ernsthafte körperliche und mentale Einschränkungen mit sich bringt, die man bei Mohamed nicht identifizieren konnte. Für ihn waren Mohameds Anfälle eher im Bereich des Trancezustandes anzusiedeln. Auch W. Montgomery Watt erkennt bei Mohamed keine Anzeichen für Epilepsie oder Hysterie. Er meint, Mohamed habe als Feldherr und Anführer einer immer größer werdenden Gemeinde bis zum Ende seines Lebens seine mentalen Kräfte und seine Emotionen völlig unter Kontrolle gehabt.[95]

Doch Frank R. Freemon meint, die Islamwissenschaftler, die Mohamed von der Epilepsie freisprechen, hätten eine falsche Vorstellung von der Epilepsie oder kannten sich mit den unterschiedlichen Typen von Epilepsie nicht gut aus.[96] Freemon meint, psychomotorische Anfälle der Temporallappenepilepsie wäre die passende Diagnose, wobei er ergänzt, dass seine historischen Kenntnisse nicht ausreichen, um eine wasserdichte Diagnose zu stellen. Er listet Argumente für und gegen diese Diagnose auf. Dafür spricht Mohameds Zustand: der anfallsartige Ausbruch *(paroxysmal onset),* plötzliches Fallen und Verlust des Bewusstseins, visuelle und auditive Halluzinationen. Gegen die Prognose spricht laut Freemon das Alter Mohameds beim ersten Auftreten der Anfälle, war Mohamed doch vierzig Jahre alt, als er die ersten Offenbarungen erhielt. Viel zu spät für einen TLE-Patienten, meint Freemon. Doch Freemon ignoriert hier zwei Hinweise aus Mohameds Biographie, die belegen, dass er auch in seiner Kindheit und seiner Jugend ähnliche Anfälle hatte, wenngleich daraus keine Koranverse entstanden sind. Im Alter von vier Jahren behauptete Mohamed, zwei in Weiß gekleidete Männer hätten nach ihm gegriffen, ihm die Brust geöffnet und sein Herz mit Eiswasser gereinigt.[97] Eine andere Erzählung aus seiner Jugend bestätigt, er sei plötzlich und ohne Grund auf den Boden vor der Kaaba gefallen. Seine Augen verdrehten sich und starrten auf den Himmel. Er rief nach seinem Onkel und bat ihn, seinen Schambereich zu bedecken.[98]

Das ist eine von zwei Erzählungen, die über Mohameds Jugend in seiner Biographie stehen. Sonst liegt diese Phase seines Lebens, vermutlich bewusst, im Dunklen. Auch der Islamwissenschaftler Tilman Nagel listet eine Reihe von Indizien auf, die auf eine Erkrankung Mohameds hinweisen: Erscheinungsformen eines Anfalls wie Schweißausbruch, Benommenheit, Erschöpfung. Nagel weist darauf hin, dass auch viele byzantinische Kaiser Epileptiker waren.[99]

Der unter Pseudonym schreibende türkische Arzt Dede Korkut listet in seinem Buch »Life Alert: The Medical Case of Muhammad« eine Reihe von Symptomen auf, die Mohamed hatte und die sich auch bei TLE-Patienten wiederfinden. Das Hören von Glockenklang ist für ihn ein deutlicher Hinweis auf Mohameds Erkrankung.[100] Über Mohamed wissen wir, dass er Glockenklang und Musik hasste. In einem Hadith sagt er: »Eine Karawane wird von den Engeln nicht begleitet, wenn ein Hund oder eine Glocke dabei ist.«[101]

In einem anderen Hadith äußert er: »Die Glocke ist die Flöte des Teufels.«[102] Möglicherweise löste das Läuten einer Glocke Anfälle bei ihm aus. Nach der islamischen Eroberung von christlichen Gebieten wurden die Kirchenglocken in vielen Orten verboten. Für viele Salafisten gilt heute das Benutzen von Alarmglocken als verboten. Korkut listet eine Reihe weiterer Verhaltensstörungen auf, die mit TLE verbunden sind und bei Mohamed auffielen: Emotionalität, Euphorie, Wut, Aggressionen, Schuldgefühle, Depressionen und Suizidgedanken, Hypermoralismus, wechselhafte sexuelle Energie, Hypersexualität, Hypergraphie bzw. Schreibzwang, Paranoia.[103]

Abbas Sadeghian ist ein iranisch-stämmiger Neuropsychologe, der über lange Erfahrung in der Behandlung von TLE-Patienten verfügt. Auch er bestätigt in seinem Buch »Sword and Seizure: Muhammad's Epilepsy and the Creation of Islam« die Diagnose Temporallappenepilepsie. Für ihn gelten das Hören von Glockenklängen und die visuellen Halluzinationen als klare Indizien. Darüber hinaus sieht Sadeghian bei Mohamed Anzeichen für Verhaltensstörungen, Paranoia und Narzissmus. Zum gleichen Ergebnis kommt der iranische Schriftsteller Ali Sina in seinem Buch »Understanding Muhammad«.

Jenseits der (umstrittenen) Diagnose Temporallappenepilepsie scheint Mohamed tatsächlich an psychischen Problemen und Erkrankungen gelitten zu haben, die sich nicht durch eine mögliche Epilepsie erklären lassen. Etwa sein Gewaltproblem oder sein Mangel an Empathie. Mohameds Leiden und seine Verhaltensauffälligkeiten hatten und haben für die islamische Geschichte und für viele Muslime bis heute weitgehende Konsequenzen. In Sure 33, Vers 21 verlangt der Koran von Muslimen, sich an Mohamed ein schönes Vorbild zu nehmen. Seine Frau Aischa beschrieb Mohamed mit den Worten: »Er war ein Koran auf zwei Beinen.« Der Koran bestätigt dies in Sure 53, in der es heißt, alles, was Mohamed spricht, ist eine Offenbarung Gottes. Solche Verse haben bis heute eine kritische Betrachtung von Mohamed und seinem Werk in der islamischen Welt verhindert. Einige Reformer versuchten zwar, zwischen dem, was im Koran steht, und dem, was in den Hadithen und der Biographie des Propheten geschrieben ist, zu unterscheiden. Doch Unterstützung fanden sie dabei weder bei den Gelehrten noch bei der Bevölkerung. Denn der Koran erklärt sich nicht selbst. Für die Gelehrten ist der Islam ein Gesamtpaket aus Koran, Hadithen, Prophetenbiographie und Gelehrtentradition. Wer das Paket aufschnürt, reißt ihrer Meinung nach das Ganze auseinander.

Eine direkte Kritik an Mohamed wagen die allerwenigsten, denn Mohamed war der Empfänger der Offenbarung und somit der einzige Zeuge, dass der Koran tatsächlich von Gott stammt. Die Kritik an seiner Person könnte indirekt auch seine Botschaft diskreditieren und somit das Fundament ins Wanken bringen, auf dem die Muslime ihre Identität aufbauen. Deshalb neigen auch die meisten Reformer dazu, Mohamed und den Koran zu schonen, wenn sie Kritik an der Entwicklung der islamischen Theologie üben oder wenn sie nach den Ursachen für das große Gewaltpotenzial im Islam suchen. Die meisten Reformer akzeptieren die Unantastbarkeit des Koran und des Propheten und schieben den frühen Koranexegeten, den Hadith-Sammlern und Biographen die Schuld in die Schuhe. Ihr Erklärungsmuster lautet, dass die Gelehrten entweder etwas missverstanden oder manipuliert haben mussten. Denn der Koran und der Prophet hätten es nur gut gemeint. Um es noch einmal zu wiederholen: Ohne es bewusst zu wollen, kollaborieren diese Reformer mit dieser Sichtweise mit den Konservativen und sogar mit den Terroristen. Denn sie lassen den Koran und den Propheten als höchste Autorität gelten. Und so bleiben Mohameds Fehlverhalten und seine merkwürdigen Entscheidungen nach wie vor als Tugenden und Pflichten, an denen sich die Muslime bis heute orientieren sollen. Auch dadurch wurden Mohameds Krankheiten an viele Muslime von heute vererbt:

Narzissmus und Größenwahn

Mohamed sah sich selbst als Gottes letzten Prophet und Über-
bringer von dessen vollkommenster Botschaft. Er lobt sich im
Koran als einen Menschen mit edlem Charakter und hohen
moralischen Eigenschaften (Sure 68:4). Und in Sure 21, Vers
107 beschreibt er sich im Koran sogar als »die Barmherzigkeit Gottes für die Menschheit«.
Bewunderung und Lob für seine Person verlangte er auch von
seinen Anhängern. Noch heute erwähnt kein gläubiger Muslim den Namen Mohamed, ohne danach den Zusatz »Gottes
Segen und Friede sei mit ihm« auszusprechen. Dies hat Mohamed selbst im Koran vorgeschrieben. Dort steht, dass Allah
und seine Engel Mohamed segnen, weshalb die Gläubigen
ihrerseits für den Propheten bitten und ihm mit Ehrerbietung
begegnen sollen (Sure 33:56). Mohamed fordert auch die
Liebe der Gläubigen ein, nicht ohne darauf hinzuweisen, dass
sie ohne diese Liebe keine wahren Gläubigen seien: »Keiner
von euch wird ein wahrer Gläubiger sein, bis er mich mehr
liebt als seine Eltern, seine Kinder und die gesamte Menschheit.«[104]
Da Mohamed frühzeitig sowohl Liebe als auch Anerkennung
versagt blieben, war sein Selbstwertgefühl schwach ausgeprägt und abhängig von den Reaktionen anderer. Ali Sina beschreibt einen Narzissten mit folgenden Worten: »Ein Narzisst braucht Verehrer. Er zeichnet einen Kreis um sich und
sieht sich als das Zentrum davon. Er lädt seine Fans und Anhänger in seinen Kreis ein, belohnt sie und ermutigt sie, ihn zu
hoffieren. Die, die außerhalb des Kreises bleiben, sieht er als
seine Feinde an.«[105]
Als Mohamed noch ohne Armee war, hatte er Allmachtsvisionen, die seine narzisstische Seele zufriedenstellen sollten. Er

träumte von Dämonen, die in Scharen zu ihm kamen und am Ende an seine Botschaft glaubten. Er flog mit einem Reittier nach Jerusalem, betete als Imam mit allen Propheten, stieg in den Himmel und saß neben Gott auf dem Thron. Als er eine Armee hatte, ruhte er nicht aus, bis er seine gesamte Umgebung unter seine Herrschaft bringen konnte.

Narzissmus hat oft sowohl mit Selbstüberschätzung als auch mit Minderwertigkeitskomplexen zu tun. Narzissten zeichnen sich dadurch aus, dass sie nach einer Sonderbehandlung und nach unbedingtem Gehorsam verlangen. Wir wissen, dass Mohamed mehr Frauen heiratete, als er seinen Gläubigen gestattete. Auch die Ehe mit seiner Schwiegertochter war nur durch eine Sonderregelung möglich, die sogar durch eine Offenbarung gesegnet wurde. Er nahm ein Fünftel der Kriegsbeute für sich und verteilte den Rest unter seinen Kämpfern. Seine Entscheidungen durften per Koran-Dekret nicht angefochten werden (Sure 33:36). Viele, die ihm den Rücken kehrten oder sich spöttisch über ihn äußerten, mussten sterben.

Narzissten sind oft frei von Empathie und sehen bzw. erkennen die Gefühle und Bedürfnisse anderer Menschen nicht. Mohameds Umgang mit den jüdischen Stämmen von Medina sowie sein Beharren auf Geschlechtsverkehr mit Safiyya am Tag der Ermordung ihres Mannes und ihres Bruders sind nur zwei Beispiele für das Empathie-Problem des Propheten. Der Narzisst verlangt nicht nur Lob und Gehorsam von seinen Anhängern, sondern auch Opferbereitschaft. Hinter jedem Diktator steckt oft ein Narzisst. Diese Despoten verlangen nicht unbedingt, dass man sie als Person anhimmelt, verlangen aber von ihren Anhängern vollen Einsatz bis hin zur Selbstaufgabe für die Sache. Das gilt für Hitler, für Stalin und auch für Mohamed. Außerdem führt Narzissmus zu hochmütigem Verhalten, zur Selbstverherrlichung, zur Gereiztheit bei selbst der kleinsten Kritik und zur Neigung zum Beleidigtsein.

Zwangsstörung

Mohamed war ein Kontrollfreak. Und nicht nur sein Gottesbild spiegelt dies wider. Ein eifersüchtiger Gott, der die Menschen 24 Stunden am Tag beobachtet und sie nicht nur für ihre Taten und Aussagen, sondern auch für ihre Gedanken bestraft: »Und ob ihr kundtut, was in euren Seelen ist, oder es geheim haltet, Allah wird euch dafür zur Rechenschaft ziehen«, steht in Sure 2, Vers 284 geschrieben. Auch seine Anhänger kontrollierte Mohamed geschickt. Er versammelte sie fünfmal am Tag zum Gebet und akzeptierte für ein Fernbleiben keine Entschuldigung außer einer schweren Erkrankung oder einer weiten Reise. Er regelte durch seine Hadithe jede Angelegenheit ihres Alltags: Schlafrhythmus, Kleiderordnung, Sexualität, Reisebestimmungen, Essen, Trinken – für alles stellte er detaillierte Anweisungen auf. Sogar für den Toilettengang und das »Luftablassen« dort gibt es Regeln.

Viele islamische Rituale sind von sinnlosen Wiederholungen bestimmt, etwa die Gebetsbeugungen und die Reinigungsrituale. So musste sich jeder Muslim auch in den wasserkargsten Regionen fünfmal am Tag für das Gebet waschen, wobei jeder Körperteil dabei dreimal mit Wasser benetzt werden musste. Sollte einmal kein Wasser zur Verfügung stehen, solle man sich symbolisch mit Sand reinigen, ebenfalls fünfmal am Tag und dreimal pro Körperteil. Wer dabei nicht sorgfältig vorgehe, habe die Strafe Gottes zu fürchten: Jene Stellen, die das Wasser/der Sand nicht erreicht habe, würden am Jüngsten

Tag von Gott verbrannt, ließ Mohamed seine Anhänger wissen.

Diese Vorgaben waren keine Frage von Reinlichkeit allein, geschuldet einer Umgebung, in der nicht alle hygienischen Standards erfüllt werden konnten; möglicherweise litt Mohamed unter Reinheitswahn, der sowohl mit Schuldgefühlen als auch mit Kontrollzwang zu tun hat. Bis heute muss ein Muslim sich zum Gebet waschen, wenn er einer Frau die Hand gibt oder wenn er Luft ablässt, ganz wie Mohamed es befohlen hat.

Eine Moschee muss man mit dem rechten Fuß betreten, die Toilette dagegen mit dem linken Fuß. Ein Gebet muss vor dem Toilettengang ausgesprochen werden, um den Muslim vor bösen Dämonen zu schützen, die auf dem stillen Örtchen lauern. Nach dem Toilettengang spricht man erneut ein Gebet aus und dankt Allah, dass man vor den bösen Geistern bewahrt wurde. Die Liste mit Geboten und Anweisungen, die einen Muslim in der freien Gestaltung seines Tages hemmen, ließe sich mit unzähligen weiteren Beispielen fortsetzen.

Um ein guter Muslim zu sein, muss der Gläubige den Propheten auf Schritt und Tritt nachahmen. Selbstbestimmung, Flexibilität und Kreativität sind nicht vorgesehen; heutigen Islamgelehrten eröffnet sich dadurch die Möglichkeit, ihrerseits mehr Macht über die Muslime und ihren Alltag zu gewinnen. Ganze Fernsehsendungen drehen sich darum, Fragen der Gläubigen über die banalsten Sachen des Alltags, die manchen nicht mehr ganz zeitgemäß erscheinen mögen, im »Sinne des Propheten« zu beantworten. Das Problem hier ist nicht das Streben nach Reinheit und korrektem Benehmen, sondern dass alle, die sich nicht nach diesen Vorgaben verhalten, aus Sicht des Islam als »unreine Sünder« betrachtet werden. Mohameds Sagen und Wirken sorgt bis heute dafür, dass

Muslime sich selbst als gottgefällig und fromm betrachten
können, sofern sie alle Gebote befolgen. Sie können nicht nur
bestimmte Teile der Gebote erfüllen und andere außer Acht
lassen. Dieser Zwang, dem Propheten im allem gerecht zu
werden, führt gerade viele junge Muslime in einen Teufelskreis. Schuldgefühle und die Angst vor weiteren Sünden treiben sie in die Arme extremistischer Organisationen. Denn nur
dort kann man ein Leben führen, wie es der Prophet und seine
Gemeinde vor 1400 Jahren geführt haben sollen. Da man
selbst unter Gläubigen rückfällig werden und in eine Sünden-
falle tappen könnte, besteht für einige der letzte Ausweg im
»Projekt Märtyrer«. Der Ausgang dieses Abenteuers ist tod-
sicher: Dem Märtyrer werden nicht nur alle Sünden vergeben,
sondern er bekommt eine Garantie auf das ewige Paradies.
Mohamed selbst wurde immer rigoroser und misstrauischer,
je mehr Anhänger er hatte. Sünder wurden körperlich gezüch-
tet, Abtrünnige mit dem Tode bestraft. Sein Kontrollwahn
gipfelte in einer der genialsten Ideen, die er je hatte: Er setzte
Engel als Spione und Aufpasser ein. Er ließ den Koran die
Gläubigen warnen, auf ihren Schultern säßen zwei Engel,
die immer alles protokollierten, was der Mensch sage (Sure
50:17–18). Während der Teufel versuchte, die Gläubigen zu
verführen, waren die Engel sozusagen die Stasi-Mitarbeiter,
die alles dokumentierten. Eine Form der Arbeitsteilung, die
Mohamed zugutekam.
Die Angst vor den Verführungen des Teufels und vor den ewi-
gen Qualen der Hölle (sie werden über 400-mal im Koran
beschworen) setzten die Gläubigen enorm unter Druck. Mohameds Anhänger mussten dem Propheten mit jeder Tat
gerecht werden. Jedes Fehlverhalten wurde registriert, der
leiseste Zweifel am Islam wurde als Einflüsterung des Teufels
interpretiert. Daran hat sich bis heute nichts geändert. Die

Folge ist, dass nicht nur unabhängiges kritisches Denken unterbunden wird, sondern auch eine freie persönliche Entfaltung und mithin das verantwortungsvolle Treffen von Entscheidungen. Es gilt nicht, Argumente abzuwägen, es gilt, die Gebrauchsanweisungen des Propheten zu befolgen. Jedes Abweichen vom Moralkodex führt zur Sünde. Jede Sünde führt zu Schuldgefühlen. Der Wunsch, sich davon wieder reinzuwaschen, treibt den Gläubigen erneut in eine innere Abhängigkeit. Er möchte es der Instanz recht machen, sein Fehlverhalten wiedergutmachen, deren Vorgabe er missachtet hat. Ein buchstäblicher Teufelskreis. Islamisten und Terroristen rekrutieren gerne ehemalige Sünder, die mit ihrer Vergangenheit endgültig brechen wollen. Schuldgefühle und zwanghaftes Befolgen von Ritualen und Regeln als Maßnahme für die Rückkehr auf den rechten Weg sind wichtige Motoren der Radikalisierung, wie sie etwa die Salafisten forcieren. Sie wiederum sehen sich als die wahren Erben des Propheten.

Paranoia

Wer sich selbst überschätzt, überschätzt oft auch die Feindseligkeit seiner Umgebung ihm gegenüber. Die frühislamische Überlieferung zählt allein 15 Mordkomplotte, die der Prophet angeblich überlebt haben soll: drei durch arabische Heiden und zwölf durch Juden. Ich habe bereits geschildert, dass der Erzengel Gabriel Mohamed verraten habe, ein Jude plane, einen Felsbrocken vom Dach seines Hauses zu schleudern und Mohamed damit zu erschlagen. Der Prophet hat diesen Verdacht nicht überprüft, allein die visuelle und auditive

Halluzination reichte ihm als Beweis und Rechtfertigung für die Belagerung und schließlich die Vertreibung des gesamten Stammes aus Medina.

Ebenfalls erwähnt wurde bereits, dass Mohamed vor seinem Tod behauptet hatte, eine jüdische Frau habe ihn vergiftet. Der Wiener Imam Adnan Ibrahim zitiert diese Episode von der angeblichen Ermordung Mohameds und schwört in einer Predigt die Gläubigen auf Rache für den Propheten ein. Damit stellt er eine historische Kontinuität zwischen den Juden von damals und den Juden von heute her: »Möge Allah die Juden verfluchen. (…) Sie kennen nur, List, Verrat und Mord«, sagt der Prediger. Das Erschreckende an dieser Aussage ist: Adnan Ibrahim gilt vielen nicht als Hassprediger. Seine Dissertation an der Universität Wien hatte das Thema »Glaubensfreiheit im Koran«. Er ist nicht nur für viele Muslime in der arabischen Welt und Europa, sondern auch für viele Österreicher der »Martin Luther« des Islam – wegen seiner Reformansätze. Auch stammt von ihm eine flammende Predigt, in der er über den Terror des IS schimpft und beklagt, der Islam sei von den Radikalen »entführt« worden. Die Frage ist nur: Wer sind diese Radikalen, und wer hat sie dazu gemacht? Die Antwort gibt der Prediger in der gleichen Predigt. Ibrahim behauptet, der IS sei ein Produkt der »Feinde des Islam«, um die islamischen Länder zu zerstückeln und zu kontrollieren. Eine Verschwörungstheorie, die ebenfalls auf Mohamed zurückzuführen ist. Er hatte nicht nur die Juden seiner Zeit im Blick, sondern prophezeite einen Endkampf zwischen Muslimen und Juden, aus dem die Muslime dereinst als Sieger hervorgehen würden. Mit dieser Vernichtung ist die endgültige Erlösung der Muslime verbunden. Danach kommt das Jüngste Gericht.

Mohamed war nicht nur den Juden gegenüber misstrauisch,

sondern allen Völkern der Erde. Zwar steht im Koran, dass Gott die Menschen zu Völkern und Stämmen gemacht habe, auf dass sie einander kennenlernen mögen (Sure 49:13), doch den Generationen der Muslime nach ihm prophezeite er:»Die Völker werden eines Tages über euch herfallen in ähnlicher Weise wie hungrige Leute, die sich um das Essen versammeln, (…) Ihr werdet an jenem Tage viele sein, aber ihr werdet schwach sein, wie der Schaum auf einer Wasserflut. Sie werden keine Angst vor euch haben, denn ihr werdet schwach im Herzen sein. (…) Eure Herzen werden dadurch schwach, dass ihr das Leben lieben und den Tod hassen werdet.«[106] Islamisten zitieren diese Aussage bis heute und sehen die aktuelle Lage der Muslime als Bestätigung dieser Prophezeiung, die gleichzeitig eine Aufforderung ist, zu alter Stärke zurückzufinden. Das kann erreicht werden, wenn Muslime den Tod mehr lieben als das Leben und Dschihad betreiben. Nicht umsonst lautet eine der Kampfparolen der Terroristen gegen den Westen:»Ihr liebt das Leben, und wir lieben den Tod.« Aber auch für viele Muslime, die Gewalt ablehnen, ist die Aufteilung der Welt in Gläubige und Ungläubige gesetzt. Durch den Propheten und seine Skepsis gegenüber anderen Völkern wurde eine hohe Mauer zwischen ihnen und dem Rest der Welt errichtet. Nirgendwo kursieren so viele Verschwörungstheorien in Bezug auf die vermeintlich üblen Intentionen des Westens und der Juden wie in der islamischen Welt. Auf diese Weise verlagert man die eigenen Probleme, schiebt die Schuld einem Feind zu und lehnt es ab, die Verantwortung für das eigene Versagen zu übernehmen. Damit treten auch gemäßigte Kräfte auf der Stelle.

Kritikunfähigkeit

Es gibt zwar keine Stelle im Koran, die explizit die Todesstrafe für jene vorsieht, die den Propheten beleidigen, aber in der Biographie Mohameds wimmelt es nur so von Erzählungen über Menschen, die auf seinen Befehl hingerichtet wurden, weil sie über ihn gelästert hatten. Die Überlieferung zählt über vierzig Opfer, darunter einige Dichter und Sänger, die es gewagt hatten, Mohamed ins Lächerliche zu ziehen. Schon damals konnte Satire tödlich sein. Al-Nadr Ibn al-Harith war einer von ihnen. Ein Intellektueller aus Mekka, ein belesener Mann, der sich mit persischen Mythen und jüdischen Erzählungen gut auskannte und Mohamed vor den versammelten Mekkanern drei Fragen gestellt hatte: Wer sind die Schläfer von Ephesus? Wer ist der Mann mit den zwei Hörnern, der durch die Erde wanderte? Und was ist die Seele? Mohamed wusste darauf spontan nichts zu sagen und versprach Ibn al-Harith, ihm am nächsten Tag die Antworten zu überbringen, die er durch göttliche Offenbarung erhalten würde. Doch mehrere Tage gingen ins Land, ohne dass Mohamed etwas offenbart wurde. Erst zwei Wochen später kam der Koran mit den Antworten.[107] Zunächst kam Mohamed mit einer unhistorischen Erzählung über Alexander den Großen, um die Frage nach dem Mann mit den zwei Hörnen zu beantworten. Auch die Geschichte der Schläfer von Ephesus, die der Bischof Jakob von Sarug (451–521) eigentlich als ein Hymnenlied verfasste, um die Unterdrückung der Christen durch die Byzantiner zu symbolisieren, erzählt der Koran in Sure 18 (»Die Höhle«) als eine wahre Geschichte. Auf die Frage nach der Natur der Seele gab Mohamed eine schwammige Antwort: »Und sie befragen dich über die Seele. Sprich: ›Die Seele ist eine Angelegenheit meines Herrn; und euch ist vom Wissen nur wenig gegeben‹« (Sure 18:85).

Ibn al-Harith lehnte Mohameds Antworten ab und nannte den
Koran einen »Abklatsch alter Mythen«. Er selbst könne bessere Geschichten erzählen als die, die im Koran stünden.[108]
Dass er seine Schmähung auch noch vor versammelter Menge
tätigte, sollte sich rächen. Als Mohamed später Feldherr in
Medina wurde, führte er einen Krieg gegen die Mekkaner.
Unter den siebzig Kriegsgefangenen, die ihm in die Hände
fielen, war Ibn al-Harith. Während alle anderen gegen Lösegeld freikamen, wurden Ibn al-Harith und ein Freund von ihm
auf Mohameds Befehl umgebracht.[109]
Ähnliches lesen wir in der Hadith-Sammlung von Abū
Dawūd: »»Der Prophet entdeckte vor seiner Moschee eine ge-
tötete Frau. Er fragte die Betenden, wer sie umgebracht habe.
Ein Blinder erhob sich und sagte: ›Ich. Sie ist meine Sklavin,
und ich habe von ihr zwei Kinder, Perlen gleich. Doch gestern
hat sie dich, Prophet Gottes, beleidigt. Ich forderte sie auf,
dich nicht mehr zu beschimpfen, aber sie wiederholte das Ge-
sagte. Ich konnte das nicht aushalten und habe sie umgebracht.‹ Mohamed entgegnete: ›Das Blut dieser Frau ist zu
Recht geflossen!‹«[110] Erschreckend an der Geschichte ist nicht
nur die Tatsache, dass ein Mann die Mutter seiner Kinder
tötet, weil sie Mohamed angeblich beleidigt hat, sondern die
Privatisierung von Gewalt. Todesurteile zu vollstrecken ist
kein Privileg des Herrschers oder einer anderen Form der
Staatsgewalt – ein jeder Muslim ist dazu befugt, sofern er
glaubt, einen Grund zu haben.
In der gleichen Hadith-Sammlung wird eine Geschichte erzählt über eine jüdische Frau, die von einem Gefährten Mohameds zu Tode gewürgt wurde, weil sie über den Propheten
gelästert hatte. Auch hier gibt Mohamed dem Mörder rückwirkend seinen Segen und legitimiert damit die Ermordung
der Frau.[111]

Als ich im Juni 2014 einen Vortrag in Kairo hielt und behauptete, der islamische Faschismus habe bereits mit Mohamed
begonnen, rief ein Professor der Al-Azhar-Universität zu meiner Tötung auf und zitierte jene Geschichte von der Sklavin
des blinden Mannes als Beleg für die Rechtmäßigkeit seines
Aufrufs.

Gerade in Zeiten der Unruhen und der Schwäche wurden die
Blasphemie-Gesetze verschärft. Mohamed segnete nicht nur
den Tod seiner Kritiker ab, sondern gab auch Morde in Auftrag gegen Dichter, die über ihn spotteten, wie etwa der jüdische Dichter Kaa'b Ibn al-Ashraf, der Mohamed vorwarf, aus
den jüdischen Quellen seine Korantexte gestohlen, dabei
jedoch den Sinn der Erzählungen missverstanden zu haben.
Mohamed konnte es nicht dulden, wenn jemand die Göttlichkeit seiner Verse in Frage stellte, und befahl den Tod des
jüdischen Dichters. Sogar seinen ehemaligen Offenbarungs-
Schreiber verurteilte er zum Tod. Mohamed hatte ihm jene
Sure diktiert, in der Allah die Entwicklung des Embryos von
einem Samentropfen zum Blutklumpen und weiter zu Kno-
chen und Fleisch beschreibt. Der Schreiber kommentierte die
Verse mit seinen eigenen Worten und sagte: »So sei Allah ge-
priesen, der beste Schöpfer!« Mohamed wies ihn an, diese
Preisung als Schlusssatz an die Sure anzuhängen, und fügte
hinzu, genauso sei es ihm von Allah offenbart worden. Den
Schreiber überkamen Zweifel an der Offenbarung, und er
wollte Mohamed testen. Er notierte gelegentlich etwas ande-
res als das, was der Prophet ihm diktiert hatte. Später konnte
Mohamed den Unterschied zwischen Gottes Wort und der
Fälschung des Schreibers nicht auseinanderhalten. Der
Schreiber fiel vom Islam ab und erzählte öffentlich, beim
Koran handele es sich nicht um eine göttliche Offenbarung.
Daraufhin verurteilte Mohamed ihn zum Tode. Erst durch die

Vermittlung des reichen Händlers und späteren Kalifen 'Uthmān begnadigte Mohamed den zweifelnden Schreiber. Von dieser Gnade profitierten andere Dichter nicht. Sie wurden wegen ihrer Mohamed-kritischen Verse umgebracht.

Wer Mohamed beleidigte, musste sterben. Das wurde zum Gesetz, das allerdings nicht immer und nicht überall in der islamischen Geschichte umgesetzt wurde. Zwischen dem 8. und 11. Jahrhundert spielte dieses Gesetz etwa in Bagdad und Andalusien kaum eine Rolle, da die wirtschaftliche und militärische Stärke der islamischen Welt für Gelassenheit und ein starkes Selbstbewusstsein sorgte. Häresie kam unter Dichtern regelrecht in Mode. Doch seit den Kreuzzügen ist die strenge Ahndung von Apostasie und Beleidigung des Propheten breiter theologischer Konsens. Der Vater des modernen Salafismus, Ibn Taimiyya, schrieb im Mittelalter ein ganzes Buch mit dem Titel »Das gezogene Schwert gegen die Beleidiger des Propheten«, in dem er Hunderte von Belegen für die Vollstreckung der Höchststrafe sammelte und betonte, auch reuige »Täter« seien hinzurichten.

Bis heute glauben viele Muslime, die Beleidigung des Propheten müsse bestraft werden – nur über die Art der Strafe sind sie uneins. Manche sagen, nur Allah sei befugt, Menschen zu bestrafen, die den Propheten beleidigen; andere meinen, ein wahrer Gläubiger müsse den Propheten selbst rächen. Nach dem Anschlag auf *Charlie Hebdo* gab es zwar viele Stimmen in der islamischen Welt, die das Attentat verurteilten, doch auch Schadenfreude war in arabischen Medien zu vernehmen. Saudi-Arabien ließ hohe diplomatische Vertreter am Trauermarsch für die Opfer in Paris teilnehmen, aber nur wenige Stunden später den Blogger Raif Badawi in Jeddah öffentlich auspeitschen – wegen einer islamkritischen Twitter-Nachricht. Er wurde außerdem zu zehn Jahren Haft verurteilt.

Im Frühjahr 2015 steinigte ein Mob eine junge Afghanin in Kabul zu Tode, weil diese angeblich den Koran verbrannt habe. Eine britische Lehrerin musste im Sudan ins Gefängnis, weil sie ihren Teddybär »Mohamed« nannte. Und der Fußballklub Schalke 04 musste von muslimischer Seite Kritik einstecken, weil es in seiner Hymne heißt: »Mohamed war ein Prophet, der vom Fußball nichts versteht.« Immerhin: Der Zentralrat der Muslime in Deutschland bestätigte, dass Mohamed keine Ahnung von Fußball gehabt haben konnte.

Die Krankheit des Propheten beginnt bei seinem persönlichen Leiden, aber sie wird genährt von einem Gottesbild, das weder Verhandlung noch Eigenverantwortung kennt. Ein Gott, der die Menschen fernsteuert und alles für sie durch Gebote und Verbote regelt. Er überwacht die Menschen und bestraft sie für jeden Fehltritt, ja sogar für die »falschen« Gedanken, und er darf nicht in Frage gestellt werden. Er entscheidet alles und lenkt alles. Allah macht die Geschichte, nicht die Menschen und ihr Tun. Hier liegt der Kern des Problems – und ein Hinweis auf seine Lösung. Das, woran die islamische Welt krankt, kann nur geheilt werden, wenn Muslime sich von den multiplen Krankheiten des Propheten lösen: Fatalismus, Zwangsstörung, Selbstüberschätzung, Paranoia, Kritikunfähigkeit sowie die Neigung zum Beleidigtsein. Auch das verzerrte Bild Gottes, das Vorbild für Despoten geworden ist, muss in Frage gestellt werden. Eine Reform, die es nicht wagt, das Trio von Mohamed, Allah und dem Koran zu relativieren, ist keine Reform, sondern ein Selbstbetrug. Fundamentalismus und Intoleranz sind nicht eine Folge der Fehlinterpretation der Texte, sondern eine Folge ihrer Überhöhung. Die Reform des Denkens beginnt, wenn Muslime es wagen, Mohamed aus dem Käfig der Unantastbarkeit zu entlassen und ihn Mensch werden zu lassen – Mensch, der er ja immer war. Erst dann können sie selbst aus seinem/ihrem Gefängnis ausbrechen und Teil der Gegenwart werden, die nicht von Gott, sondern von den Menschen bestimmt wird!

Kapitel 8

Der nackte Prophet
Charlie Hebdos Geschenk für die Muslime

Vor vielen Jahren war ich noch strenggläubiger Muslim. Ich war befreundet mit einem deutschen Theologie-Studenten in Augsburg, der Religionslehrer werden wollte. Er erzählte mir einmal folgenden Witz: Ein Metzger aus Bayern kommt in den Himmel. Petrus stoppt ihn an der Pforte und durchsucht seine Tasche. Er entdeckt darin eine große Weißwurst und fragt erstaunt, was dieses Ding sein soll. »Das ist meine Nahrung, ich kann ohne nicht leben«, antwortet der Bayer. Petrus verweigert ihm so lang den Eintritt, bis er in Erfahrung gebracht habe, was das sei. Der Himmelspförtner fragt Jesus, ob er dieses längliche Zeug identifizieren könne. »Nein, Petrus, frag doch meine Mutter, sie war häufiger auf dem Markt als ich und kennt sich mit Nahrungsmitteln besser aus.« Petrus fragt Maria, ob sie dieses Ding kenne. Die Mutter Gottes nimmt die Wurst in die Hand und tastet sie vorsichtig ab. »Gesehen habe ich so etwas noch nie, aber irgendwie fühlt es sich an wie der Heilige Geist!«, sagt Maria.

Ich war schockiert, als ich den Witz hörte, und konnte nicht darüber lachen. Wie konnte ein gläubiger Christ, der auch noch Religionslehrer werden wollte, so einen Witz über die heiligsten Figuren des Christentums machen! Ich stamme aus einer Kultur, wo man gerne fast über alles lacht. Humorlos sind Muslime nicht. Doch über Religion und über Propheten darf man sich nicht lustig machen. Außerdem ist die unbefleckte Empfängnis Marias im Koran anerkannt. Nach der Mutter Jesu ist sogar eine Sure des Koran benannt.

Der Maria-Witz löste bei mir Ängste aus, meine deutsche Umgebung würde sich bald auch über meinen Propheten lustig machen. Nicht nur das. Ich hatte die Befürchtung, je mehr ich mich in Deutschland integriere, desto infizierter würde ich mit dieser Krankheit der Religionskritik und Relativierung von allem, was heilig ist. Als gläubiger Muslim musste ich den Propheten mehr als meine Eltern und alle Menschen lieben. Die Angst um meine heiligen Symbole führte mich in die Isolation. Ich entschied mich damals, mich von der deutschen Gesellschaft abzuschotten, um meine Religion vor Schmähung und Kritik zu schützen. Das war die friedliche Variante.

Einige Gefährten Mohameds stellten ihre Liebe zu ihm damals dadurch unter Beweis, dass sie Menschen umbrachten, die sich abfällig über ihn äußerten. Die Attentäter von *Charlie Hebdo* eiferten diesen Gefährten nach. Sie wussten, dass der Prophet ihre Tat rückwirkend segnen würde. Das arabische Wort *sukhriyya,* also Sarkasmus oder Ironie, ist im Koran sehr verpönt, da heidnische Bewohner Mekkas Mohamed oft verspottet hatten.

Damals war ich noch nicht imstande, die Unantastbarkeit des Propheten in Frage zu stellen. Dem Kommilitonen kündigte ich die Freundschaft auf. Je mehr ich mich abschottete, umso mehr kränkte mich jede Äußerung von Kollegen oder jeder Medienbericht über den Islam. Ich empfand meine deutsche Umgebung als feindselig und respektlos. Mein Motto schien: »Ich bin Moslem, also bin ich beleidigt.«

Erst Jahre später, nachdem ich angefangen hatte, mich kritisch mit dem Islam auseinanderzusetzen, erkannte ich, wie wichtig Satire sein kann. Die dänischen Mohamed-Karikaturen des Jahres 2005 spielten bei meinem Sinneswandel eine wichtige Rolle. Massen von Muslimen waren demonstrierend auf die Straße gegangen und wollten ihre Liebe zum Propheten dadurch zum Ausdruck bringen, dass sie westliche Botschaften anzündeten. Dutzende Menschen starben bei Unruhen. Kaum jemand wagte es zu sagen, dass der Tod von so vielen Menschen viel schlimmer ist als eine satirische Zeichnung des Propheten.

Später fuhr ich nach Kopenhagen und interviewte Flemming Rose, den dänischen Redakteur, der für die Veröffentlichung der Karikaturen verantwortlich war. Ich traf auf einen rational denkenden Menschen, der weder von Hass noch Rassismus gesteuert war. Er sagte, die Lösung könne nicht sein, dass wir alle aufhörten, Mohamed satirisch zu behandeln, sondern dass Muslime lernen müssten, mit Satire gelassener umzugehen. Ich bot das Interview einer großen ägyptischen Zeitung an. Und tatsächlich wurde es online gestellt, allerdings nur wenige Minuten lang. Ein Shitstorm zwang die liberale Zeitung, den Artikel aus dem Netz zu nehmen.

Plötzlich konnte ich den damaligen Studienkollegen aus Augsburg verstehen. Er lachte über seine Religion, weil er frei von Dogmen und Zwängen war. Erst die Freiheit macht es möglich, dass man seinen Glauben behält und trotzdem eine gewisse Distanz zu diesem Glauben wahrt, die Selbstkritik und Satire zulässt. Und genau da liegt das Problem vieler Muslime.

Die Geschichte der Satire in Europa ist die Geschichte der Befreiung von Göttern und somit die Geschichte der Aufklärung. In der Renaissance war die Satire die bevorzugte Literatur der Gebildeten. Die Entweihung der sakralen Sprache durch Dante Alighieri in der »Göttlichen Komödie« war ein wichtiger Schritt zur Befreiung von starren Dogmen. Erasmus von Rotterdam ist ein geistiges Kind Dantes. Sein Werk »Lob der Torheit«, auch »Lob der Narrheit« genannt, ist eine humorvolle, humanistische Kirchenkritik. Er lästerte in einer Zeit über die Kirche und ihre Sakramente, als die Inquisition noch tobte.

Im Zeitalter der Aufklärung erhob sich die Satire als didaktisches Mittel, mit dem die pädagogischen Ziele des aufgeklärten Denkens befördert werden sollten. Voltaire war ein Kind von Erasmus. Seine sarkastische Kirchenkritik war ein Wegbereiter der Französischen Revolution, die die Grundlage für unsere Freiheit heute ist. Sogar die Idealvorstellungen der Aufklärung wurden durch den satirischen Kakao gezogen. Beispiel dafür ist Jonathan Swift und sein Buch »Gullivers Reisen«, in dem er gelehrte Theorien seiner Zeit und das idealistische Menschenbild ironisch entlarvt.

Auch Schillers und Goethes »Xenien« Ende des 18. Jahrhunderts gehören zu den satirischen Schriften. In der Weimarer Republik waren es Erich Kästner und Kurt Tucholsky, die die deutsche patriotische Seele mit ihrer Satire durchleuchteten. Kästners Gedicht »Das Führerproblem, genetisch betrachtet« aus dem Jahr 1931 war eine traurige Vorahnung dessen, was zwei Jahre später mit Hitlers Machtübernahme Realität werden sollte.

Und natürlich sind auch Monty Python, Mr. Bean und selbst Loriot Kinder dieses Geistes. Und *Charlie Hebdo*. Politische, religiöse und gesellschaftliche Satire war immer ein Teil des Selbstreinigungsprozesses einer Gesellschaft. Humor kann eine Kultur entkrampfen. Sie kann absolute Wahrheiten relativieren und Menschen ermutigen, aus der selbstverschuldeten Unmündigkeit herauszutreten.

Deswegen reagieren Despoten oft allergisch auf Satire, weil Humor den Untertanen die Angst vor den Machthabern nimmt. Als Ayatollah Khomeini im Jahre 1989 eine Fatwa gegen Salman Rushdie erließ, geschah dies nicht nur, weil

Rushdie den Propheten und seine Frauen satirisch behandelte, sondern weil er sich in seinem Roman »Satanische Verse« über Khomeini selbst lustig machte.

Im Laufe der islamischen Geschichte wurde immer der Vorwurf »Beleidigung des Propheten« von den Herrschern als Vorwand benutzt, um ihre politischen Gegner zu beseitigen. Wenn Muslime auf der Unantastbarkeit des Propheten beharren, stärken sie Despoten in ihrer Machtposition und verhindern Veränderung.

Auch westliche Islam-Freunde, die einen Sonderstatus für Mohamed zur Wahrung des inneren Friedens befürworten und dafür sogar politische Karnevalsmotive aus dem Verkehr ziehen, tun Muslimen keinen Gefallen. Irgendwann werden Muslime den Kritikern und Satirikern dankbarer sein als den Beschwichtigern und Verharmlosern!

Deswegen sehe ich die Karikaturen von *Charlie Hebdo* als ein Geschenk für Muslime. Als eine Chance, endlich entspannter mit heiligen Texten und Symbolfiguren umzugehen. Eine Chance, zu lernen, dass nur schwache Gedanken eine hohe Mauer der Einschüchterung brauchen, um sie zu beschützen. Die Karikaturen waren wie eine Art Schocktherapie für viele Muslime, damit sie endlich erkennen können, dass nicht das Image des Islam im Westen das Problem ist, sondern das, was im Namen des Islam geschieht.

Der Anschlag auf *Charlie Hebdo* sollte für Muslime ein Anlass sein, die Tabuisierung der Mohamed-Kritik zu beenden. Denn nichts ist heiliger als ein Menschenleben, nichts ist wertvoller als Freiheit und Menschenrechte. Vielleicht braucht der Islam keinen Luther, sondern einen Erasmus, einen Voltaire und viele »Charlie Hebdos«!

Wichtige Daten, die der Orientierung und Einordnung der Ereignisse dienen sollen. Einige davon wurden islamischen Quellen entnommen und sind eher als provisorisch zu betrachten.

570   Mohameds Geburt; Tod seines Vaters Abd Allah

576   Mohameds Mutter Āmina stirbt.

578   Mohameds Großvater Abd al-Muttalib stirbt.

595   Mohamed heiratet seine erste Ehefrau Khadidscha und wird Karawanenführer in ihrem Handelsunternehmen.

610   Beginn der Koran-»Offenbarung«. Mohamed predigt den Monotheismus in Mekka.

614   Das persische Sassanidenreich erobert Jerusalem von Byzanz und zerstört die Grabeskirche.

619   Mohameds Ehefrau Khadidscha stirbt.

620   Mohamed reist nach Tai'f; nach seiner Rückkehr erlebt er die sagenhafte Nachtreise nach Jerusalem sowie die Himmelfahrt.

622   Übersiedlung Mohameds nach Medina und Beginn der islamischen Zeitrechnung. Im gleichen Jahr siegt Byzanz mit Hilfe der christlichen arabischen Stämme über die Sassaniden in Kleinasien. Das Jahr wird »Jahr der Araber genannt«. Unklar ist, ob diese

Bezeichnung wegen Mohameds Übersiedlung nach
Medina oder wegen des Beitrags der arabischen
Christen zum Sieg gegen das Sassanidenreich ge-
wählt wurde.

624   Mohamed siegt in der Schlacht von Badr gegen die
         Quraisch. Vertreibung des jüdischen Stammes Banū
         Qainuqā' aus Medina.

625   Mohamed verliert die Schlacht von Uhud gegen die
         Quraisch; eine der Folgen ist die Vertreibung der
         Juden des Stammes Banū n-Nadīr aus Medina.

627   Sogenannte Grabenschlacht von Medina gegen
         die Quraisch, Massaker am jüdischen Stamm
         Quraiza

628   Friedensvertrag von Hudaibiya mit den Quraisch,
         Vertreibung der Juden von Khaibar

630   Mohamed erobert seine Heimatstadt Mekka und die
         Nachbarstadt Tai'f.

631   Schlacht von Tabūk gegen byzantinische Truppen

632   Schlacht von Daumat al-Dschundul; Mohamed stirbt
         in Medina, Abū Bakr wird zu seinem Nachfolger
         gewählt.
         Abū Bakr führt Kriege gegen jene Stämme, die nach
         Mohameds Tod vom Islam abfielen.

634   Abū Bakr stirbt, Omar wird als Kalif gewählt

635   Die Truppen Omars erobern Damaskus.

636   Schlacht von Qadisiyya und Eroberung von Teilen
       des persischen Sassanidenreiches

637   Eroberung Jerusalems und von Teilen Großsyriens

641   Eroberung Ägyptens

643   Eroberung Irans und Aserbaidschans

644   Omar wird ermordet, 'Uthmān zu seinem Nachfolger
       gewählt.

647   Eroberung von Zypern

651   Die Araber gewinnen die Seeschlacht von Phönix
       gegen Byzanz, das Mittelmeer ist fest in arabischer
       Hand.

656   Ermordung 'Uthmāns und Ernennung Alis zum
       Kalifen; Mohameds Ehefrau Aischa mobilisiert eine
       Armee gegen Ali, ein innerislamischer Bürgerkrieg
       beginnt.

661   Nach der Ermordung Alis übernehmen die Umayya-
       den die Macht, Damaskus wird Hauptstadt des Kali-
       fats.

670   Eroberung Nordafrikas

677   Die Umayyaden belagern Konstantinopel.

683   Abd Allah Ibn az-Zubair gründet ein Gegenkalifat in
        Mekka.

685   Abd al-Malik Ibn Marawān wird Umayyaden-Kalif
        in Damaskus.

693   Ermordung az-Zubairs, Ende des Mekka-Kalifats

711   Eroberung Andalusiens; das Reich der Umayyaden
        erstreckt sich inzwischen von Andalusien bis zu den
        Grenzen Chinas.

732   Schlacht von Tours und Poitiers, Karl Martell stoppt
        den Vormarsch der Arber in Frankreich.

750   Die Abbasiden entmachten die Umayyaden und
        gründen ihr Kalifat in Bagdad.

754   Kalif al-Mansūr wird gekrönt und beauftragt den
        Historiographen Ibn Ishāq, die Biographie des Pro-
        pheten Mohamed zu verfassen.

Bibliographie

Abdel-Samad, Hamed: Der Islamische Faschismus: Eine Analyse, Droemer Verlag 2014

Abu Dawūd, Al-Hafez Sulaiman al-Sijistani, Al-Albani, Mohamed Nasser addin (Hrsg.): Sahih Sunan abi Dawūd, Riad 1998

Alajouanine, Théophile: »Dostoiewski's epilepsy«, *Brain* 86/1963

Al-Asfahani, Abūl-Faradj: Al-Aghani, Kairo 2002

Al-A'asqalani, Ibn Hadjar: Al-isabah fi tamiyiz as-sahabah, Beirut 2004

Al-Baghdadi: Mohamed Ibn Habib: Al-munammaq fi akhbar quraish, Beirut 1985

Al-Baihaqi, Ahmed Ibn al-Hussein, Abdel Mu'ti Qala'aji (Hrsg.): Dala'il al-nubuwwa wa maa'rifat ahwaal sahib ash-sharia'a, 7 Bände, Beirut 1988

Al-Balathiri, Ahmed Ibn Yahia: ansab al-ashraf,: Suhail Zakkar; Riad Zarkali Hrsg., Beirut 1996

Al-Bukhari, Mohamed Ibn Ismael: Sahih al-Bukhari, Beirut 1982

Al-Dhahabi, Mohamed Ibn Ahmed Ibn Othman, Shua'aib Al-arnau't, (Hrsg.): Siyar a'alam al-nubalaa', mu'assassat al-risala, 7. Auflage, Beirut 1990

Al-Hamawi, Yaqut: Mu'jam al-buldan, Beirut 1977

Al-Halabi, Burhan ad-din: Assira al-hababiyah (insan al-u'yuun fi sirat al-amin al-maa'muun, Baa'albak 1932)

Al-Hariri, Abou Musa: Qiss wa nabi, bahth fi nasha'at al-islam, Beirut 2001

Al-Ish, Youssuf: Ad-dawla al-Umawiyya wal-ahdath allati sabaqatha wamahadat laha, Damaskus, Dar al-Fikr, 2. Aufl. 1985

Al-Khudari, Sheikh Mohamed: Ad-dawla al-Umawiyya, Beirut 1997

Ali, Gawad: Al-mufassal fi tarikh al-arab qabla al-islam, Bagdad 1993

Al-Nais Abūri, Muhammad Ibn Abūllah al-Hakim: Al-mustadrak a'la al-sahihin, Beirut 1998

Al-Nawawi, Yahia Ibn Sharaf: Sahih Muslim, Wahba al-Ruheli (Hrsg.), 6 Bände, Beirut 1996

Al-Qimani, Sayyed: Hurub dawlat ar-rasoul, 2. Aufl. Kairo 1996

Al-Qimani, Sayyed: Al-hizb al-hashimi wa ta'asis ad-dawla al-islami-yya, Kairo 1996

Al-Qurtubi, Shams ad-din: Al-jami'i li ahkam al-qur'aun, Kairo 1935

Al-Qushairi, Muslim Ibn al-Hajjaj: Sahih Muslim, Abdel-Baqi, Moha-med (Hrsg.), 1. Aufl. Beirut 1955

Al-Rasafi, Marouf: Al-shakhsiyya al-muhammadiyya, Al-Kamel Ver-lag 2002

Al-Salafi, Mohamed Ibn Ahmed, Al-Hassan, Abbas Sakhr, Ma'ali, Dasman Yahiya (Hrsg.): Kitab al-tiyuriyat, Riad 2004

Al-Salihi, Mohaned Yusuf: Subulu-l huda war-rashad fi sirat kheiri-l-ibad, Kairo 1997

Al-Siuti, Jalal ad-Din: Tarikh al-khulafaa', Kairo 1969

Al-Tabari, Muhammad Ibn Jarir: Tarikh al-tabari, tarikh al-umam wal-muluk, Beirut 1988, Band 1–3

Al-Tabari, Muhammad Ibn Jarir: Jami' al-bayaan fi aai al-qura'an (taf-sir al-tabari), Shaker, Mohamed (Hrsg.), Beirut 2000

Al-Tabari, Muhib as-Din: As-samt ath-thamin fi manaqib ummahat al-mu'minin, Mekka 1988

Al-Razi, Fakhr ad-Din: At-tafsir al-kabir, 16 Bände, Beirut 2003

Al-Tirmidhi, Mohamed Ibn Isa Ibn sura, Shaker, Mohamed (Hrsg.): Al-jami'i al-sahih, sunan al-tirmidhi, dar al-kutub al-ilmiya, Beirut, 1. Aufl. 1978

Asad, Muhammad: Die Botschaft des Korans. Übersetzung und Kom-mentar, Patmos-Verlag 2009

Al-Waqidi, Mohamed Ibn Omar: Al-maghazi, Beirut 1989

Al-Ya'qubi, Ahmed Ibn Ishāq: Tarikh al-ya'qubi, Beirut 1995, Band 1–2

Al-Zubaidi, Mohamed Murtada: Taj al-a'arūs min jawaher al-qamuus, Kuwait 1979

Al-Zubairi, Musa'ab ibn Abdullah: Nasab quraish, Kairo 1976

Amin, Ahmed: Fajr al-Islam, Beirut 2000

Amin, Ahmed: Duha al-Islam, Beirut 2000

Aslan, Reza: Kein Gott außer Gott. Der Glaube der Muslime von Mu-hammad bis zur Gegenwart, Piper Verlag 2008

Augustinus, al-Qiddis: I'itirafat al-qiddis augustinus, dar al-mashreq, 8. Aufl. Beirut 2001

Brenner, Michael: Kleine jüdische Geschichte, C. H. Beck Verlag 2008

Crone, Patricia, Cook, Michael: Hagarism: The Making of the Islamic World, Cambridge University Press 1980

Dostojewski, Fjodor: Der Idiot, Anaconda Verlag 2007

Hansen, Heidi, Bork, Leif: »The intriguing secret of machinery«, in: Kritik, Nr. 83, Kopenhagen 1988

Heinsohn, Gunnar: Warum Auschwitz? Hitlers Plan und die Ratlosigkeit der Nachwelt, Rowohlt TB 1995

Hemgesberg, Helga: Abū Huraira, der Gefährte des Propheten. Ein Beitrag zur Geschichte des frühen Islam, Frankfurt/Main, Diss. 1965

Holland, Tom: Im Schatten des Schwertes. Mohammed und die Entstehung des arabischen Weltreichs, 3. Aufl., Klett-Cotta 2013

Ibn al-Athir, Ezz ad-din: Asad al-ghabah fi maa'rifat as-sahaba, Kairo 1970

Ibn al-Kalbi, Hischam: Kitab al-asnam, Ahmed Zaki (Hrsg.), Kairo 1995

Ibn al-Kalbi, Hischam: Jamharat an-nasab, Damaskus 1961

Ibn Hanbal, Ahmed: Al-musnad, Dar al-Hadith, Kairo 1995

Ibn Hazm, Mohamed Ibn Said: Jamharat ansab al-a'arab, Kairo 1971

Ibn Hischām, Abd al-Malik, Mohamed Nabil Tarifi (Hrsg.): As-sira an-nabawiyya, Dar Sader, Beirut 2006

Ibn Hischām, Abd al-Malik: Sirat an-nabi, Dar al-Sahaba, Tanta, Ägypten, 1995

Ibn Kathir, Ismael Ibn Omar: Al-bidaia wan-nihaya, 20 Bände, Abdullah al-Turki (Hrsg.), Beirut 2003

Ibn Kathir, Ismael Ibn Omar: As-sira an-nabawiya, Mustafa Abdel-Wahed (Hrsg.), Beirut 1993

Ibn Kathir, Ismael Ibn Omar: Fafsir al-qura'an al-a'azim, Kairo 1999

Ibn Khalkan, Ahmad Ibn Muhammad: Waflyyat al-aa'yan, Beirut 1968

Ibn Manzur, Muhammad Ibn Makram: Lisan al-a'rab, Beirut 1994

Ibn Manzur, Muhammad Ibn Makram: Mukhtasar tarikh dimashq, Damaskus 1984

Ibn Sa'ad, Mohamed: Al-tabaqat al-kabir, Ali Mohamed Omar (Hrsg.), Kairo 2001

Ibn Shabbah, Omar: Tarikh al-madinah al-munawwarah, Jeddeh 1979

Ibn Thabit, Hassan: Diwan Hassan Ibn Thabit, Kairo 1983

Ibn Zangaweh: Kitab al-amwal, Beirut 1986

Jansen, Hans: Mohammed: Eine Biographie, C. H. Beck Verlag 2008

Klüver, Henning: Der Pate – letzter Akt. Eine Reise ins Land der Cosa Nostra, C. Bertelsmann 2007

Korkut, Dede: Life Alert. The Medical Case of Muhammad, Wine Press Publishing 2001

Küng, Hans: Der Islam, 4. Aufl., Piper Verlag 2006

Luxenberg, Christoph: Die syro-aramäische Lesart des Koran. Ein Beitrag zur Entschlüsselung der Koransprache, 3. Aufl., Schiler Verlag 2007

Margoliouth, David Samuel: Mohammed and the Rise of Islam, Putnam 1905

Nagel, Tilman: Die islamische Welt bis 1500, Oldenbourg Wissenschaftsverlag 1998

Nagel, Tilman: Mohammed. Leben und Legende, Oldenbourg Wissenschaftsverlag 2008

Nagel, Tilman: Mohammed. Zwanzig Kapitel über den Propheten der Muslime, Oldenbourg Wissenschaftsverlag 2010

Neuwirth, Angelika: Der Koran als Text der Spätantike. Ein europäischer Zugang, 3. Aufl., Verlag der Weltreligionen im Insel Verlag 2010

Ohlig, Karl-Heinz (Hrsg.): Der frühe Islam. Eine historisch-kritische Rekonstruktion anhand zeitgenössischer Quellen, 2. Aufl., Schiler Verlag 2010

Ohlig, Karl-Heinz, Puin, Gerd: Die dunklen Anfänge: Neue Forschungen zur Entstehung und frühen Geschichte des Islam, 3. Aufl., Schiler Verlag 2006

Rassoul, Muhammad: Die ungefähre Bedeutung des Al-Qur'an Al-Karim, Islamische Bibliothek 2009

Reski, Petra: Mafia. Von Paten, Pizzerien und falschen Priestern, Droemer Verlag 2008

Reski, Petra: Von Kamen nach Corleone, Hoffmann und Campe 2010

Rückert, Friedrich: Der Koran (in der Übertragung von Friedrich Rückert), Anaconda Verlag 2012

Sadeghi, Behnam, Bergmann, Uwe: The Codex of a Companion of the Prophet and the Qur'ān of the Prophet, *Arabica,* Volume 57, Nr. 4, 2010

Sadeghian, Abbas: Sword & Seizure. Muhammad's Epilepsy & Creation of Islam, Annotation Press 2006

Schmitz, Bettina, Trimble, Michael: Psychiatrische Epileptologie. Psychiatrie für Epileptologen – Epileptologie für Psychiater, Thieme Verlag 2005

Sina, Ali: Understanding Muhammad. A Psychobiography of Allahs Prophet, FaithFreedom Publications 2008

Spencer, Robert: Did Muhammad Exist? An Inquiry into Islam's Obscure Origins, Intercollegiate Studies Institute 2012

Watt, W. Montgomery: Muhammad. Prophet and Statesman, Oxford University Press 1961

Wehr, Hans: Arabisches Wörterbuch für die Schriftsprache der Gegenwart: Arabisch – Deutsch, 5. Aufl., Harrasowitz Verlag 2011

Danksagung

Dank an meine Lektorin für die großartige Arbeit. Dank an Alexander Simon und Stefan Ulrich Meyer für die Diskussionen und Beratung. Dank an Christoph Luxenberg für die inspirierenden Gespräche über Mohamed und den Koran. Ein besonderer Dank an Petra Reski für die Insider-Infos und Literaturhinweise zur Entstehung der Mafia und deren Strukturen!

Anmerkungen

1 Sahih al-Bukhari, Band 4, Hadith Nr. 4165
2 Ibn Hanbal: Al-Musnad, Band 1, S. 408; Ibn Sa'ad: Tabaqat, Band 2, S. 249
3 Al-Bukhari: Sahih al-Bukhari, Hadith Nr. 114
4 Al-Nawawi: Sahih Muslim, Hadith Nr. 2950
5 Al-Yaa'qūbi: Tarikh al-Yaa'qūbi, 2:126
6 Al-Tabari: Tarikh Al-Tabari, 2:233
7 Al-Bukhari: Sahih al-Bukahri, Hadith Nr. 25; al-Nawawi: Sahih Muslim, Hadith Nr. 22; al-Albani, 1:766
8 Helga Hemgesberg: Abū Huraira, S. 113; siehe auch al-Mustadrak, Kitab at-tafsir, Hadith Nr. 3327
9 al-Dhahabi: 2:600 f.
10 Al-Ish, Youssuf: Ad-dawla al-umawiyya wal-ahdath allati sabaqatha wamahadat laha, S. 234–236; Al-Khudri, Sheikh Mohamed: Ad-dawla al-umawiyya, S. 292 f.
11 Ibn Hischām: As-sira an-nabawiyya, S. 12
12 Ibn Hischām: As-sira an-nabawiyya, S. 16
13 Ali, Gawad: Al-Mufassal, 5:319
14 Al-tirmidhi: Sunan al-Tirmidhi, Band 5, S. 584; Hadith Nr. 3607
15 Ibn Hanbal: Al-musnad, Hadith Nr. 1788, S. 396 f.
16 Al-Salafi: Kitab al-Tiyuriyat, Hadith Nr. 73
17 Al-Salihi: Subulu-l huda war-rashad, S. 277 f.
18 Ibn Saa'd: Tabaqat, 1:42
19 al-Halabi: Al-Sira al-Halabiyah S. 47; al-Baladhiri 1/91; auch in: Ibn al-Kalbi, Hischam: Jamharat an-nasab, 1/19
20 Al-Baghdadi: Al-Munammaq fi akhbar Quraisch, S. 42
21 Tilmann Nagel: Mohammed. Leben und Legende, S. 99 f.
22 Ibn Saa'd: Al-Tabaqat, 1:75
23 Ibn Saa'd: Al-Tabaqat, 3:9
24 Ibn Hischām: Sirat an-nabi, Tanta, Band 4, S. 19
25 Al-Naisaburi: Al-Mustadrak, 3:588, Hadith Nr. 1704
26 Al-Naisaburi: Al-Mustadrak, Band 4, Hadith Nr. 6924

27 Al-Nawawi: Sahih Muslim, Band 1, Hadith Nr. 2276

28 Ibn Hischām: Sirat an-nabi, Band 1, S. 157

29 Ibn Hischām: Sirat an-nabi, Band 1, S. 2001 ff.

30 Tilman Nagel: Mohammed. Leben und Legende, S. 155 f.

31 Ibn al-Kalbi: Al-Asnām, S. 22

32 Volker Popp, in: Karl-Heinz Ohlig (Hrsg.): Der frühe Islam. Eine
    historisch-kritische Rekonstruktion anhand zeitgenössischer
    Quellen, S. 48

33 Al-Baghdadi: Al-munammaq fi akhbar quraisch, S. 154 ff.

34 Ibn Kathir: Al bidaya 3:160; Ibn Kathir: Sira, 2:166

35 Ali, Gawad: Al-Mufassal, 4:134

36 Ibn Hischām: Sirat an-nabi, 2:162

37 Ibn Saa'd: Tabaqat, 1:190; Al-Baihaqi: Dala'il al-nubuwwa, S. 447 f.

38 Al-Qimni: Hurub dawlat ar-rasoul, S. 38 f.

39 Al-Zubaidi: Taj al-A'arūs, 18:92

40 Ali Gawad: Al-Mufassal, 9:616–617

41 Ibn Sa'ad: Al-Tabaqat, 1:241

42 Al-Bukhari: Sahih al-Bukhari, Hadith Nr. 6766

43 Al-Tabari: Tafsir, Sure 9:49

44 Henning Klüver: Der Pate – letzter Akt, S. 58

45 Petra Reski: Mafia. Von Paten, Pizzerien und falschen Priestern,
    S. 123

46 Petra Reski: Mafia. Von Paten, Pizzerien und falschen Priestern,
    S. 19

47 Al-Bukhari: Sahih al-Bukhari, Hadith Nr. 15

48 Petra Reski: Von Kamen nach Corleone, S. 281

49 Ibn Hischām: Sirat an-nabi, 1:214

50 Ibn Hischām: Sirat an-nabi, 1:207

51 Ibn Hischām: Sirat an-nabi, 1:214

52 Ibn Saa'd: Al-Tabaqat, 1:165

53 Al-Suhaili: Al-Raud al-Unuf, 1:408–409

54 Al-Baladhiri: Ansab al-Ashraf, 2:525 ff.

55 Al-Baladhiri: Ansab al-Ashraf, 2:529

56 Abū Dawūd: Sunan Abi Dawūd, Hadith Nr. 2214

57 Ibn Kathir: Tafsir, 1:697

58 Ibn Hanbal: Al-Musnad, Hadith Nr. 24 775

59 Al-Bukhari: Sahih al-Bukhari, Hadith Nr. 3775

60 Ibn Hischām: Sirat an-nabi, 3:350

61 Ibn Kathir: Fafsir, Sure 33:36

62 Al-Tabari: Tarikh, 2:231

63 Sahih al-Bukhari: Hadith Nr. 4414; auch Fafsir al-Qurtubi: Sure 33:50

64 Ibn Hanbal: Al-Musnad, Nr. 23923

65 Ibn Hanbal: Al-Musnad, Nr. 23901

66 Sure 66:4

67 Al-Balathiri: Ansab al-Ashraf, 10:123

68 Ibn Saa'd: Tabaqat, 3:202

69 Ibn Saa'd: Tabaqat, 3:204

70 Hamed Abdel-Samad: Der islamische Faschismus, S. 135

71 Sure 4, Vers 129

72 Roger Paret: Sure 4:24

73 Ibn Hischām: Sirat an-nabi, 1:203

74 siehe dazu auch: Hamed Abdel-Samad: Der islamische Faschismus, S. 129 f.

75 Ibn Manzur: Lisan al-Arab, 11:592

76 http://alawan.org/article13225.html

77 Behnam Sadeghi, Uwe Bergmann: The Codex of a Companion of the Prophet and the Qur'ān of the Prophet, *Arabica,* Volume 57, Nr. 4, 2010, S. 348

78 Augustinus: l'itirafat al-Qiddis augustinus, S. 165 f.

79 Al-Bukhari: Sahih al-Bukhari, Hadith Nr. 4953

80 Ibn Saa'd: Tabaqat 1:196

81 Friedrich Rückert: Der Koran, Sure 81

82 Ibn Hischām: Sirat an-nabi, 2:34 f.

83 Hans Küng: Der Islam, S. 152 f.

84 Al-Nawawi: Sahih Muslim, Hadith Nr. 2922

85 Frank R. Freemon: »A Differential Diagnosis of the Inspirational Spells of Muhammad the Prophet of Islam«, *Journal of Epilepsia,* 17/1976, S. 423–427

86 Frank R. Freemon: »A Differential Diagnosis of the Inspirational

Spells of Muhammad the Prophet of Islam«, *Journal of Epilepsia,* 17/1976, S. 423–427

87 zitiert nach: Jan Dirk Blom: A Dictionary of Hallucination, S. 155

88 Fjodor Dostojewski: Der Idiot, 2. Teil, 5. Kapitel

89 Fjodor Dostojewski: Der Idiot, 2. Teil, 5. Kapitel

90 Théophile Alajouanine: »Dostoiewski's epilepsy«, *Brain* 86/1963, S. 209–218

91 Al-Razi: At-Tafsir al-Kabir, Sure 15:6

92 Heidi Hansen, Leif Bork: »The intriguing secret of machinery«, in: *Kritik,* Nr. 83, Kopenhagen 1988, S. 118–128

93 Bettina Schmitz, Michael Trimble: Psychiatrische Epileptologie. Psychiatrie für Epileptologen – Epileptologie für Psychiater, S. 73

94 David Samuel Margoliouth: Mohammed and the Rise of Islam, S. 46

95 W. Montgomery Watt: Muhammad. Prophet and Statesman, S. 19

96 Frank R. Freemon: »A Differential Diagnosis of the Inspirational Spells of Muhammad the Prophet of Islam«, *Journal of Epilepsia,* 17/1976, S. 423–427

97 Ibn Hischām: Sirat an-nabi, 1:216

98 Al-Bukhari: Sahih al-Bukhari, Hadith Nr. 1505

99 »Legende und Heilsbringer«, ein Interview mit Tilman Nagel, *Der Standard,* 4. Juli 2008

100 Korkut, Dede: Life Alert. The Medical Case of Muhammad, S. 54 f.

101 Al-Nawawi: Sahih Muslim: Kitab al-Libas, Hadith Nr. 2113

102 Al-Nawawi: Sahih Muslim: Kitab al-Libas, Hadith Nr. 2114

103 Korkut, Dede: Life Alert. The Medical Case of Muhammad, S. 35

104 Al-Bukhari: Sahih al-Bukhari, Hadith Nr. 15

105 Ali Sina: Understanding Muhammad. A Psychobiography of Allahs Prophet, S. 61

106 Abū Dawūd: Sunan abu Dawūd, Hadith Nr. 4297

107 Ibn Hischām: Sirat an-nabi, 1:379

108 Ibn Hischām: Sirat an-nabi 1:377 f.

109 Ibn Hischām: Sirat an-nabi 2:312

110 Abū Dawūd: Sunan abu Dawūd, Hadith Nr. 4361

111 Abū Dawūd: Sunan abu Dawūd, Hadith Nr. 4362